中国民法典与行业发展丛书

民法典与医疗卫生健康事业

规则、原理与运用

申卫星　主编

Civil

Code

and

Medical

&

Health

中国政法大学出版社

2022·北京

图书在版编目（ＣＩＰ）数据

民法典与医疗卫生健康事业：规则、原理与运用/申卫星主编. —北京：中国政法大学出版社，
2022.9

ISBN 978-7-5764-0597-2

Ⅰ.①民…　Ⅱ.①申…　Ⅲ.①民法－法典－研究－中国　②医疗保健事业－研究－中国
Ⅳ.①D923.04　②R199.2

中国版本图书馆CIP数据核字(2022)第134368号

民法典与医疗卫生健康事业：规则、原理与运用

书　名	MINFADIAN YU YILIAO WEISHENG JIANKANG SHIYE：GUIZE YUANLI YU YUNYONG
出版者	中国政法大学出版社
地　址	北京市海淀区西土城路 25 号
邮　箱	fadapress@163.com
网　址	http://www.cuplpress.com (网络实名：中国政法大学出版社)
电　话	010-58908466(第七编辑部) 010-58908334(邮购部)
承　印	固安华明印业有限公司
开　本	720mm×960mm　1/16
印　张	18
字　数	275 千字
版　次	2022 年 9 月第 1 版
印　次	2022 年 9 月第 1 次印刷
定　价	85.00 元

编　委　会

主　编　申卫星
副主编　郑雪倩　赵　敏　傅雪婷
编委会　（按照姓氏拼音排序）

陈志华　北京陈志华律师事务所
邓利强　北京市华卫律师事务所
傅雪婷　清华大学法学院
刘　凯　北京市华卫律师事务所
刘兰秋　首都医科大学
满洪杰　华东政法大学
聂　学　北京市华卫律师事务所
申卫星　清华大学法学院
童云洪　北京市华卫律师事务所
万　欣　北京天霜律师事务所
杨　芳　安徽医科大学
杨淑娟　吉林大学公共卫生学院
赵　敏　湖北中医药大学
郑雪倩　北京市华卫律师事务所

作者简介

(按照章节顺序排序)

  满洪杰 华东政法大学公共卫生治理研究中心主任、教授、博士研究生导师，中国卫生法学会常务理事、中华预防医学会公共卫生管理与法治分会常务委员、中国法学会民法学研究会理事、中国人权学会理事。

  聂　学 北京市华卫律师事务所合伙人律师，中国医师协会自律维权委员会委员，中国医师协会健康传播专业委员会委员，中国医院协会医疗法制专业委员会委员，中国妇幼保健协会医疗风险防控专业委员会委员。

  郑雪倩 北京市华卫律师事务所创始合伙人、主任，2020 年度法治人物。中国卫生法学会副会长、中国医院协会医疗法制专业委员会名誉主任委员、全国新型冠状病毒肺炎专家组成员，国家卫生健康委员会信访、医政医管、法制咨询专家，北京市人大法制办专家咨询委员会成员、北京医患和谐促进会副会长，首都医科大学兼职教授、硕士生导师，中国政法大学、西北政法大学法律硕士教育学院、中国人民大学律师学院、大连医科大学等兼职教授等。

  岳　靓 北京市华卫律师事务所律师助理。

  杨淑娟 吉林大学公共卫生学院教授，中国卫生法学会副会长、中华预防医学会公共卫生管理与法治分会副主任委员、中国医师协会人文医学专业委员会委员、吉林省健康法学委员会主任委员。

  刘兰秋 首都医科大学医学人文学院卫生法学系教授、博士生导师，卫生法学研究中心主任，中华预防医学会公共卫生管理与法治分会常务委员，中国医院协会医疗法制专业委员分会常务理事，中国卫生法学会学术委员会委员。

程　科　人民日报社办公厅法律事务处干部。

童云洪　北京市华卫律师事务所党支部书记、高级合伙人，国家药品监督管理局药品审评中心外聘专家，中国医院协会医疗法制专业委员会常务委员、副秘书长，中国研究型医院学会医药法律专业委员会常务委员，中国政法大学法律硕士学院兼职导师。

孙俊楠　北京市华卫律师事务所律师。

李富娟　北京市华卫律师事务所律师。

邓利强　北京市华卫律师事务所创始合伙人之一，国家卫生健康委能力建设和继续教育中心现代医院管理能力建设专家委员会医院法律实务委员会副主任委员，中国卫生法学会常务理事，中国法医学会医疗损害鉴定专业委员会副主任委员，中国医院协会医疗法制专业委员会副主任委员。

苗玉敏　北京市华卫律师事务所律师助理。

申卫星　清华大学法学院教授、博士生导师。国务院政府特殊津贴专家，第七届"全国十大杰出青年法学家"，美国哈佛大学法学院富布莱特访问学者，德国洪堡学者。中国法学会常务理事、中国卫生法学会副会长、中华预防医学会公共卫生管理与法治分会主任委员，国家卫生健康委员会、国家药品监督管理局法律顾问。

杨　芳　博士，安徽医科大学教授、医学人文研究中心副主任、法学院副院长，中国卫生法学会学科建设与教学指导委员会副主任委员，中国科技法学会理事，中华预防医学会公共卫生管理与法治分会常委，安徽省法学会卫生法学研究会副会长，安徽省医学伦理专家委员会副主任委员。

傅雪婷　清华大学博士研究生，慕尼黑大学访问学者。研究领域：民商法、医疗卫生法、个人信息保护、数据治理等。

万　欣　北京天霜律师事务所主任，全国司法行政系统劳动模范，全国优秀律师，中共北京市委法律专家库成员，中华全国律师协会理事、医药卫生法律专业委员会主任，北京市律师协会理事、医药卫生法律专业委员会主任，朝阳区律师协会党委委员、副会长，中国卫生法学会常务理事，北京市医患和谐促进会常务理事，北京市法律谈判研究会常务理事，中国政法大学兼职教授、法律硕士兼职导师，北京师范大学客座教授，北京中医药大学兼职教授、法律硕士校外导师。

杨季宇 北京天霜律师事务所律师。

周 琴 北京天霜律师事务所律师。

赵 敏 湖北中医药大学人文学院教授、卫生健康与中医药法治研究中心主任，卫生法省级教学团队负责人，湖北省新冠肺炎疫情防控综合专家组法律服务专家，中国卫生法学会常务理事兼学科建设与教学委员会副主任，中华预防医学会管理和法治分会常务理事，湖北省卫生健康法学会副会长，全国高等院校医事（卫生）法学教育联盟副理事长。

陈志华 北京市丰台区律师协会副会长，北京陈志华律师事务所主任，中国研究型医院协会医药法制专业委员会副主任委员，中国卫生法学会常务理事，北京医患和谐促进会常务理事，中国医师协会道德建设委员会委员，西南医科大学法学院特聘教授，北京大学法学院法律硕士研究生兼职导师，吉林大学公共卫生学院医事法学专业实习指导教师，中国政法大学医药法律与伦理研究中心、法律与精神医学研究中心研究员等。

刘 凯 北京市华卫律师事务所律师，北京市律协医药委委员，中国医师协会维权委员会委员，中国卫生法学会理事，中国医师维权律师团成员、北京医患和谐促进会会员，北京市多元调解发展促进会调解员。

刘欢欢 北京市华卫律师事务所律师。

阳献鹏 北京市华卫律师事务所律师。

序 言
PREFACE

2020 年 5 月 28 日，中华人民共和国第一部《民法典》问世，这是新中国成立以来第一部以"法典"命名的法律，是新时代我国社会主义法治建设的重大成果。这部法律不仅浸润了法学、法律界几代人的心血，更是承载着国人的期盼和伟大的使命。随着 2021 年 1 月 1 日这部伟大法典的实施，中国社会开始进入了后民法典时代。《民法典》作为一部固根本、稳预期、利长远的基础性法律，成为我们全面依法治国的重要推动力。《民法典》的颁布和实施，必将影响着我们生活的方方面面。

《民法典》是社会生活的百科全书，人立于世间，无时无刻不处在《民法典》的关怀之下。《民法典》7 编 84 章 1260 条的规定，体现着对人从生到死的全面关怀。本书以《民法典》对于医疗卫生健康事业的影响为主题，希望可以全面梳理《民法典》对于涉及医疗卫生乃至健康权实现的规定，让纸面上的法律成为现实，飞入寻常百姓家。

我国《民法典》的制定，全面贯彻了以人为本的思想，循着人性的需求，对人的两大权利——财产权和人身权，都作出了明确的规定。同时，为适应现代科技发展的趋势，《民法典》将人格权单独成编，体现了对人的成长和发展的终极关怀。

《民法典》总则编第二章的第 1 条，也即《民法典》第 13 条，明确规定了自然人从出生时起到死亡时止，具有民事权利能力，且自然人的权利能力一律平等（第 14 条）。随着年龄的增长，不断由无民事行为能力，经由限制民事行为能力，渐成完全民事行为能力人，其间因为精神状态，亦可部分乃至全部丧失行为能力，而由监护人代为法律行为，也可能因为年老而精神耗弱或者意外事故昏迷。第 33 条通过预先指示确定监护人，不仅保护了当事人权益，而且尊重了当事人的自主意愿，让最了解他的人行使监护职责，也为安宁缓和医疗提供了渠道，让人性得到尊重。

随着人的成长和发展，《民法典》在分则中，依次规定了物权制度、合同债权、人格权这些人立于世间必备的基本权利，也关涉到了人的衣食住行。既有关于居者有其屋的"业主建筑物区分所有权"，也有住有所居的"居住权"的创设。随着人的成熟，缔结婚姻，生儿育女，组成家庭，《民法典》由是规定了第五编婚姻家庭编。随着人的老去，《民法典》也规定了第六编继承编，解决了财产的传承问题。《民法典》在最后一编规定了侵权责任，对此前诸编的物权、合同债权、人格权、夫妻关系与亲权、继承权加以兜底保护。如此便充分体现了《民法典》对人"从摇篮到坟墓"的全面系统的关怀。其实，不限于"摇篮"，第 16 条还规定了对胎儿利益的保护；对于死后人格利益的保护，《民法典》第 994 条规定，对死者的姓名、肖像、名誉、荣誉、隐私、遗体等受到侵害的，由其配偶、子女、父母来保护。如果是英雄烈士，即使没有前述亲属，依据第 185 条规定，损害公共利益的，也要承担责任，这可以通过公益诉讼来实现。

《民法典》回应社会发展和科技创新的需要，创设了独立的人格权编。此前的模范民法典中，少有将人格权独立成编的立法体例。这是我国《民法典》的一次创新。人格权独立成编，回应了社会发展的需要。传统人格权因其仅为消极权能，故通常作为侵权法保护的客体予以规定，而现代社会的发展出现了人格权的商品化利用，使其具有了积极权能，而非仅仅是侵权法的保护对象。不仅如此，现代科技的发展也对人格权立法提出了新的需求：一是随着生命科技的发展，出现了器官捐献与移植、脑死亡、人体胚胎、人工代孕、基因检测与治疗以及新药研发中的人体实验，这些都需要法律作出回应。尽管这次立法没有全部规制，但是现有规定已然是很大的进步，也给未来的立法完善预留了空间。二是随着大数据、区块链、人工智能等信息科技的发展，亟须对隐私、个人信息、数据进行立法界定，此次《民法典》创设了三者之间差序的价值格局，并进行了分类调整（参见《民法典》第 1032 条、第 1034 条和第 127 条）。特别是其中关于计算时代下隐私的界定非常全面，包括私密空间、私密活动、私密信息三种具体类型的隐私和生活安宁这样概括类型的隐私，使其出现开放发展的形态（第 1032 条第 2 款）。随着医疗技术的数字化发展，就生命科技和信息科技相关联引发的新问题，诸如关于患者个人信息与隐私保护，医疗数据的归属和利用，远程医疗和移动医疗 App 的大量使用都面临法律的规制。可以说，我国《民法典》对于现代科技发展的回应，使其立于时代的潮头。

《民法典》既鼓励人们积极地追求权利、实现权利，弘扬主体意识，特别强调平等协商、意思自治，同时又通过权益保护、公平原则、诚实信用和公序良俗等基本原则施以引导和规训，以防止权利滥用等失当的权利行使和权义设定行为。这就使得民事主体在实现权利的同时，不断淳化自身的观念和教养，逐渐成为一个既具有权利意识和独立意识的个体，又具有社会责任感和人道主义精神的社会主体。倘若民法基本原则所蕴含的价值理念能够融入所有人的行动和交往当中，《民法典》就会使人成为一个成熟的"人"，整个社会必将演化为一个成熟的社会、健康的社会。这何尝不是我们对医患关系法治化的一种期待呢？

希望我们这本著作，可以把人培养成为一个既尊重自己权利又尊重他人权利，有着权利意识、平等意识、契约意识、责任意识的现代公民，为我们国家治理体系和治理能力现代化奠定重要基础。

本书写作始于《民法典》实施之时，历经新冠肺炎疫情，其间几易其稿，感谢中国政法大学出版社牛洁颖编辑、崔开丽编辑的耐心和专业、敬业的工作。编写组全体同仁多次线上、线下开会讨论，但由于全书涉及的问题点多，难免有疏漏之处，还望读者不吝指正。

申卫星

2022 年 5 月 12 日

目 录
CONTENTS

第一章
《民法典》 总则编回应医疗卫生健康领域
新情况新问题的努力

　　《民法典》[1]作为社会生活的"百科全书"，规范和调整着社会经济生活的方方面面，是市民社会全体成员的"民事权利宣言书和保障书"，以人为焦点，并以人的权利和自由为终极关怀，对我国医疗卫生健康领域也将带来深刻的影响。总则编作为《民法典》开篇之作和统帅，以理性抽象的规则覆盖《民法典》各编，形成了总分相承、动静结合的民法体系结构。在总分结构上，民法基本原则形成了对民商法体系的统领；在静态内容上，规定了自然人、法人、非法人组织的主体制度，以及民事权利、民事责任等民事法律关系的内容；在动态体系上，规定了民事法律行为、代理、诉讼时效等法律关系变动原因。这些规范内容，与医疗卫生健康事业均联系密切。

一、法律规定与理论解析

（一）民法基本原则与医疗卫生健康领域的发展

　　《民法典》总则编确立了民法的基本原则，包括平等原则、自愿原则、公平原则、诚信原则、公序良俗原则和绿色原则。这些基本原则，是民法立法和司法的基本指针，对于医疗卫生健康事业的发展具有深远的影响。

---

　　[1]　为行文方便，本书关于我国的法律规范名称均简略"中华人民共和国"字样，如《中华人民共和国民法典》，简称为《民法典》。

1. 平等原则与对于特殊群体的保护

《民法典》第 4 条规定了平等原则，明确"民事主体在民事活动中的法律地位一律平等"。平等原则是民法调整平等主体之间关系法律规范属性的必然要求，也为调整医疗卫生健康所涉及的各种人身关系、财产关系确立了基础。医疗卫生健康法律关系既存在于平等主体之间，如医患之间、试验者与受试者之间、医疗产品的生产者与使用者之间的关系，也存在于非平等主体之间，诸如卫生健康行政主管部门与医疗服务提供者之间的关系等。对于平等主体之间的民事法律关系，应当遵循平等原则，各种主体的法律地位平等，不因自然人的出身、身份、职业、性别、年龄、民族、种族，或者法人及非法人组织的性质、功能、组织形式等差异而差别对待；各种民事主体的民法权利受到平等保护，在法律适用上一律平等。

同时，我们应当认识到，现代民法所坚持的平等原则，是形式平等与实质平等的有机结合。以具体的人而不仅是抽象的人为主体的民法，不仅应当以形式意义上的平等为出发点，同时也应当注重保护社会生活中处于不利地位的群体和个人，通过对具体人格的保护实现实质意义上的平等。因此，《民法典》第 128 条规定："法律对未成年人、老年人、残疾人、妇女、消费者等的民事权利保护有特别规定的，依照其规定。"该条是在平等原则的基础上，对于未成年人、老年人、残疾人、妇女、消费者等弱势群体的权利保护作出的特殊性规定。在医疗卫生健康领域，应当遵循此规定的要求，对于特殊群体进行特别的保护。如对未成年人参与以人体为对象的医学研究，欧洲理事会《奥维多公约》附加议定书[1]第 15 条将试验区分为对受试者有直接利益和无直接利益的试验。对于有直接利益的试验研究，通过受试者法定监护人的同意和受试者与其年龄和成熟程度相应的同意意见即可以进行。对于受试者没有直接利益的试验研究，只有在试验对与受试者同一年龄段的患者有利，且对受试者仅有最低风险或者负担时，方能被例外地予以准

---

[1] 欧洲理事会（Council of Europe）于 1997 年在西班牙奥维多制定了《关于保护与生物学和医学应用有关的人的权利和尊严的公约》，本书简称《奥维多公约》。为了具体落实《奥维多公约》在医学研究领域的宗旨和要求，2005 年 1 月欧洲理事会在法国斯特拉斯堡签订了《关于〈人权与生物医学公约〉与生物医学研究有关的附加议定书》。

许。这些规定，即体现了对于未成年人的特殊保护。

2. 自愿原则

《民法典》第 5 条规定了自愿原则，要求"民事主体从事民事活动，应当遵循自愿原则，按照自己的意思设立、变更、终止民事法律关系"。第 130 条规定："民事主体按照自己的意愿依法行使民事权利，不受干涉。"自愿原则，是私法自治的基本体现，也是知情同意原则这一当代医疗卫生健康领域基本原则的基础与来源。根据自愿原则，每个人都可以在不违反法律的强制性规定和公序良俗原则的基础上，自主决定自己的生活方式，包括是否接受医疗，选择接受何种医疗，以及是否参与医学人体试验等。

3. 诚实信用原则

《民法典》第 7 条规定："民事主体从事民事活动，应当遵循诚信原则，秉持诚实，恪守承诺。"诚实信用原则被称为民法的"帝王条款"，它要求民事主体从事民事活动应当诚实守信，恪守承诺，言行一致；尊重他人、尊重社会公益，"己所不欲，勿施于人"；"以善意的方式行使权利，不滥用权利，不曲解法律"。在卫生健康事业中，诚实信用原则也是处理各方民事关系的基本准则。例如，在医疗关系中，患者负有遵守医嘱的义务，应当积极接受治疗，严格遵循医嘱，与医疗服务提供者共同完成诊疗事项。《民法典》第 1224 条规定："患者在诊疗活动中受到损害，有下列情形之一的，医疗机构不承担赔偿责任：（一）患者或者其近亲属不配合医疗机构进行符合诊疗规范的诊疗；……。"根据该条规定，患者及其近亲属不配合医疗服务提供者进行符合诊疗规范的诊疗行为的，所造成的后果应由其自行承担。同时，安全有效的诊疗行为，不仅有赖于医疗服务提供者履行其义务，也需要患者的积极合作，因此患者还负有协力义务。《德国民法典》第 630c 条明确规定，医疗者与患者应就医疗之实施共同协力。[1]《荷兰民法典》第 452 条规定，患者应当为医疗服务提供者履行其医疗合同的义务尽其所知向其告知

---

〔1〕　台湾大学法律学院、台大法律基金会编译：《德国民法典》，北京大学出版社 2017 年版，第 588 页。

信息并提供合作。[1]因此，患者在医疗活动中不应仅仅是"配合治疗"，更应当根据诚实信用原则，以最大诚信向医方提供与诊疗相关的信息，并与医方合作与协作，共同决定医疗的过程，选择符合其意愿的治疗方案。

4. 公序良俗原则

《民法典》第8条规定："民事主体从事民事活动，不得违反法律，不得违背公序良俗。"公序良俗条款的规范目的在于，立法者不可能就损害国家一般利益和违反社会一般道德准则的行为作出具体的禁止规定，因而通过规定公序良俗这样的一般条款，授权法官针对具体案件进行价值补充，以期获得判决的社会妥当性的权力。[2]卫生健康事业涉及人的基本权利和社会公共利益，其中既关涉社会道德规范，也与社会公共利益息息相关。如在代孕、器官捐献、胚胎干细胞研究等涉及伦理要求的领域，法律应当充分尊重社会道德因素和伦理要求；在医疗产品流通、医疗资源分配等领域，则应当考虑社会整体的秩序性和利益要求。

5. 绿色原则

《民法典》第9条规定："民事主体从事民事活动，应当有利于节约资源、保护生态环境。"绿色原则进入《民法典》体现了我国对于资源和生态环境保护的重视。卫生健康事业应当积极响应绿色原则的倡导性要求，如在医疗废弃物的处理上，必须注重对环境和生态的保护。

（二）民事权利体系的完善对于医疗卫生健康领域的影响

1. 对人身关系的突出保护

《民法典》第2条规定："民法调整平等主体的自然人、法人和非法人组织之间的人身关系和财产关系。"与《民法通则》第2条规定相比较，虽然在民法调整社会关系的范围上没有变化，但是"人身关系"与"财产关

---

[1] Hans Warendorf, Richard Thomas and Ian Curry-Sumner (trans.), The Civil code of the Netherlands, Wolters Kluwer, 2013, p. 854.

[2] 参见梁慧星："市场经济与公序良俗原则"，载《中国社会科学院研究生院学报》1993年第6期。

系"在顺序上的变化，被认为是突出《民法典》对于人身关系，特别是对于人格权的保护。此种指导思想也贯穿于《民法典》的始终。基于此种理念，人格权得以独立成编，明确界定了自然人的生命权、身体权和健康权（第1002条至第1004条），并规定了负有法定救助义务的组织或者个人的及时救助义务（第1005条）。自然人决定人体细胞、人体组织、人体器官以及遗体的自主权（第1006条、第1007条）、受试者的知情同意权（第1008条），以及涉及人的生物医学试验的伦理要求（第1009条）。这些规范，均与医疗卫生健康事业息息相关。同时，第111条以及第1032条至第1039条，均完善和强化了对于个人信息和隐私权的保护，与第1226条相互衔接，强化了在卫生健康领域对于个人信息和隐私的保护。

2. 私权神圣原则和人身权利保护

《民法典》第3条明确了私权神圣原则。该条规定："民事主体的人身权利、财产权利以及其他合法权益受法律保护，任何组织或者个人不得侵犯。"民法通过权利—义务—责任的逻辑进路，对于私人生活领域的社会资源进行分配。私权神圣原则，强调了民事权利的受保护性。在此基础上，第109条规定了"自然人的人身自由、人格尊严受法律保护"，第110条第1款医疗规定了"自然人享有生命权、身体权、健康权、姓名权、肖像权、名誉权、荣誉权、隐私权、婚姻自主权等权利"。医疗服务提供者以保障人民健康为宗旨，不仅负有对于人身权利和财产权利的不侵害义务，更应当通过积极的作为，保护人民权利。

3. 对个人信息的特别保护

对于个人信息的特别保护是民法典的亮点之一。《民法典》第111条规定："自然人的个人信息受法律保护。任何组织或者个人需要获取他人个人信息的，应当依法取得并确保信息安全，不得非法收集、使用、加工、传输他人个人信息，不得非法买卖、提供或者公开他人个人信息。"在医疗卫生健康领域，对于患者、受试者等利益相关方个人信息的保护，是信息时代重要的任务。

4. 债权保护

《民法典》第118条至第122条规定了民事主体所享有的债权，包括基于合同、侵权行为、无因管理、不当得利以及其他法律规定产生的债权。合同关系是医疗服务关系的本质，而我国自 2009 年《侵权责任法》实施以来，已经形成了以侵权责任规范医疗损害赔偿的法律适用路径。而无因管理，一方面为缺乏医疗合同时的医疗行为，如紧急救助行为提供了违法阻却事由，另一方面也保障了医疗服务提供者可以据此保护自身合法权利。

（三）民事责任体系的完善与医疗卫生健康事业

《民法典》总则编第八章进一步完善了民事责任的制度体系。

1. 免责事由的完善

《民法典》第 180 条和第 182 条分别规定了不可抗力和紧急避险的免责条款。在医疗卫生健康领域，因超出医疗服务提供者可预见和可避免范围的原因引发的患者损害，或者因紧急情况下的险情引发的损害，医疗服务提供者已经采取适当措施的，不应承担责任。《民法典》第 1224 条第 1 款规定"医务人员在抢救生命垂危的患者等紧急情况下已经尽到合理诊疗义务"以及"限于当时的医疗水平难以诊疗"而患者在诊疗活动中受到损害的，医疗机构不承担赔偿责任，即为此两项免责事由的具体体现。

2. "好撒玛利亚人法"对于救助行为的保护和鼓励

为保护和鼓励自愿救助他人的行为，《民法典》第 184 条规定："因自愿实施紧急救助行为造成受助人损害的，救助人不承担民事责任。"此即比较法上的"好撒玛利亚人法"。根据该条规范，自愿实施紧急救助行为的人，即使救助行为有所过失，仍然基于其善意救助行为而得以免责。该条规范对于保障在紧急情况下为保护他人生命、身体、健康而自愿采取施救措施者的合法权益，具有重要的意义。

3. 民事责任的竞合

《民法典》第 186 条规定："因当事人一方的违约行为，损害对方人身权益、财产权益的，受损害方有权选择请求其承担违约责任或者侵权责任。"该条承继自《合同法》第 122 条，对于违约行为与侵权行为并存的情况，采用了请求权竞合说，允许当事人就违约责任请求权或侵权责任请求权择一行使。同时，结合《民法典》第 996 条关于"因当事人一方的违约行为，损害对方人格权并造成严重精神损害，受损害方选择请求其承担违约责任的，不影响受损害方请求精神损害赔偿"的规定，在侵害生命、身体、健康等人格权责任承担中，侵权责任与违约责任在赔偿范围上基本趋同，均可以涵盖。

4. 民事责任的优先性

《民法典》第 187 条沿袭了《侵权责任法》第 4 条，规定民事主体因同一行为应当承担民事责任、行政责任和刑事责任的，承担行政责任或者刑事责任不影响承担民事责任；民事主体的财产不足以支付的，优先用于承担民事责任。即民事责任不受责任主体承担行政责任、刑事责任的影响，同时在多种性质的责任发生竞合时，民事责任的承担具有优先性。该规范对于确定医疗卫生健康领域各种责任的承担具有重要的规范意义。

二、民事主体

在民事主体部分，《民法典》规定了自然人、法人和非法人组织三种基本类型，相关内容也与医疗卫生健康事业联系密切。

（一）自然人的民事权利能力和民事行为能力

关于自然人的民事权利能力和民事行为能力，与《民法通则》相比较，《民法典》总则编的规定均有较大的变化。

1. 胎儿利益的保护

在继受了《民法通则》自然人的权利能力始于出生，终于死亡的一般规定后，《民法典》第 16 条规定："涉及遗产继承、接受赠与等胎儿利益保护的，胎儿视为具有民事权利能力。但是，胎儿娩出时为死体的，其民事权利能力自始不存在。"这一规定，改变了《民法通则》对于胎儿利益的概况不保护原则，使在遗产继承、接受赠与，以及侵权责任等情形下，对胎儿的利益保护成为可能。

2. 民事行为能力制度的变化

对于未成年人的行为能力，《民法典》第 19 条规定："八周岁以上的未成年人为限制民事行为能力人，实施民事法律行为由其法定代理人代理或者经其法定代理人同意、追认；但是，可以独立实施纯获利益的民事法律行为或者与其年龄、智力相适应的民事法律行为。"第 20 条规定："不满八周岁的未成年人为无民事行为能力人，由其法定代理人代理实施民事法律行为。"与《民法通则》第 12 条相比较，《民法典》不仅将限制民事行为人的年龄界限从 10 周岁降到 8 周岁，更规定了限制民事行为能力人可以独立实施纯获利益的或者与其年龄、智力相适应的民事法律行为。

《民法典》第 21 条规定："不能辨认自己行为的成年人为无民事行为能力人，由其法定代理人代理实施民事法律行为。八周岁以上的未成年人不能辨认自己行为的，适用前款规定。"第 22 条规定："不能完全辨认自己行为的成年人为限制民事行为能力人，实施民事法律行为由其法定代理人代理或者经其法定代理人同意、追认；但是，可以独立实施纯获利益的民事法律行为或者与其智力、精神健康状况相适应的民事法律行为。"相较而言，《民法通则》第 13 条规定："不能辨认自己行为的精神病人是无民事行为能力人，由他的法定代理人代理民事活动。不能完全辨认自己行为的精神病人是限制民事行为能力人，可以进行与他的精神健康状况相适应的民事活动；其他民事活动由他的法定代理人代理，或者征得他的法定代理人的同意。"《民法通则》将成年人无民事行为能力和限制民事行为能力的原因仅规定为"精神病人"，没有考虑到成年人因年老等原因丧失部分或者全部民事行为能力的情形，对此《民法典》第 21 条和第 22 条的规定对于保护意思能力存在缺陷者，特别是老年人的合法权利具有重要意义。

在医疗卫生健康领域，对于限制民事行为能力人和无民事行为能力人应当给予特别的保护。如在涉及人的生物医学试验领域，《民法典》第 1008 条第 1 款规定："为研制新药、医疗器械或者发展新的预防和治疗方法，需要进行临床试验的，应当依法经相关主管部门批准并经伦理委员会审查同意，向受试者或者受试者的监护人告知试验目的、用途和可能产生的风险等详细情况，并经其书面同意。"我国《药物临床试验质量管理规范》第 23 条第 10 项至第 12 项规定了无民事行为能力和限制民事行为能力的受试者参加临床试验和非临床试验的条件。第 23 条第 14 项规定，"儿童作为受试者，应当征得其法定监护人的知情同意并签署知情同意书，当儿童有能力做出同意参加研究的决定时，还应当征得其本人同意⋯⋯"。其中，受试者是否具有一定的民事行为能力，是确定参与试验的决定主体的重要依据。

（二）监护制度

1. 监护制度的价值取向与监护事务范围的扩张

对于监护制度的价值取向，《民法典》第 35 条积极吸收了当代各国成年监护立法改革的成果，规定"监护人应当按照最有利于被监护人的原则履行监护职责。监护人除为维护被监护人利益外，不得处分被监护人的财产。未成年人的监护人履行监护职责，在作出与被监护人利益有关的决定时，应当根据被监护人的年龄和智力状况，尊重被监护人的真实意愿。成年人的监护人履行监护职责，应当最大程度地尊重被监护人的真实意愿，保障并协助被监护人实施与其智力、精神健康状况相适应的民事法律行为。对被监护人有能力独立处理的事务，监护人不得干涉"。该条规定，对于成年监护和未成年监护均强调了最有利于被监护人和尊重被监护人自主决定原则，并在成年监护中规定了补充和支持原则，明确了监护作为被监护人行为能力的补充而非替代的性质。

此为，《民法典》还扩展了监护事务的范围，第 34 条第 1 款规定，"监护人的职责是代理被监护人实施民事法律行为，保护被监护人的人身权利、财产权利以及其他合法权益等"。结合《民法典》第 35 条第 3 款规定，监护人"对被监护人有能力独立处理的事务，监护人不得干涉"，此处的"事务"，在解释上应不限于法律行为，而应包括人身、医疗、财产处理等各种事务。在医疗卫生健康领域，监护事务范围的扩张具有重要意义。《民法典》第 1219 条第 1 款规定："医务人员在诊疗活动中应当向患者说明病情和医疗措施。需要实施手术、特殊检查、特殊治疗的，医务人员应当及时向患者具体说明医疗风险、替代医疗方案等情况，并取得其明确同意；不能或者不宜向患者说明的，应当向患者的近亲属说明，并取得其明确同意。"其中，不能向患者说明的情况，即包括患者不具有行为能力的情形。此时，应由患者的监护人从最有利于患者和尊重患者自主决定的原则出发，代替患者作出符合知情同意原则的医疗决定。[1]

2. 紧急照料

《民法典》第 34 条第 4 款规定："因发生突发事件等紧急情况，监护人暂时无法履行监护职责，被监护人的生活处于无人照料状态的，被监护人住所地的居民委员会、村民委员会或者民政部门应当为被监护人安排必要的临时生活照料措施。"该规定，为在传染病疫情防治等紧急情况下，对于缺乏生活自理能力的被监护人提供生活照料措施，提供了法律依据。

3. 意定监护

《民法典》第 33 条承继了《老年人权益保障法》第 26 条的意定监护并将其扩展使用于所有的成年监护，规定："具有完全民事行为能力的成年人，可以与其近亲属、其他愿意担任监护人的个人或者组织事先协商，以书面形式确定自己的监护人。协商确定的监护人在该成年人丧失或者部分丧失民事行为能力时，履行监护职责。"意定监护，使成年人可以根据自己的意愿自主选择监护人。《民法典》对于意定监护人的职权范围的规定与法定监护人相同，也应当包括人身和医疗相关的决定事项。被监护人应与监护人签订书面监护协议，约定在其丧失决定能力时由监护人代其作出医疗决定。被监护人并可在监护协议中对医疗决定的原则和内容作出具体的要求。意定医疗监护人可以与处理其他事项的意定监护人、法定监护人同为一人，也可以为不同的人。当被监护人同时有意定医疗监护人和其他监护人时，以意定医疗监护人的决定优先。

（三）法人制度

《民法典》法人制度的重要发展，在于将法人区分为营利法人与非营利法人两种基本类型。《民法典》第 87 条规定："为公益目的或者其他非营利目的成立，不向出资人、设立人或者会员分配所取得利润的法人，为非营利法人。非营利法人包括事业单位、社会团体、基金会、社会服务机构等。"

---

[1] 满洪杰："论成年被监护人医疗决定问题：以被监护人意愿为中心"，载《山东大学学报（哲学社会科学版）》2016 年第 3 期。

在我国的卫生服务系统占主导地位的公立医院，就其性质而言为非营利法人，应当根据非营利法人的要求规范其运行。民办医疗机构则根据其目的分为营利法人和非营利法人，应当根据其性质完善其治理结构，并应向公众明确表明其法人性质。

三、典型案例及分析

荣某、李某某、荣某某与某市妇女儿童医疗中心医疗损害赔偿纠纷案
—— "不当生命" 案件中的胎儿利益保护 [1]

【基本案情】

荣某与李某某是夫妻关系。2008 年 1 月 13 日，李某某在被告某市妇女儿童医疗中心进行第一次产检，该医院考虑李某某年龄大于 35 岁，为高龄初产妇，评定为 "高危妊娠"，建议其进行唐氏综合征的 Ⅱ 期血清学筛查检查。2008 年 2 月 1 日，唐氏综合征筛查结果显示为高风险。自 2008 年 3 月 1 日至同年 6 月 21 日，李某某共在该医院产检 8 次，均未见明显异常。2008 年 6 月 22 日，该医院对李某某行子宫下段剖宫产术，分娩出一女婴即荣某某。荣某某经诊断为 "先天性心脏病，室间隔缺损"；经染色体检查确诊为 "21-三体综合征" 即唐氏综合征。

【法院审判】

法院委托某市医学会对本案进行医疗事故技术鉴定，其鉴定分析意见认为：医方在对患者的诊疗过程中，虽然有针对患者高龄进行唐氏综合征产前筛查的检查，并建议其进行遗传咨询，但一直未就其 "21-三体高风险" 的结果对患方进行详细的医学知识普及和解释工作，也未以书面形式如实告知患方并建议孕妇进行产前诊断，在对患者的医疗过程中存在违反《产前诊断技术管理办法》和《病历书写基本规范》有关规定的过失行为；患者之女

---

〔1〕 广州市中级人民法院穗中法民一终字第 443 号。

患唐氏综合征属先天性残疾，与环境因素、遗传因素和其母亲的年龄等因素有关，其发生与医方的违规过失行为之间无因果关系。鉴定结论为：本案不构成医疗事故。

法院认为，本案争议的焦点是荣某某是否具备诉讼主体资格问题。首先，本案中，在李某某与某市妇女儿童医疗中心发生法律关系时，荣某某尚未出生，只是母体中的胎儿，没有民事权利能力，亦不具备民事诉讼主体资格。其次，荣某某自受孕始即患残疾，其残疾是先天性残疾，并非医院所致，医院对李某某所作的诊疗与荣某某的残疾事实之间没有因果关系，故被告医院对荣某某本人的身体不构成侵权。最后，孩子出生，从孩子的角度并不能认为构成侵权，因为即使是先天性残疾的孩子，其生命也是宝贵的，有生命胜于无生命，从尊重生命本身的价值而言，其存在的意义仍胜于无，不能认定其生命属于应予赔偿的损害。因此，荣某某在本案中作为诉讼主体不适格。

本案中，被告医院在对李某某的诊疗过程中，虽然有针对李某某高龄进行唐氏综合征产前筛查的检查，并建议其进行遗传咨询，但一直未就其"21-三体高风险"的结果对李某某进行详细的医学知识普及和解释工作，也未以书面形式如实告知李某某并建议其进行产前诊断，此已违反《产前诊断技术管理办法》的规定，由此造成李某某未能通过医疗手段及时确诊，未能检查出是否存在染色体异常，从而影响了荣某、李某某作出是否终止妊娠的决定，侵害了荣某、李某某的优生优育选择权，故应对李某某主张的护理费等损害的产生承担主要责任。法院据此判决：被告医院一次性赔偿103 904元给荣某、李某某；驳回荣某某的起诉。

【案例评析】

本案焦点是，在"不当生命"案件中，尚未出生的胎儿是否具备诉讼主体资格？出生前诊断与筛查是及早发现先天性缺陷和疾病，实现优生优育的重要方法和手段。但是出生前诊断与筛查也可能引发法律争议。医方在孕妇产前检查中的过失，在实务中可能引发两种不同的诉讼。一种为不当出生（wrongful birth）之诉，即医方在对孕妇的产前检查中因过失未能向其提供有关胎儿先天性缺陷的信息，具有先天性缺陷的子女出生后，父母因本来可以避免的先天性缺陷子女的出生给其带来的精神损害和财产损害而对医方提起的诉讼。另一种为不当生命之诉（wrongful life），即在发生上述情况后，子女就因先天性缺陷而遭受的精神损害和财产损害，以自己的名义对医方提起的诉讼。

不当生命之诉的首要问题在于，医疗过失行为发生时原告尚未出生。《民法典》第 16 条对于胎儿以出生时为活体为前提视为具有民事权利能力的规定，使不当生命之诉中先天性缺陷子女的诉讼请求可能获得支持，此时其遭受损害的为有尊严地生存的人格利益。有尊严地生存是每一个自然人必然的人格需求。此种需求既需要有精神层面的支持，如人格尊严等，也需要有物质层面的支持。而作为具有先天性缺陷的原告，相较于普通人而言，更需要额外的物质帮助。此时，由有过失的医方为其提供此种帮助，能够更好地确保其获得和维持有尊严的生活。

在目前我国社会保障体制尚不健全的情况下，简单地拒绝不当生命之诉，不仅不能维护人格尊严，反而会使原告的生活难以为继，丧失生命尊严。子女的此种人格利益所对应的义务主体为提供产前诊断的医方，而非其父母。因为父母享有生育选择权，根据我国《母婴保护法》的规定，即使医方提出终止妊娠的建议，父母仍然享有继续或者终止妊娠的选择权。子女的出生是父母行使生育选择权的结果，即使生育的子女患有残疾，子女也不享有向父母主张损害赔偿的权利，因为子女并不享有要求自己不存在的权利或者要求其父母终止妊娠的权利。

邢某某、顾某诉神州中泰公司合同纠纷案
——违背公序良俗的合同之效力[1]

【基本案情】

2017 年 4 月 1 日，顾某及其丈夫邢某某（甲方）与神州中泰公司（乙方）经协商在神州中泰公司签订《国内三代委托协议》，约定甲方提供精子并支付费用，乙方神州中泰公司负责提供卵子及代孕方并收取费用和报酬，

---

[1] 湖北省武汉市江夏区人民法院（2017）鄂 0115 民初 3409 号民事判决书。

资费为 45 万元。顾某于 2017 年 4 月 5 日三次向乙方账号转账共计 12 万元。2017 年 4 月 19 日，神州中泰公司组织顾某、邢某某及卵子提供方到广州采精。顾某、邢某某要求到现场，双方产生分歧，顾某、邢某某要求神州中泰公司提供配卵报告，神州中泰公司未提供，并要求顾某、邢某某支付尾款 6 万元，双方就此产生纠纷，顾某、邢某某遂诉至法院。

【法院审判】

法院认为，双方合同中约定的内容是进行代孕服务并收取相应的费用。原卫生部《人类辅助生殖技术管理办法》第 3 条规定，"人类辅助生殖技术的应用应当在医疗机构中进行，以医疗为目的，并符合国家计划生育政策、伦理原则和有关法律规定。禁止以任何形式买卖配子、合子及胚胎。医疗机构和医务人员不得实施任何形式的代孕技术"。第 12 条规定，"人类辅助生殖技术必须在经过批准并进行登记的医疗机构中实施。未经卫生行政部门批准，任何单位和个人不得实施人类辅助生殖技术"。神州中泰公司经营范围中没有进行代孕服务的内容，其进行代孕服务违反了行政法规的规定，系未经卫生行政部门批准的行为，违反了社会公德、社会公共利益，即违背了公序良俗原则，损害了社会公共利益。我国《合同法》第 52 条第 4 项规定"损害社会公共利益"的合同无效，因此，双方之间的上述《国内三代委托协议》为无效合同。

法院据此判决，原告邢某某、顾某与被告神州中泰公司于 2017 年 4 月 1 日签订的《国内三代委托协议》无效。被告梁某、神州中泰公司在本判决生效后 10 日内连带返还原告邢某某、顾某 12 万元。

【案例评析】

本案的法律焦点在于，代孕合同是否有效？

本案中，对原告与被告签订的代孕合同的效力，法院援引原卫生部《人类辅助生殖技术管理办法》关于"医疗机构和医务人员不得实施任何形式的代孕技术"和"未经卫生行政部门批准，任何单位和个人不得实施人类辅助生殖技术"的规定进行判断，其实质是以公序良俗作为判断合同效力的依据。

《民法典》第 143 条明确规定："具备下列条件的民事法律行为有效：……

（三）不违反法律、行政法规的强制性规定，不违背公序良俗。"第153条第2款规定："违背公序良俗的民事法律行为无效。"该两条规定，从正反两方面，确定了违背公序良俗的法律行为无效。

一般认为，公序良俗的规定性质上为一般条款，其设立的原因在于立法者不可能就损害国家一般利益和违反社会一般道德准则的行为作出具体的禁止性规定，因而通过规定公序良俗这样的一般条款，授权法官针对具体案件进行价值补充，以期获得判决的社会妥当性。[1]

在法律行为效力判断中适用公序良俗原则，应以法律行为的全部特征加以考量，即法律行为内容、当事人动机、当事人所追求的目的以确定这一法律行为是否与有公正、正义感的人的情绪相抵触。[2]本案中，法院虽然援引原卫生部《人类辅助生殖技术管理办法》的规定认定涉案的代孕合同违背了公序良俗，但逻辑实质在于，涉案的代孕合同，将代孕母作为为他人进行生育的工具，违背了人格平等和人格尊严的要求，从而是无效的。正如康德所言，"你的行动，要把你人格中的人性和其他人人格中的人性，在任何时候都同样看作是目的，永远不能只看作是手段"。[3]

《民法典》第155条规定："无效的或者被撤销的民事法律行为自始没有法律约束力。"第157条规定："民事法律行为无效、被撤销或者确定不发生效力后，行为人因该行为取得的财产，应当予以返还；不能返还或者没有必要返还的，应当折价补偿。有过错的一方应当赔偿对方由此所受到的损失；各方都有过错的，应当各自承担相应的责任。法律另有规定的，依照其规定。"本案中，基于无效法律行为所取得的费用，应当予以返还。

（作者：满洪杰）

---

〔1〕　参见梁慧星："市场经济与公序良俗原则"，载《中国社会科学院研究生院学报》1993年第6期。

〔2〕　蔡唱："公序良俗在我国的司法适用研究"，载《中国法学》2016年第6期。

〔3〕　Immanuel Kant, H. J. Paton（trans.）, Groundwork of the Metaphysic of Morals, Harper & Row, 1964, p. 96.

第二章
民事行为能力制度及其影响

《民法典》沿袭了《民法总则》关于民事行为能力的规定，在第 17 条至第 24 条具体规定了自然人民事行为能力的判断标准和能力范围。首先，自然人的民事行为能力分为三种不同情形：完全民事行为能力、限制民事行为能力和无民事行为能力。其次，法条规定了三种不同情形的两个判断标准：对心智正常者的年龄标准和心智异常者辨认自己行为能力的标准。《民法典》的规定考虑到了所有人、所有心智状态、所有民事法律行为，是科学合理的法律规定。医疗行业面对各种年龄和各种心智状态的患者，且异常心智的原因及判断，很大程度上是一个医学问题，因此，医疗机构和医务人员都应当重视民事行为能力制度及其影响。

一、法律规定与理论解析

《民法典》承袭《民法通则》和《民法总则》关于自然人民事行为能力的系列规定，总则编第二章对自然人的民事行为能力进行了详细地规范，分别对自然人民事行为能力分段年龄、限制民事行为能力人的民事法律行为、无民事行为能力人的民事行为代理等问题进行了规定。

（一）法条解读

1. 完全民事行为能力人规定

《民法典》第 17 条规定："十八周岁以上的自然人为成年人。不满十八周岁的自然人为未成年人。"《民法典》第 18 条第 1 款规定："成年人为完全民事行为能力人，可以独立实施民事法律行为。"由此可见，《民法典》以成年人作为完全民事行为能力人，成年人能够以自己的意愿和行为独立行使民事权利，履行民事义务，独立承担民事责任。

成年人的标准仍然以年满 18 周岁为界，同时也规定了视为完全民事行为能力人的情形。《民法典》第 18 条第 2 款规定："十六周岁以上的未成年人，以自己的劳动收入为主要生活来源的，视为完全民事行为能力人。"《民法典》考虑了自食其力的年满 16 周岁的未成年人的具体情况：能够以自己的劳动收入作为主要生活来源，一方面说明其有具备完全民事行为能力的必要，另一方面也说明其具备享有完全民事行为能力的心智，因此赋予其完全民事行为能力，方便其实施民事法律行为，方便其维护自己的权益。需要指出的是，年满 16 周岁，虽然通常已经完成九年制义务教育，但是否应当赋予其完全民事行为能力，以方便其自食其力；或者是否应当为其指定监护，为其无需自食其力创造条件？即是否应当通过社会保障让其和同龄人一样，仍然是限制民事行为能力人，无需自食其力，是值得思考的。本书认为，随着社会保障水平的逐步提升，未来的 16 周岁以上的未成年人，即便不能获得家庭支持，也将获得社会保障的支持，以和同龄人一样能够选择继续读书求学，而不至于必须自食其力，自力更生。

上述对完全民事行为能力人的规定，明确了完全民事行为能力人的条件和能力范围。《民法典》确认成年人和视为成年人的未成年人平等的完全民事行为能力，方便权利人行使民事权利，履行民事义务，维护民事权利，有利于社会生活和经济活动。

2. 限制民事行为能力人规定

《民法典》第 19 条规定："八周岁以上的未成年人为限制民事行为能力人，实施民事法律行为由其法定代理人代理或者经其法定代理人同意、追认；但是，可以独立实施纯获利益的民事法律行为或者与其年龄、智力相适应的民事法律行为。"对限制民事行为能力人的规定，《民法典》沿用维持了《民法总则》将未成年人的限制民事行为能力年龄从 10 周岁下降为 8 周岁的规定。通常 8 周岁的未成年人，具有一定的生活常识和人际交流经验，具有独立进行买文具、买水等部分民事行为的能力。8 周岁的未成年人享有原来 10 周岁的未成年人才能享有的限制民事行为能力，有利于其学习和生活。

《民法典》第 22 条规定了成年人的例外情形："不能完全辨认自己行为的成年人为限制民事行为能力人，实施民事法律行为由其法定代理人代理或者经其法定代理人同意、追认；但是，可以独立实施纯获利益的民事法律行为或者与其智力、精神健康状况相适应的民事法律行为。"不能完全辨认自己行为的成年人与 8 周岁以上的未成年人相当，享有限制民事行为能力，可以独立实施与其智力精神状况相适应的民事法律行为和纯获利益的民事法律行为。

需要说明的是，在纯获利益的民事法律行为之外，限制民事行为能力人还能够独立实施哪些民事法律行为，《民法典》并未如同年龄一样，规定一个统一的指标，而是给出判断标准：与其智力、精神健康状况相适应。这个规定是符合客观实际情况的。但需要注意的是，此处的智力不仅仅是指智商，而是包括智商在内的综合理解和判断、辨认能力。限制民事行为能力人受生理年龄、自身成长环境和具体疾病程度等影响，完全可能具有不同的理解能力和辨认能力。即便是相同年龄或者相同疾病的限制民事行为能力人，也可能具有不同的智力和精神健康状况。因此，在判断限制民事行为能力人能够独立实施何种民事法律行为时，应当具体情况具体分析，根据行为人的理解、阅历、经历等综合判断。只有具体问题具体分析，才能够最大程度地维护限制民事行为能力人的合法权益并兼顾社会活动的稳定进行。

3. 无民事行为能力人规定

《民法典》第 20 条和第 21 条规定了无民事行为能力人的两种情形。第 20 条规定："不满 8 周岁的未成年人为无民事行为能力人，由其法定代理人代理实施民事法律行为。"第 21 条规定："不能辨认自己行为的成年人为无民事行为能力人，由其法定代理人代理实施民事法律行为。8 周岁以上的未成年人不能辨认自己行为的，适用前款规定。"8 周岁以下的未成年人，均属于无民事行为能力人。8 周岁以上的成年人和未成年人，不能辨认自己行为的，也都属于无民事行为能力人。无民事行为能力人不能独立实施民事法律行为，只能由法定代理人代理实施民事法律行为。

需要注意的是，根据《民法典》的规定，限制民事行为能力人可以独立实施纯获利益的民事法律行为，而无民事行为能力人连纯获利益的民事法律行为都不能独立实施。无民事行为能力人的所有民事法律行为，都只能通过法定代理人进行。

（二）民事行为能力制度立法历史沿革

我国《民法通则》规定 18 周岁以上的公民是成年人，具有完全民事行为能力，可以独立进行民事活动，是完全民事行为能力人。16 周岁以上不满 18 周岁的公民，以自己的劳动收入为主要生活来源的，视为完全民事行为能力人。10 周岁以上的未成年人是限制民事行为能力人，可以进行与其年龄、智力相适应的民事活动；其他民事活动由其法定代理人代理，或者征得其法定代理人的同意。不满 10 周岁的未成年人是无民事行为能力人，由其法定代理人代理民事活动。

不能辨认自己行为的精神病人是无民事行为能力人，由其法定代理人代理民事活动。不能完全辨认自己行为的精神病人是限制民事行为能力人，可以进行与其精神健康状况相适应的民事活动；其他民事活动由其法定代理人代理，或者征得其法定代理人的同意。

《民法通则》仅规定了精神病人的民事行为能力，事实上遗忘了智力障碍者等因精神疾病以外原因不能辨认自己行为的成年患者。随着医学的发展，更多的疾病被认识，除传统的精神疾病外，还有大量因疾病或者药物等原因暂时或者永久丧失民事行为能力的患者。《民法总则》与时俱进，把不具有完全民事行为能力的成年人范围从精神病人更改为不能辨认自己行为的人，将智力障碍人士等非精神病人但确实不能辨认自己行为的成年患者纳入限制或者无民事行为能力人范畴，大大拓展了限制或者无民事行为能力的成年人范围。这类规定不仅符合医学认知，更有助于保护非精神病人但又不能辨认自己行为的成年人的利益。如阿尔茨海默病患者，并非精神病人，但因神经病变原因，不具有辨认自己行为的能力，可能被他人欺骗而作出不利于自己的财产处分。如果按照《民法通则》的规定，此种患者难以被认定为限制或者无民事行为能力人，处分行为有效。但《民法总则》作出相应修改后，阿尔茨海默病等患者，均可依照辨认自己行为能力标准被认定为限制或者无民事行为能力人，这些患者的利益能够得到法律更好更完善的保护。

《民法典》沿袭了《民法总则》有关民事行为能力的规定：将公民的表述更改为自然人，法律的调整范围拓展到外国人、无国籍人等；降低了限制民事行为能力人的年龄下限：从 10 周岁调整为 8 周岁；拓展了限制民事行为能力或者无民事行为能力的成年人的范围：从精神病人拓展为所有不能辨认自己行为的自然人；扩大了限制民事行为能力人的能力范围：可以独立实施纯获利益的民事法律行为或者与其年龄、智力相适应的民事法律行为。《民法典》以辨认自己行为能力而不是疾病名称作为判断民事行为能力人的标准，抓住了民事行为能力的判断本质，让每个人都能够在有关民事行为能力制度里找到对应的位置，让每个人都能够得到法律的保护，体现了民事立法水平的提高，反映了法律的完善和进步，也体现了医学发展对法律的影响。

限制民事行为能力人可以独立实施与其年龄、智力、精神健康状况相适应的民事法律行为，《民法典》还增加了其可以独立实施纯获利益的民事法律行为，拓展了限制民事行为能力人可以独立实施的民事法律行为的范畴，让限制民事行为能力人无需假手他人即可获取利益，体现了民法的温情和科学。

（三）民事行为能力制度的比较法分析

一般各国都认为，精神健全，在法律上能为完全有效的法律行为的成年人具有完全行为能力。但各国关于成年的年龄标准各不相同。土耳其、英国、瑞士、法国、德国、丹麦、智利及美国部分州规定 18 岁成年，泰国和日本规定 20 岁成年（日本 2018 年修法，调整为 18 岁，2022 年 4 月 1 日起生效）。

在民事行为能力制度的立法模式上，法国、韩国、日本民法的民事行为能力制度采取两级制立法，俄罗斯采取三级制立法，各国对完全民事行为能力人、限制民事行为能力人、无民事行为能力人的条件规定也有不同。

　　法国民法依据年龄和精神状态，将自然人民事行为能力分为无民事行为能力和完全民事行为能力两种类型。根据法国民法，未成年人为无民事行为能力人。对于成年人，法国民法规定由个案审查判断民事行为能力的有无。完全民事行为能力人是指已达到成年年龄即 18 岁的人，或者已解除亲权关系的未成年人。由于法国民法并未对成年欠缺行为能力进行行为能力的类型化规定，不属于上述行为能力类型化提到的两级制规定中的任意一种。法国将精神官能、残疾、老龄及体能受损导致意思表达不健全的成年人列为成年欠缺民事行为能力人，其中对于精神与体能的损坏判断，须由医生予以确认。[1]

　　现行的《韩国民法典》采取了完全民事行为能力和限制民事行为能力的两级制立法，仅规定未成年人为限制民事行为能力人，而对于成年人的民事行为能力则采取个案审查。韩国法律并未对完全民事行为能力人的主体范围进行单独规定，除未成年人以及受监护的成年人外，年满 19 岁的成年人和已结婚的未成年人即具有完全民事行为能力，实施的法律行为有效。[2]

　　日本民法对民事行为能力按照年龄、智力及精神状态采取了两级制的分类，即完全民事行为能力和无民事行为能力。日本民法以成年作为自然人享有完全民事行为能力的标准，《日本民法典》第 3 条规定"满 20 岁为成年"。例外规定为"未成年人已结婚时，因结婚视为成年"，这就不再受 20 岁成年的限制了，而且在日本男 18 岁、女 16 岁就可以结婚，但必须取得父母的同意。日本民法中无民事行为能力人包括未成年人、禁治产人和准禁治产人三种。经常处于心神丧失状态的人为禁治产人（精神病人），一切交易都不得由其自己进行。准禁治产人（间歇性精神病人和财产浪费者）是指受到家事法院准禁治产宣告的精神耗弱者或者财产浪费者。日本民法对准禁治产人在经保佐人同意的情况下得为的行为进行列举，其他行为都是不可独立实施

〔1〕　安炫俊："中法民事行为能力制度比较研究"，载《法制博览》2020 年第 19 期。
〔2〕　安炫俊："中韩民事行为能力制度比较研究"，载《法制博览》2020 年第 18 期。

的，否则都是可以撤销的。[1]

俄罗斯民法采用三级制立法结构：完全民事行为能力人、限制民事行为能力人、无民事行为能力人。俄罗斯的完全民事行为能力人包括：一是年满18岁的未成年人；二是法律允许结婚的未成年人自结婚之日起取得完全民事行为能力，即使在年满18岁之前离婚亦然，但被法院确认婚姻无效的，法院可以判决未成年人一方自法院确定的时间起丧失完全民事行为能力；三是年满16岁的未成年人，如果按照劳动合同或其他合同工作，或经父母、收养人或保护人的同意从事经营活动的，并无以之为主要生活来源的限制。俄罗斯限制民事行为能力人包括：一是年满14岁不满18岁的未成年人；二是年满6岁不满14岁的幼年人；三是因酗酒或吸毒而使其家庭经济状况困难的成年人，可以由法院依照民事诉讼程序宣告其为限制民事行为能力人，并为其设立保护人（保佐人）。俄罗斯无民事行为能力人包括：一是不满6岁的幼年人；二是因精神障碍不能理解自己行为的意义或不能控制自己行为的人。[2]

二、典型案例及分析

（一）成年患者丧失民事行为能力，近亲属代为行使民事权利

【基本案情】

老李在家突发疾病，神志不清，呼之不应，近亲属急送老李急诊抢救治疗。老李到医院后，始终处于昏迷状态，医方无法向患者本人作出告知或取得其知情同意。经过医方询问，送医者是患者的近亲属，医方即向近亲属进行了告知并取得了知情同意，迅速展开了对患者的救治。

【案例评析】

完全民事行为能力需要同时具备年满18周岁和可以辨认自己行为两个

---

〔1〕 贾少学、唐春丽："中日两国自然人民事行为能力制度之比较分析"，载《河北法学》2004年第11期。

〔2〕 李幡、魏美妮："中俄自然人民事行为能力制度比较研究"，载《黑龙江工业学院学报（综合版）》2018年第10期。

条件。疾病或者药物可能导致患者暂时或者永久丧失辨认自己行为的能力。比如，植物人状态患者长期甚至永久丧失辨认自己行为的能力，而一过性意识障碍、谵妄、意识模糊、昏迷状态则属于暂时丧失辨认自己行为的能力。不管是长期还是暂时丧失辨认自己行为能力的患者，均属于无民事行为能力人，应当由监护人或者近亲属代为行使民事权利，在知情告知中体现为不能向患者说明的情形。

老李因神志不清，处于丧失民事行为能力的状态，其民事权利应当由监护人或者近亲属代为行使。

（二）基于事实行为建立民事法律关系

1. 案例一

【基本案情】

老陈单身一人外地出差，突发头晕，立即就医。老陈刚进入医院门诊大厅，即一头摔倒在地，不省人事。路过的医生发现了昏倒在地的老陈，立刻叫来其他医生和护士，将老陈送到急诊，立刻进行检查和救治。

【案例评析】

老陈因神志不清，不能作出任何意思表示，不能辨认自己和他人的任何行为，处于丧失民事行为能力的状态，医疗机构基于老陈病重需要救治的客观事实，建立诊疗服务关系。

2. 案例二

【基本案情】

小李7周岁，放学途中被狗咬伤。他想起老师说的，被狗咬伤可能会得狂犬病，要立刻找医生。于是他没顾得上找家长，赶紧跑到附近的诊所就诊。诊所的医生一边帮小李联系家长，一边对其伤情进行处理。

【案例评析】

按照法律规定，8周岁以下的未成年人属于无民事行为能力人，不能自行实施民事法律行为。但是小李为了保护自身健康寻求救治，医疗机构具有救死扶伤的法定职责，不能以患者不具有民事行为能力而拒绝诊疗。诊所基于小李受伤的事实，给予相应的医学处置，属于基于事实行为而建立诊疗服务关系。

（三）限制民事行为能力人在医疗领域的民事行为能力适当从宽

1. 案例一

【基本案情】

小王年满 12 周岁，因和同学打篮球导致扭伤，疼痛难忍，于是决定赶快去附近的医院诊治。在同学的搀扶下，小王来到骨科医院就诊。

【案例评析】

根据《民法典》的规定，限制民事行为能力人可以独立实施纯获利益的民事法律行为或者与其年龄、智力相适应的民事法律行为。

医疗服务合同不同于接受赠与等纯获利益的行为，患方需要支付医疗费用并承担诊疗风险，因此不属于纯获利益的民事法律行为。限制民事行为能力人就医，是基于意思表示还是事实行为，即限制民事行为能力人是否能够独立订立医疗服务合同，判断的核心是就医行为是否与限制民事行为能力人的年龄和智力相适应。如案例中的扭伤而就诊，应当认定为与限制民事行为能力人的年龄和智力相适应，可以认定为民事法律行为。如果是实施美容整形手术，则超出限制民事行为能力人的年龄和智力水平，不能由限制民事行为能力人独立实施，而应当由监护人代理。

2. 案例二

【基本案情】

精神病患者小张，因打碎玻璃杯，手被玻璃碎片划伤，流血不止，主动前往医院就医。

【案例评析】

精神病患者就医行为本身，即说明其能够识别出需要就诊并能够就诊，具有与医疗机构建立诊疗服务关系的精神状态和智力，应当认定为其具有民事行为能力。

认为限制民事行为能力人不能独立就医，似乎从民事行为能力的角度考虑较为周全，但实际上并不符合限制民事行为能力人的最佳利益：生命权、身体权、健康权是自然人的基本权利，就基本权利的维护，应当赋予个人更大的自主权和主动权。

同时，法律明确规定医疗机构不得拒绝诊疗，医疗机构当然不能以患者为限制或者无民事行为能力人而拒绝接诊。如某流浪儿童因病就诊，需要手术但尚未到危及生命的地步，此时若强求监护人知情同意，无疑在客观上剥夺了流浪儿童获得及时诊断治疗的权利，并因不作为可能构成侵犯流浪儿童健康权的不法行为。

（四）限制民事行为能力人应当参与治疗性临床试验合同的订立

【基本案情】

小赵 10 周岁，身患严重疾病，在医院住院治疗，医院有一个针对小赵疾病的治疗性药物临床试验。是否参与该药物临床试验成为受试者，应当由小赵和其监护人共同决定。

【案例评析】

药物临床试验具有比常规诊疗更高的风险，其风险收益的判断完全超出限制民事行为能力人的辨认和理解能力，因此，限制民事行为能力人独立作出的参与临床试验的决定，超出其行为能力，不具有法律效力。但因为药物临床试验具有较高风险且后果由本人承担，因此，除监护人知情同意外，还应当尽量取得限制民事行为能力人本人同意。

《药物临床试验质量管理规范》第 23 条第 10 项明确规定，受试者为无民事行为能力的，应当取得其监护人的书面知情同意；受试者为限制民事行为能力人的，应当取得本人及其监护人的书面知情同意。当监护人代表受试者知情同意时，应当在受试者可理解的范围内告知受试者临床试验的相关信息，并尽量让受试者亲自签署知情同意书和注明日期。

（五）与限制民事行为能力人订立非治疗性临床试验合同，法律设定了严格的限制条件

【基本案情】

小陈 10 周岁，在新闻上看到新冠肺炎疫苗的相关消息，与家长说非常想参加新冠肺炎疫苗临床试验，家长也表示支持，带着小陈前来咨询。

【案例评析】

限制民事行为能力人参与非治疗性临床试验，原则上需由本人和监护人共同同意。只有符合下列条件，才可由监护人代表受试者知情同意参与非治疗性临床试验：临床试验只能在无知情同意能力的受试者中实施；受试者的预期风险低；受试者健康的负面影响已减至最低，且法律法规不禁止该类临床试验的实施；该类受试者的入选已经得到伦理委员会审查同意。该类临床试验原则上只能在患有试验药物适用的疾病或者状况的患者中实施。在临床试验中应当严密观察受试者，若受试者出现过度痛苦或者不适的表现，应当让其退出试验，还应当给予必要的处置以保证受试者的安全。

（六）药物临床试验合同的特殊要求

【基本案情】

小蔡 20 周岁，神志清楚，精神正常，想参加药物临床试验，但其仅有小学文化程度，认识的字和会写的字都不多。研究者请来了见证人参与知情同意过程的见证。

【案例评析】

要成为药物临床试验的受试者，仅具有完全民事行为能力是不够的。因药物临床试验的专业性和风险性，除具有完全民事行为能力外，还需要具备或者能够补足阅读和理解能力。小蔡要成为受试者，除其需要具有完全民事行为能力，还应当有一位公正的见证人见证整个知情同意过程。研究者应当向受试者或者其监护人、见证人详细说明知情同意书和其他文字资料的内容。如受试者或者其监护人口头同意参加试验，在有能力的情况下应当尽量签署知情同意书，见证人还应当在知情同意书上签字并注明日期，以证明受

试者或者其监护人就知情同意书和其他文字资料得到了研究者准确地解释，并理解了相关内容，同意参加临床试验。法律法规如此规定，是为了最大程度地保护受试者的权益。

三、民事行为能力制度对医疗行业的影响

（一）《民法典》之民事行为能力制度的意义和价值

《民法典》的民事行为能力制度，强调人的自然属性，淡化了政治法律属性，体现了民法对每个自然人的无差异之爱，同时体现了我国方方面面的进步：四十年的改革历程，我国发生了翻天覆地的变化，国家富强，科技进步，社会信息多元，营养健康水平提高，未成年人的身高不断增加的同时，智力也不断增长。在这样一个时代出生成长的儿童接受着现代教育，享有现代信息技术，他们拥有的知识和经验、智力、身高等与父母小时候完全不同。许多未成年人有着与实际年龄并不相符的生理和心理上的成熟，其作出的交易若可被其监护人以其无民事行为能力而轻易否定，将极大地损害交易稳定，可能对交易相对方造成损害，也不利于未成年人及时维护自身利益。立法者注意到原来的年龄界限不能适应发展后的社会现状，因此降低限制民事行为能力人的年龄，将更多的未成年人纳入限制民事行为能力人的范畴，让更多的未成年人享有一定的自主权，体现了民法的与时俱进，更有利于未成年人参与和自身状态相匹配的民事活动，有利于交易的稳定，有利于未成年人的成长。

（二）医方应了解学习民事行为能力制度，切实履行义务

医务人员需要面对各种状态的患者，其中不乏暂时或者永久的完全或者部分丧失民事行为能力的患者；并且，是否具备辨认自己行为的能力，需要医学判断。更重要的是，医方承担救死扶伤的法定职责，而诊疗行为往往以患方的行为启动并逐步开展，患方的表意行为贯穿于诊疗的全过程。因此，民事行为能力判断，在医疗领域，是一个重要问题；探讨医疗领域的民事行为能力问题，很有必要。

患者作为患有疾病的自然人，其民事行为能力是否存在欠缺，其是否具有相应的民事行为能力，决定其行为是否具有法律上的效力，决定医方应当通过什么路径予以救治。医疗领域的民事行为能力分析，需要在患者状态的基础上，根据医学知识，结合法律规定，进行具体分析，才能得出正确结论。此外，医疗领域的有些行为，属于高度专业化的高风险行为，难以通过日常生活经验作出正确的认知和判断，此时自然人仅有完全民事行为能力，仍显不足；故在医疗领域，有时候对自然人的理解和判断能力有超越完全民事行为能力的更高要求。医疗机构知晓民事行为能力制度的相关法律规定，有利于依法知情告知，可避免告知不当及其法律责任。

1. 医方应当评估患者民事行为能力的状态并区别对待

《民法典》将未成年人的限制民事行为能力年龄从 10 周岁调整为 8 周岁，将限制民事行为能力的成年人范围从精神病患者拓展为不能辨认自己行为的成年人，医疗机构应当注意此变化并在医疗实践中正确理解正确执行。医疗机构需要注意的是，不管法律对民事行为能力如何规定，医疗机构均不得以任何理由拒绝接诊，不能以任何理由拒绝与患者建立诊疗服务关系。诊疗活动中，医疗机构履行注意义务应当对患者一视同仁，履行告知义务应当对患者区别对待。而区别对待的基础就是患者的民事行为能力状态。医疗机构应当评估不同患者的民事行为能力状态，如是否意识清楚，结合所患疾病的严重和紧迫程度等，在知情告知时予以区别对待。

需要注意的是，美容整形等在健康人身体上实施的手术，不属于针对患者的诊疗行为。医疗机构不能以不得拒绝诊疗为由，为无监护人陪同的限制或者无民事行为能力人实施美容整形手术。药物临床试验的受试者应当具有更高的辨认和控制能力，受试者能否知情同意临床试验，不能仅以完全民事行为能力有无作为判断标准；如果药物临床试验涉及非完全民事行为能力人，仅有监护人的知情同意仍然不够：药物临床试验需要受试者本人和监护人的双重知情同意。

2. 民事行为能力判断应当坚持具体问题具体分析

根据《民法典》的规定，患者年龄、智力、精神健康状况是判断民事行为能力的基本标准，医疗行为的危险程度是判断患者是否具有相应民事行为能力的辅助标准。神志清楚的成年患者具有完整的医疗知情同意能力。神志不清楚的成年患者，属于不能行使知情同意权的情形，应当由其监护人或者委托代理人代为决定。无民事行为能力人基于应当诊疗的事实，可与医疗机构建立诊疗关系。限制民事行为能力人可以独立决定并进行风险较低如感冒、痛经等疾病和体检等诊疗行为。当医疗行为的风险较高，如特殊检查、特殊治疗或者重大手术等，除紧急救治等特殊情况外，均应当由限制民事行为能力人的监护人作出决定。药物临床试验，不仅要求具备完全民事行为能力，还需要具备阅读理解能力或者能够补足阅读理解能力。

3. 医疗机构应当注意的问题

上述案例及分析可以看出，民事行为能力的规定对医疗行业的诊疗处置存在影响。医疗机构在不得拒绝诊疗的同时，也应在诊治中注意限制或者无民事行为能力人的知情同意告知程序，严格履行法律规定，保护限制或者无民事行为能力人的权益。

如对于药物导致的患者暂时处于无民事行为能力状态，医疗机构可以在用药前让患者签署授权委托书或者指定监护人，由代理人或者监护人代为行使民事权利，履行民事义务。

对于因疾病或者其他原因未能签署授权委托书或者指定监护人，但又不能辨认自己行为的患者，《民法典》一方面规定了向近亲属说明，另一方面规定了监护顺序。《民法典》第 28 条规定："无民事行为能力或者限制民事行为能力的成年人，由下列有监护能力的人按顺序担任监护人：（一）配偶；（二）父母、子女；（三）其他近亲属；（四）其他愿意担任监护人的个人或者组织，但是须经被监护人住所地的居民委员会、村民委员会或者民政部门同意。"因此医疗机构在向近亲属说明时，应当考虑监护顺序问题。医疗机构应当按照监护人顺序听取近亲属的意见。医疗机构也可以让具有监护人资格的近亲属，协商一个监护人，由协商监护人代为处理患者有关事宜。

而限制民事行为能力人在医疗领域的民事行为能力，不应当仅仅拘泥于年龄和心智状态，还应当根据限制民事行为能力人的病情、诊疗行为的风险大小等综合判断。

患者方面，为最大程度地维护自身合法利益，可以提前指定监护人；患者不能指定时，近亲属可以书面协商监护人。

最后，鉴于医疗服务合同关系到人的生命和健康，且医疗行为的实施具有不同程度的时间紧迫性，更重要的是，医疗行为一旦实施，就难以回复到实施之前的状态，因此，不宜轻易以患者为非完全民事行为能力人而认定医疗服务合同无效，应当结合病情、诊疗行为的风险等进行综合考虑。医疗机构应当秉持医者仁心，以患者最佳利益为医疗行为的出发点，本着对患者负责任的态度，切实履行高度谨慎的注意义务和充分的说明义务，共建和谐互信的良好医患关系。

（作者：聂学）

第三章
胎儿民事权利能力制度及其影响

《民法典》第 16 条基于对胎儿利益的保护，规定胎儿在几种情况下视为具有民事权利能力。这一创设性的规定是对胎儿民事权利的进一步保护，完善了过去只在遗产分割时为胎儿留有份额的规定，体现了我国民事立法对胎儿权利的高度关注，在胎儿利益保护方面取得了进步。

一、法律规定与理论解析

（一）法条解读

《民法典》第 16 条规定："涉及遗产继承、接受赠与等胎儿利益保护的，胎儿视为具有民事权利能力。但是，胎儿娩出时为死体的，其民事权利能力自始不存在。"本条规定了胎儿被视为具有民事权利能力的情况是涉及遗产继承、接受赠与等胎儿利益保护时。上述情况下，胎儿仅仅是"视为"具有民事权利能力，并不是真正意义上的具有民事权利能力。而且如果胎儿娩出时为死体的，其民事权利能力就自始不存在。与过去《继承法》规定的遗产分割时给胎儿留有份额相比，本条转变为在涉及胎儿利益保护时视为胎儿具有民事权利能力，在胎儿利益保护方面取得了进步。此法条回应了实践中关于胎儿是不是自然人及胎儿有没有民事权利能力等易引发争议及困惑的问题。

1. 我国法律不承认胎儿是自然人

《民法典》第 13 条规定："自然人从出生时起到死亡时止，具有民事权利能力，依法享有民事权利，承担民事义务。"根据我国的法律规定，自然人的民事权利能力始于出生，我国一直以新生儿出生后有呼吸有心跳作为成为自然人的条件，胎儿尚未与母体分离，并未出生，因此胎儿不是我国法律意义上的自然人。世界各国、各地区立法中并没有明确规定胎儿是不是自然人，这一问题可以从法律对孕妇堕胎的限制来看。例如，美国有 15 个州出台的堕胎禁令都与"心跳法案"相关，"心跳法案"规定只要检测到胎儿的心跳，孕妇就不可以堕胎。而心跳最早在怀孕 6 周的时候就会出现。对于这项规定可以理解为，胎儿有了心跳后，就视作具有了"人性"，成了"人"，堕胎就相当于剥夺了"人"的生命。[1]在胎儿是不是"人"的问题上，各国有各国的国情，医学指标、宗教信仰上也有差异。我国是根据具体国情作出的规定，对胎儿的利益进行保护。虽然我国法律不承认胎儿是自然人，但是仍然尊重成型的胎儿，规定了胎儿被视为具有民事权利能力的情形，在活存出生后能够行使权利，并且根据《医疗机构新生儿安全管理制度（试行）》的规定，严禁按医疗废物处理死胎，以示对逝去生命的尊重。

2. 涉及遗产继承、接受赠与等胎儿利益保护的，胎儿视为具有民事权利能力

《民法典》的创设性规定是对胎儿权利保护的进步，从过去《继承法》的留有份额，转变为视为具有民事权利能力。使用"视为"具有民事权利能力的表述，主要是与《民法典》第 13 条进行对应。法律保护的胎儿是指正在孕育中的"人"，从受孕那一刻起，一直到脱离母体具有独立呼吸成为真正的民事主体，在整个孕育阶段中存在着需要保护的利益。[2]自然人的民事权利始于出生，胎儿尚未出生，本来不具有民事权利能力，但又有必要在一定情形下对胎儿的利益进行保护，赋予胎儿民事权利能力。本条规定主要明确了基于特定身份的财产权的保护，表现为：涉及遗产继承、接受赠与等

---

〔1〕 马洪伦："美国联邦最高法院对堕胎权的确认——罗伊诉韦德案"，载《苏州大学学报（法学版）》2017 年第 2 期。

〔2〕 谭启平："论民法典第 16 条的限缩解释——以胎儿不能成为征地补偿对象而展开"，载《东方法学》2020 年第 4 期。

胎儿利益保护的,胎儿视为具有民事权利能力。此处的"遗产继承"不仅包括法定继承,也包括遗嘱继承、遗赠。胎儿是法定继承人的,按照法定继承取得相应的遗产份额;有遗嘱的,胎儿按照遗嘱继承取得遗嘱确定的份额。胎儿不是法定继承人的,被继承人也可以立遗嘱将个人遗产赠与胎儿,将来按遗赠办理,胎儿取得遗产继承权。"接受赠与"是指赠与人可以将财产赠与胎儿,胎儿此时视为具有民事权利能力,享有接受赠与的权利。本条只列举了"遗产继承""接受赠与"两种情形,主要涉及胎儿权利,不涉及义务,符合保护胎儿利益的立法目的,也基本延续了《继承法》的规定,使法律具有稳定性和一致性,同时也和个别保护主义立法模式的其他国家和地区法律规定接轨。在《民法典(草案)》审议过程中,有观点认为,除了遗产继承和接受赠与,还应增加损害赔偿请求的内容。立法机关在起草时,最初规定了胎儿的损害赔偿请求权,即遗腹子出生后请求损害赔偿的问题。但有人指出这涉及妇女堕胎权问题,关系到伦理、宗教等很多因素,[1]这是目前我国民法无法回答的问题。因此本条使用"等"字,将这一问题暂时搁置。本条没有将胎儿利益保护限定在遗产继承、接受赠与的范围以内,但并不是等同于胎儿享有自然人的所有民事权利。

3. 胎儿娩出时为死体的,其民事权利能力自始不存在

胎儿被视为具有民事权利能力是有附加条件的,即胎儿出生时为活体,才能在怀胎期间被视为具有部分民事权利能力,如果出生时是死体,就认为其民事权利能力从来没有过,将"胎儿娩出时为死体"作为溯及怀胎期间消灭其民事权利能力的条件。[2]《民法典(草案)》曾经采纳的观点是将"胎儿出生时为活体的"作为胎儿享有民事权利能力的必要条件,但这样的规定就意味着胎儿于孕育期间实际上并无民事权利能力,当胎儿出生时是活体的,再追溯至权利成立之时取得民事权利能力。本条的规定能够更周延地保护胎儿利益,出生为活体的胎儿,自母亲怀孕之时就应当被视为具有民事

〔1〕 魏子华、马擎宇:"论我国胎儿侵权损害赔偿制度构建——以《民法总则》第16条为视角",载《常州工学院学报(社科版)》2020年第1期。
〔2〕 张雨萌:"论胎儿民事权利保护——基于《民法总则》第十六条",载《安阳工学院学报》2019年第1期。

权利能力，无需待到其出生之时，即在孕育期间，胎儿就被推定为具有民事权利能力，而且这种推定是法律推定，不得推翻。若娩出时为死体的，其已经取得的民事权利能力才溯及地消灭，即自始不存在。[1]

4. 胎儿权利的行使

胎儿权利的行使应当比照未成年人监护制度，父母是胎儿的监护人，监护人应当履行监护义务，保护胎儿的合法权益。同时其父母还作为法定代理人行使权利，包括实施法律行为、代理等。例如，胎儿接受赠与可以由其父母即监护人作为法定代理人订立合同。

（二）胎儿民事权利能力制度的立法历史沿革

我国既往涉及胎儿利益保护的法律是《继承法》。《继承法》于1985年出台，规定在遗产分割时应当保留胎儿的继承份额。这是关于"胎儿留有份额"的规定，是贯彻养老育幼原则的体现。被继承人对出生后的胎儿负有抚养的法律义务，在被继承人死亡后，将遗产分配给胎儿，视作被继承人用自己的遗产履行了部分未完成的义务，目的是保护新生婴儿的利益，保证其健康成长。但本条规定仅是遗产分割的一项原则，只为胎儿留有份额，并不承认胎儿有继承能力和民事权利能力，如遗赠、遗嘱继承与法定继承具有同等意义，《继承法》却没有规定，而且除继承事项之外，没有胎儿利益保护的其他规定，对胎儿利益的保护不足。[2]《民法通则》于1986年出台，在2009年经历了一次修改。《民法通则》一直以来仅对自然人的民事权利能力作出规定，即公民从出生时起到死亡时止，具有民事权利能力，依法享有民事权利，承担民事义务。对于胎儿利益的保护，《民法通则》没有作概括性规定，继续由1985年《继承法》对胎儿的继承进行规定。《民法通则》实施后其他的民事立法也没有对胎儿的民事权利能力作出规定，直到2017年《民法总则》颁布实施。我国在2014年提出了制定《民法典》的立法任务，在2017年制定了《民法总则》，完成了编纂《民法典》的第一步。《民法总

---

[1] 黄薇：《中华人民共和国民法典总则编解读》，中国法制出版社2020年版，第42~47页。
[2] 郭纯："浅析胎儿民事权利的保护"，载《医学与法学》2018年第1期。

则》第 16 条的规定是对胎儿利益保护的进步，规定了胎儿被视为具有民事权利能力的情形是涉及遗产继承、接受赠与等胎儿利益保护时，胎儿在母亲怀胎期间即具有民事权利能力，附加条件是胎儿出生时是活体，如果出生时是死体，就认为其民事权利能力自始不存在。该规定弥补了《民法通则》的缺憾，将《继承法》的规定进行完善，对于胎儿利益的保护具有里程碑式的意义。《民法典》对胎儿民事权利能力的规定和《民法总则》相同。《民法总则》即是《民法典》的总则编。我国一直以来没有一部民法典，主要通过《民法通则》来规定一些基本制度和规则。2017 年制定《民法总则》后，整合其他单行民事法律的《民法典》于 2020 年通过并于 2021 年 1 月 1 日起施行。《民法典》设立总则编吸纳了《民法总则》，设立继承编吸纳了《继承法》的部分内容。

（三）胎儿民事权利能力制度的比较法分析

纵观世界各国各地区立法，对胎儿民事权利能力的相关规定主要分为绝对主义、个别保护主义以及总括保护主义三种。

1. 绝对主义

绝对主义是彻底不承认胎儿的权利能力。苏联即采取绝对主义，不承认胎儿的权利能力，我国《民法通则》的规定也属于绝对主义。但绝对主义不是绝对不保护胎儿的任何利益，1964 年《苏俄民法典》在继承权方面对胎儿作出了例外保护。

2. 个别保护主义

一般来说，个别保护主义认为胎儿不具有权利能力，只有在特殊情况下才具备权利能力。《德国民法典》规定胎儿出生时是活体的，以出生完成之时作为人的权利能力开始的标志，在其他条款中规定了胎儿的赔偿请求权和继承权。《法国民法典》规定，在继承开始时尚未出生但已孕育的胎儿，视为在继承开始前出生。《日本民法典》认可胎儿如同出生的自然人一样具有继承权、受遗赠权与损害赔偿请求权，同样以出生时为活体作为附加条件。

3. 总括保护主义

总括保护主义认为胎儿在出生前被拟制地视为有权利能力，以胎儿出生时是活体为前提。《瑞士民法典》规定，出生前之胎儿，以活存出生为条件，有权利能力。只要出生时尚生存，活存胎儿出生前就具有民事权利能力，在胎儿利益受损时，有权要求加害人对其损害予以赔偿。

从这三种主义来看，绝对主义疏于对胎儿权利的保护，也与尊重生命法益及以人为本的法治理念相违背。个别保护主义立法模式虽然在胎儿权益保护上有很大进步，但是采用列举的方法对胎儿权利进行规定，不免难以周严胎儿所有应保护之利益，有一定不足。总括保护主义的立法模式明确规定活存胎儿的民事权利能力，对胎儿利益保护比较全面。对于我国应采取的立法模式，有观点认为应采取总括保护主义，赋予胎儿民事权利能力，也有观点认为，只需用法律明文规定涉及胎儿利益的情形即可，不必赋予其民事权利能力。我国《民法典》的规定采取了折中的方案，仍以"自然人的民事权利能力始于出生"为原则，但在特定事项上，胎儿视为具有民事权利能力。[1]

二、典型案例及分析

梁某某与梁某等赠与合同纠纷案
——胎儿能否接受赠与

【基本案情】

梁某有两个儿子，其80多岁时发现自己身患绝症，而大儿子的妻子当时怀有身孕，梁某分五次给付大儿子共计60万元，声明是给自己未来的孙子，收据载明给付事项为孙子生活费。后梁某去世，其孙子出生。梁某的小儿子对梁某的赠与行为产生异议，诉至法院要求判令梁某的大儿子和孙子共同归还60万元。

【法院审判】

法院判决认为，梁某给大儿子的60万元系赠与胎儿的生活费，胎儿出

---

〔1〕 最高人民法院民法典贯彻实施工作领导小组主编：《中华人民共和国民法典总则编理解与适用（上）》，人民法院出版社2020年版，第113～117页。

生后为活体，其在胎儿期间获得的利益应当得到保护，有权接受赠与，据此驳回小儿子的诉讼请求。

【案例评析】

本案是典型的涉及接受赠与时对胎儿利益进行保护的案例。根据《民法典》第 16 条的规定，涉及遗产继承、接受赠与等胎儿利益保护的，即使在孕育中，胎儿也被视为具有民事权利能力，可以作为继承人和受赠人，不因胎儿的身份受到影响。胎儿可以作为赠与合同的受赠人，赠与合同生效后，可以公证，也可以进行财产权利的转移。因其未出生，其父母可作为其法定代理人代其接受赠与。在本案中，梁某在大儿媳怀孕时，向其腹中的胎儿、未来的孙子进行赠与，胎儿的利益应当得到保护，无需等到胎儿出生后才具有接受赠与的民事权利能力。他人不得以胎儿尚未出生，不具有民事权利能力为由主张继承或受赠无效。梁某的孙子顺利出生，成为民法中的自然人，享有自然人的民事权利能力。如果梁某的孙子并未顺利出生，娩出时为死体，那么其民事权利能力则自始不存在，就无法获得梁某赠与的 60 万元了。根据《民法典》第 16 条的规定，如果胎儿娩出为死体的，其民事权利能力视为自始不存在，其法定代理人代为受领的给付，应按不当得利之规定予以返还。已经接受的遗产份额，应按照法定继承办理。已经接受的赠与，应返还给赠与人。《民法典》从法律上对胎儿利益的保护作出规定，既是民法的重要内容，也是人道主义和人性伦理的要求。

三、胎儿民事权利能力制度对医疗行业的影响

此次《民法典》首次提出了胎儿视为具有民事权利能力，这一规定体现了对胎儿利益的保护，也是提示大家要尊重和保护胎儿。对于医疗行业来说，此次立法的用意更是提示医务人员在诊疗活动中要更加关爱生命，注意保护胎儿权利。实践中有以下几点要引起医务人员的特别注意。

（一）医务人员应了解"胎儿"在医学和法学上定义的区别

医学上对胎儿的解释和法律上对胎儿的解释可能不完全一样。从医学上

讲，受精卵在医学上不被称为胎儿，发育到一定程度，初具人形、出现心跳，才会形成胎儿。妇产科学认为，妊娠 8 周以后才能够被称为胎儿。杜万华大法官在《中华人民共和国民法典实施精要》一书中提出："如果按照医学标准，自然人的人卵受精一段时间后才能认定为胎儿产生，在此之前发生的一些继承、赠与的事实就与该胎儿没有关系。如果按照法律的标准来认定，只要母体内能够查出有人卵受精就可认定胎儿产生，则会产生不同的法律效果。"[1] 从杜法官的解读来看，法律上"胎儿"的标准和医学上并不相同。医务人员应注意从两个角度来认识"胎儿"的定义。美国部分州的法律规定出现心跳就认为形成了"人"，胎儿就具有了人的权利，但在我国尚无明确的法律规定，其中涉及很多复杂的问题。如何划分这一界限，具有很强的社会伦理性和法律性。医务人员应当注意了解"胎儿"在医学和法律上定义的不同，注意观念上的差异。

（二）医务人员应在围产期尽到注意义务

围产期是指怀孕 28 周到产后一周这一分娩前后的重要时期，对孕妇和胎儿来说，围产期都是十分危险、十分关键的。随着社会的发展，生活水平的提高，人们更加关注生命健康，都希望生育健康的孩子。如果出生的孩子存在缺陷、出现残疾，对家庭和社会来说都是一种负担。《民法典》特意强调了胎儿视为具有民事权利能力，这就更意味着在围产期对胎儿的保护是很重要的。医务人员应注意做好围产期的检查和评估工作，进一步加强规范，加强围产期注意义务的履行，密切观察监测孕妇和胎儿的各项指标，及时发现胎儿异常，及时纠正对胎儿生长发育不利的因素，避免发生不利的变化，加强对胎儿的保护，保证胎儿健康成长。

医务人员在围产期要做好孕妇和胎儿的保健管理和应急预案，遵从诊疗规范，如果发现威胁孕妇及胎儿生命安全的情况，要第一时间采取措施进行处理。要站在孕妇和胎儿的角度来考虑，更好地提供服务。医务人员应增强对法律上注意义务的认识，不能简单地认为没有违反诊疗规范就足够了，而

---

〔1〕 杜万华主编：《中华人民共和国民法典实施精要》，法律出版社 2021 年版，第 39~40 页。

是要更加谨慎、精心地做好围产期孕妇和胎儿的保护工作。医务人员要按照《母婴保健法》的规定为孕妇做好产前检查工作，如果发现或者怀疑胎儿异常，应及时对孕妇进行产前诊断。《超声产前诊断技术规范》规定了"妊娠16周~24周应诊断的致命畸形包括无脑儿、脑膨出、开放性脊柱裂、胸腹壁缺损内脏外翻、单腔心、致命性软骨发育不全等"。如果经产前诊断，发现胎儿存在《母婴保健法》第18条规定的患严重遗传性疾病、有严重缺陷、因患严重疾病继续妊娠可能危及孕妇生命安全或严重危害孕妇健康的情况，医务人员还要注意向孕妇及家属说明情况，并提出终止妊娠的医学意见。根据我国《妇女权益保障法》，妇女有按照国家有关规定生育子女的权利，也有不生育的自由。医务人员要严格履行告知义务，完善告知内容，与孕妇和家属充分沟通，让孕妇一方知晓胎儿的各项情况，了解疾病对胎儿未来的影响，让孕妇和家属充分理解之后作出决定。最终的选择权和决定权仍然在孕妇一方，要注意保障孕妇及家属的知情同意权和优生优育选择权。

（三）医务人员应在接产过程中尽到注意义务

生产环节是十分重要的环节，胎儿娩出是否成活，是胎儿能否成为自然人、能否行使民事权利的关键。如果胎儿成活，就能够拥有自然人的全部民事权利能力。如果娩出即为死体，就不能够成为自然人，其民事权利能力自始不存在。胎儿娩出的生与死，不仅会影响到其作为自然人的民事权利的实现，还会影响到胎儿在母亲怀胎期间能否被视为具有民事权利能力，可能会成为影响遗产分割或财产赠与的决定性因素，涉及多方的利益，对每个家庭、每个生命都很重要。

关于娩出时为"死体"的标准，实践中存在不同的观点。自然人出生的标准存在"独立呼吸说"和"生命体征说"两种学说。"独立呼吸说"认为，能够独立自主呼吸标志着胎儿出生成活；"生命体征说"认为，无独立呼吸但有生命体征，如心跳、脉搏等，就认为胎儿成活。实践中曾出现案例，胎儿出生后无独立呼吸，但有心跳，经插管抢救后，能够独立呼吸，这当然认为胎儿出生成活。但是在实践中还出现过胎儿娩出后受被动刺激有微弱的心跳、没有呼吸，在心跳消失后对死体进行解剖，发现肺部没有扩张，从医学上来讲不存在能够呼吸的可能性，也就不存在能够存活的条件。这种情况该如何认定是存在争议的。要认定胎儿娩出是否成活，是采取"独立呼吸说"还是"生命体征说"，还是通过阿斯评分来认定，希望未来医疗行业和专业学术团体能够提供技术规范来解决这一问题。

　　无论如何，医务人员在接产过程中的注意义务都是十分关键的，尤其是实践当中，产妇和胎儿的瞬间变化太快，一分钟之内可能状况就会急转直下。产科是目前医疗风险最高的科室，据 Alpha 案例数据库统计，产科是医疗损害责任纠纷的高发科室。医务人员应当在接产过程中尽到审慎注意义务，保障每个环节的操作和处理都符合法律规定和诊疗规范，遵守技术操作规范，严格把握指征，提前准备应急预案，出现问题及时处理，有效保证接产活动的顺利进行。

　　根据《民法典》第 1218 条，如果接产过程中由于医务人员的过错导致胎儿在腹中死亡，应根据医疗过错的责任比例，按孕妇本人受到的损害进行赔偿，包含医疗费、护理费、住院伙食补助费等费用，但不包含死亡赔偿金。如果是医务人员的过错导致新生儿出生后出现损害或死亡，那么就要根据责任比例，按照新生儿以及孕妇两人受到的损害进行赔偿，如果新生儿死亡，还要包含新生儿的死亡赔偿金。

（作者：郑雪倩、岳靓）

第四章

监护制度及其影响

　　《民法典》第 33 条、第 34 条、第 35 条立足于监护制度。其中，意定监护制度的特点是尊重被监护人的意愿，无论是监护人的选任，还是监护事项的委托，均应由被监护人确定。其中也包含被监护人对自己医疗监护的意愿（或称健康利益的意定监护），因此，意定监护与医疗卫生健康事业密切相关。人文关怀是民法的重要价值理念，体现在对人的自由和尊严的充分保障以及对社会弱势群体的特殊关爱上。医疗意定监护对于老年人、残疾成年人以及其他有医疗需求的人的权益保障，体现了民法的人文关怀精神，因此，《民法典》规定的医疗意定监护制度具有很强的价值内涵和现实意义。

一、法律规定与理论解析

（一）法条解读

　　监护制度是民法上的一项重要法律制度，它是对无民事行为能力人和限制民事行为能力人的人身、财产和其他合法权益，进行监督和保护的法律制度，其目的在于保护无民事行为能力人和限制民事行为能力人的合法权益，以维护正常的社会秩序和经济秩序。《民法典》于总则编第二章第二节规定了监护制度，包括未成年人监护与成年监护两大类型，明确规定了法定监护人范围、顺位、遗嘱监护、协议监护、监护争议解决程序、监护人的职责及要求、撤销监护人资格、恢复监护人资格、临时监护、国家监护等内容，包括 14 个条文，确立了"以家庭监护为基础，社会监护为补充，国家监护为兜底"的基本制度架构，并拓展了成年人意定监护、突发事件紧急情况等制度设计与具体规定。本章主要介绍其中三个涉及被监护人的健康权益保护的条款（《民法典》第33条、第34条、第35条）。

1. 监护人的法定职责

《民法典》第34条第1款至第3款规定："监护人的职责是代理被监护人实施民事法律行为，保护被监护人的人身权利、财产权利以及其他合法权益等。监护人依法履行监护职责产生的权利，受法律保护。监护人不履行监护职责或者侵害被监护人合法权益的，应当承担法律责任。"该条主要规定了监护人对被监护人代理责任的范围，监护人对被监护人的健康须承担以下主要义务：照顾被监护人的生活，即照料义务；保护被监护人的身体健康，即护养医疗义务；维护被监护人的人身权利，即维护人权义务。[1] 具体包括：被监护人的人身权利、财产权利以及其他权益。这里的人身权利包括监护人代被监护人行使的医疗知情同意，作出医疗、人体试验和器官移植等决定以及意定医疗指示等。监护人依法履行监护责任产生的上述健康相关的监护权利受法律保护，同时，监护人不履行监护职责或者侵害被监护人健康相关的监护合法权益的，应当承担法律责任。

2. 突发事件等紧急情况下的临时生活照料措施

《民法典》第34条第4款规定，因发生突发事件等紧急情况，监护人暂时无法履行监护职责，被监护人的生活处于无人照料状态的，被监护人住所地的居民委员会、村民委员会或者民政部门应当为被监护人安排必要的临时生活照料措施。比如，新冠肺炎疫情期间，监护人因疑似或被确诊为新冠肺炎被隔离治疗，造成无法履行监护职责，此时被监护人住所地的居民委员会、村民委员会或者民政部门依法取得临时监护权，须临时承担被监护人必要的生活照料责任和义务。

3. 意定监护制度

《民法典》第33条规定："具有完全民事行为能力的成年人，可以与其

---

〔1〕 杜辰："论成年精神障碍患者人身监护制度的完善"，南京大学2013年硕士学位论文。

近亲属、其他愿意担任监护人的个人或者组织事先协商，以书面形式确定自己的监护人，在自己丧失或者部分丧失民事行为能力时，由该监护人履行监护职责。"这一条是关于意定监护制度的规定。意定监护，又称成年意定监护，是指具有完全民事行为能力的成年人，可以与其近亲属、其他愿意担任监护人的个人或者组织事先协商，以书面形式确定自己的监护人，协商确定的监护人在该成年人丧失或者部分丧失民事行为能力时，履行监护职责。成年监护制度属于我国民事法律制度的一种，我国成年监护制度应体现如下三大立法理念："尊重和保护人权"，"尊重被监护人自我决定权"，"帮助弱者像正常人参与社会生活"。[1]

当前，我国人口老龄化逐渐加剧，法律对人权的保障更加充分，对监护需求逐渐增大，在此基础上，结合实践并参考《老年人权益保障法》的规定，《民法典》通过本条正式确立了意定监护制度。意定监护的正式确立，有利于成年人在具有完全民事行为能力时基于自己的意愿提前选好监护人，是我国监护制度立法中的重大突破。对于一些终身未婚未育、独居、空巢的老年人等，一旦其某天因意外或疾病丧失了行为能力，在无其他法定监护人的情形下，他们难免会陷入无人监护的困境之中，成年人的意定监护制度有助于这一问题的解决，有助于我国以立法的形式来应对诸多老龄化问题。成年人为自己在无法自主表达意思时的医疗决定行为事先确定意定监护人是本章的重点。

4. 保护被监护人最大利益原则

《民法典》第 35 条规定，监护人应当按照最有利于被监护人的原则履行监护职责。这条规定要求监护人在履行监护职责时，应该以被监护人最大利益为原则。从健康利益视角考量，保护监护人最大利益原则涉及未成年人、精神障碍患者、成年人的健康利益最大化。

（1）未成年人监护最大利益保护

未成年人最大利益原则是目前各国未成年人监护制度中都普遍遵守的一项基本原则，该原则最早由 1959 年联合国《儿童权利宣言》确定为保护儿童权利的一项国际性指导原则。1989 年联合国《儿童权利公约》第 3 条第 1

---

〔1〕　莫金球："论我国成年监护制度的完善"，广西师范大学 2015 年硕士学位论文。

款明确规定："关于儿童的一切行动，不论是由公私社会福利机构、法院、行政当局或立法机构执行，均应以儿童的最大利益为一种首要考虑。"在联合国宣言和公约的倡导下，儿童最大利益原则在英美法系及大陆法系已经成为法官处理监护案件时的最高准则。[1]美国是未成年人最大利益原则适用的典范，美国尊重家庭隐私，强调家庭监护的重要性，但是也有一个强有力的国家干预制度，以实现对未成年人利益最大化的保护。

未成年人涉及健康权益的监护利益最大化原则主要体现在未成年人参与人体试验的监护。未成年人参与医学人体试验，是指医学研究为了验证药品、医疗器械、治疗方法和技术能否达到预期的效能以及安全系数，以未满18周岁的未成年人为受试对象开展的医学人体试验行为。[2]我国实行监护人同意模式，即是否参与人体试验由未成年人的法定监护人决定。我国《药物临床试验质量管理规范》规定，未成年人的法定监护人决定未成年人参与或者不参与试验（当然在某些情况下也需要考虑受试者个人的意愿）。监护人同意模式对未成年人权利保护的力度明显不足。仅凭监护人的主观意愿就可以将未成年人置于试验的巨大风险之下，无疑是不安全的。[3]未成年人或无同意能力的成年人只有在试验对其健康可能产生直接利益，或者试验对与其同年龄段或者有同样健康问题的患者产生直接利益，且对受试者只有最小风险和负担时，经其监护人在充分获知试验性质、风险、收益、隐私保护、伦理审查情况等信息并书面签署知情同意书的情况下，才能参与试验。未成年人或无同意能力的成年人对试验性质有理解能力并明确反对的，试验不得进行。对女性、意志受限者等特殊群体参与试验应符合相关伦理要求。[4]

（2）精神障碍患者监护最大利益保护

《精神卫生法》第31条规定，"精神障碍患者有本法第三十条第二款第一项情形的，经其监护人同意，医疗机构应当对患者实施住院治疗；监护人

---

〔1〕 刘元艺："未成年人监护制度比较研究"，吉林财经大学2014年硕士学位论文。

〔2〕 赵敏洁："未成年人参与医学人体试验之立法研究"，福建师范大学2013年硕士学位论文。

〔3〕 满洪杰："医学人体试验特殊受试者保护研究——以比较法为视角"，载《东岳论丛》2012年第4期。

〔4〕 满洪杰："关于受试者知情同意权的立法建议"，载《四川大学学报（哲学社会科学版）》2018年第3期。

不同意的，医疗机构不得对患者实施住院治疗。监护人应当对在家居住的患者做好看护管理"。我国精神障碍患者监护制度规定，监护人主要从管理精神障碍患者的财产，对精神障碍患者给他人造成的损害承担民事责任，代理进行民事活动，照顾精神障碍患者，代理精神障碍患者进行诉讼，保护精神障碍患者的人身等合法权益等方面对被监护人进行监护。2018 年修订的《精神卫生法》对监护人在精神障碍患者医疗看护方面进一步予以明确，具体包括：患者发病及时送诊，有异议时要求再次诊断和鉴定，发生伤害送诊，签署书面同意，办理出院，对未住院治疗患者的看护，按照医嘱督促患者按时服药、接受随访或者治疗等。[1]

（3）成年意定监护最大利益保护

对于成年被监护人来说，与其人身相关联的权利中最重要的就是医疗活动中的权利。成年被监护人或精神或身体存在缺陷，其行为能力丧失或受到限制，因此需要为其设置监护人。在医疗领域，尊重本人自我决定权和活化残存的剩余的同意能力的新型成年监护制度理念得到了广泛的应用。田山辉明编著的《成年后见人的医疗代诺权和法定代理权》一书介绍了《残疾人权利公约》下的日本成年后见制度。[2]在该书中，作者认为，在被监护人参与医疗活动时，只要其有剩余的同意能力，就要尊重其尚存的意思能力，依照患者本人表达的意愿实施医疗措施。如果认定患者无同意能力，就要由其监护人行使代诺权。监护人代诺权的行使同样存在限制，监护人在行使代诺权的当时要了解患者的最新意愿，根据其能获得的患者的意愿代为承诺。[3]即成年被监护人参与医疗活动成为患者时，医疗知情同意权的行使和实现关系到患者的健康权和生命权。

患者的医疗知情同意权，从监护人的角度进行定义就是代为承诺的权利。监护人行使代诺权应当受到限制，其中最重要的一项就是监护人应以

---

〔1〕　陈旻："我国精神障碍患者监护公共干预机制研究"，上海交通大学 2015 年硕士学位论文。

〔2〕　对处于精神丧失状态的人，根据本人、配偶、四亲等以内亲属、辅助人、保佐人、未成年人监护人或检察官的请求，家庭法院可以作出监护开始的决定。监护开始决定后的保护人称为"后见人"（在后面照顾、看护），被保护人称为"被后见人"。参见〔日〕田山辉明编著：《成年后见人的医疗代诺权和法定代理权》，三省堂 2015 年版，第 208~211 页。

〔3〕　黄立：《民法总则》，中国政法大学出版社 2002 年版，第 86~87 页。

患者本人的意思为基准作出医疗决定。当患者有同意能力的时候，应尊重和活化其剩余的意思能力，以患者本人的意思为准，作出医疗决定。即使在患者无同意能力需由监护人作出医疗决定的状况下，监护人也应以保护患者的利益为原则。

患者的医疗知情同意权代为行使主要情形有以下情形：患者欠缺知情同意能力；对患者采取保护性医疗措施（对患者采取保护性医疗措施是指当患者病情危急或者是身患绝症时，为了不让患者因为知晓自己的病情而产生巨大的心理压力和精神上的恐惧，甚至产生消极情绪，自暴自弃、拒绝治疗等情况，从而影响患者的正常治疗，不利于疾病的治愈，损害患者的生命健康，医务人员可以不告诉患者相应的医疗信息）。

对于生命处于终末期的患者而言，其医疗决定的作出应更为谨慎，因该医疗措施的实施可能会导致患者失去生命。对于生命维持患者来说，医疗措施在医学上的必要性与患者的意愿共同作用才能构成该医疗措施合法化的依据。监护人必须在医疗行为作用的始终都确定患者的意愿，依照患者的意愿作出医疗决定。在成年监护制度下，患者的医疗知情同意权的行使应更为谨慎。监护人本身也是独立的个体，难免会在一定程度上与患者存在利益上的冲突。因此，对于这种代为承诺的权利是否是基于患者本人的意愿这一事项的确认，也应相当谨慎。无论监护人代患者作出何种医疗决定，都应注意把握"确认患者本人意愿"这一前提。[1]

（二）我国涉及健康权益的监护制度的立法历史沿革

我国作为一个进入老龄化社会的发展中国家，在立法上建立成年监护制度已经成为国家发展的必然趋势。我国成年监护制度的立法始于1987年实施的《民法通则》及1988年实施的《最高人民法院关于贯彻执行〈中华人民共和国民法通则〉若干问题的意见（试行）》（以下简称《民通意见》），其监护的对象只适用于年满18周岁不能完全辨别自己行为能力的精神病人，以上内容的规定体现了当时由于只存在成年法定监护，所以我国成年监护制

---

〔1〕 汤新颖："论成年监护中的医疗知情同意权"，吉林大学2017年硕士学位论文。

度开始出现时，监护方式方面存在着一定的不足。但关于监护人职责、监护人监护能力以及协定监护人等规定也为后来《民法总则》《民法典》的相关规定奠定了一定的坚实基础。

2018 年修订的《老年人权益保障法》第 26 条第 1 款规定了老年人可以协商确定自己的监护人，这一条文不仅更尊重老年人的意愿，而且标志着我国立法上也出现了成年监护的另一监护形式——意定监护。这是对我国成年监护制度的一项重要补充。与此同时，第 2 款明确了意定监护与法定监护之间的关系。在老年人没有确定监护人的情形下，当其行为能力出现缺陷时，可以依照法律规定确定监护人。《老年人权益保障法》顺应了我国老龄化社会的要求，为社会和谐及稳定发挥了巨大的作用。2017 年《民法总则》的公布标志着我国成年监护制度基本建构。其中第 28 条将《民法通则》中带有歧视色彩的"精神病人"改为"成年人"，完善了成年监护制度的法定适用主体。第 33 条关于具有完全民事行为能力的成年人可以协商确定监护人的规定，进一步扩大了意定监护协议的适用范围。以上规定对于我国两类化的成年监护结构，不论是法定监护还是意定监护都具有显著的立法修整及完善。[1]这些保护成年人民事权利的规定近年来逐渐在医疗实践中被广泛应用，意思表示明确的成年人主体通过协议等方式确定履行自己在意思表示不明确时或不能完全表达自己意思时的医疗决定、医疗同意、医疗措施选择、临终安宁疗护措施选择等监护职责的监护人，在成年意定监护制度领域内形成涉及健康权益的意定监护制度。

（三）　涉及健康权益的监护制度的比较法分析

现代监护制度起源于罗马法，罗马法设置了监护（tutela）人及保佐（curatio）人之制度，现代法例多援用之，其目的固在保护未成年人或禁治产人等无完全能力者之利益，但在古代罗马，此项制度之目的，则首在保护家族之财产。[2]但是，监护制度发展到今天，其实质发生了变化，已经不是主要用于保护家族的财产，而是维护被监护人个人利益。这里主要探讨

---

〔1〕　毕秀竹："论我国成年监护制度的立法发展与完善"，辽宁师范大学 2019 年硕士学位论文。
〔2〕　陈朝壁：《罗马法原理》，法律出版社 2006 年版，第 431 页。

涉及健康权益的监护，即基于患者自主决定权的监护。患者的自主决定权主要包括选择医生及有关医疗机构的权利；选择治疗方案的权利；拒绝治疗的权利；丧失决定能力时的权利等方面的内容。[1] 患者对医疗干预的自主决定权，不仅体现为身体完整权及身体维护权，也可以引申为一种基本人权，即体现了个人生命价值和生存尊严的人权。世界上不同国家的监护制度有不同的发展过程和特点，对不同程度的被监护主体的医疗决定权进行保障。

意定监护制度是 20 世纪后半叶以来，各国应对社会观念与家庭结构变迁、人口老龄化，迎合残障者、老年人人权保障新理念，对民法成年监护制度进行改革的重要成果。意定监护在监护人的确定上最大程度地尊重了被监护人的意愿和自主决定权。因而，同时受到两大法系的多个国家的青睐。德国、韩国、日本、英国、美国、法国等在成年监护制度改革中，不约而同地选择了意定监护制度。这一制度，美国和英国称为"持续性代理权"，德国称为"预先性授权"，法国称为"为了将来的保护"，日本、韩国则称为"任意监护"，名称虽异，但本质却相同。[2]

1. 德国医疗监护立法

《德国民法典》第 1904 条规定了"监护法院对于医疗措施的批准"，要求监护人作出的可能造成被监护人死亡或者长期严重健康损害的医疗决定，必须经过法院批准，同时规定法院的批准应当服从被监护人可得而知的意愿。第 1901a 条规定了无同意能力的成年人预先书面作出的医疗决定应当受到尊重，并由监护人根据被监护人的治疗情势判断其合理性。第 1901b 条则规定了医生查明患者意愿的方式和过程。[3]

2. 日本医疗监护立法

《日本民法典》第 858 条（对成年被监护人的意思的尊重及对其人身

---

〔1〕 黄锡娟："患者的医疗权利"，复旦大学 2011 年硕士学位论文。

〔2〕 刘金霞："中国老年意定监护实施的几个问题"，载《北京社会科学》2018 年第 10 期。

〔3〕《德国民法典》（2013 年 10 月修正），参见德国联邦司法和消费者保护部网站，http://www. gesetze-im-internet. de/english_ bgb/english_ bgb. html#p6450，最后访问日期：2015 年 5 月 25 日。

上的照料）规定，成年监护人在料理被监护人的生活、疗养、看护以及财产管理事务时，须尊重成年被监护人的意思，并且须照顾到其身形状态和生活状况。[1]

3. 韩国医疗监护立法

《韩国民法典》第947条之二（成年被监护人对自己人身的决定）规定："成年被监护人可以对自己的人身在符合其精神状态的范围内单独做出决定。对于侵害成年被监护人身体的医疗行为，成年被监护人不能予以同意的，成年监护人可以代他予以同意。在第三款规定的情形下，医疗行为有直接导致成年被监护人死亡或造成身体上的障碍的风险的，须经家庭法院许可。但可能因许可程序不能及时治疗而危害成年被监护人的生命或造成身心上的重大障碍的，可以事后请求法院许可。"[2]

4. 英国医疗监护立法

英国关于成年被监护人医疗决定的规定为2005年《英国心智能力法》第17条，即监护人有权"同意或拒绝他人实施或延续对被代理人进行健康照顾"，作出指示将某人对被代理人的健康照顾责任转移给另外一人。

5. 美国医疗监护立法

1993年，美国统一州法委员会制定了《美国统一健康决定法》（Uniform Health Care Decisions Act，UHCDA）。根据该法，被监护人的医疗决定有4种来源，即被监护人有能力时所作出的预嘱（advance health-caredirective），被监护人在有能力时所委托的持续代理权人（power of attorney）的决定，监护人（guardian）的决定，以及替代决定人（surrogate）的决定。在缺乏上述决定时，则由被监护人的亲属决定。[3]

---

〔1〕 渠涛编译：《最新日本民法：日本民法典》，法律出版社2006年版，第182~183页。
〔2〕 金玉珍译：《韩国民法典 朝鲜民法》，北京大学出版社2009年版，第149页。
〔3〕 满洪杰："论成年被监护人医疗决定问题：以被监护人意愿为中心"，载《山东大学学报（哲学社会科学版）》2016年第3期。

二、典型案例及分析

周某签署"意定监护协议" 确定意定监护人生效案
——国内首个意定监护生效案例[1]

【基本案情】

周某，85 岁，2017 年初，她突发脑梗，因大儿子一家送医及时，被救了回来。她担心自己随时会脑梗复发，觉得要做准备。周某去了公证处，经过谈话签字、录音录像等手续办理了意定监护公证。十年前老宅动迁时，小儿子采用欺骗的手段将自己的名字写在了房产证上，使老人对小儿子失去信任。又因大儿子身体不好，其孙女张某被确定为意定监护人，即出现公证书中的情形（年老患病，丧失或者部分丧失民事行为能力），周某的护理照管、医疗救治、财产监管、权益诉讼甚至死亡丧葬，都归其孙女张某负责。

2017 年 12 月，周某去医院查出患上了阿尔茨海默症。后来，老人作出很多奇怪的行为，从无端地走丢到逐渐到连吃喝拉撒也不能自理。大儿子带她去了精神卫生中心，医生确诊为"血管性痴呆"，无法治愈。周某被收住护理院。其小儿子吵闹着要把她接回自己家。

【法院审判】

本案中，大儿子去了公证处，要求出具文件。公证人员先到护理院看了周某，又去精神卫生中心核实诊断书，确定周某的状况"符合原先设定的意定监护生效条件"，即本案的周某被精神卫生中心医生确诊为"血管性痴呆"，无法治愈，符合法律规定的"丧失或者部分丧失民事行为能力"，可以执行意定监护协议。因此，护理院根据公证书，阻止了小儿子接走周某，同时征询并按照其孙女的决定执行。

【案例评析】

这是上海首个意定监护生效的案例。

---

〔1〕 钱蓓："国内首个意定监护生效案例在上海出现：精神失常前她为自己'留了一手'"，载《文汇报》2017 年 12 月 8 日，第 3 版。

2018 年修订实施的《老年人权益保障法》规定了意定监护制度，赋予老年人根据个人意愿预先选择监护人的权利。《民法典》把原属于 60 周岁以上老年人的意定监护扩展到 18 周岁以上的所有成年人，我国成年监护制度有了重大进展。截至 2017 年 7 月底，全国各地的公证机构共办理约 100 件意定监护案例，包括黑龙江、山东、江苏、浙江、广东、福建、四川、湖北等省份。本案为国内首个意定监护生效的案例，对我国监护制度，尤其是医疗决定监护制度的发展具有深远意义，其争议的焦点主要有以下几方面：成年人指定意定监护人的条件，意定监护人的监护权与法定监护人监护权的效力问题等。

（一）成年人指定意定监护人的条件

根据《民法典》第 33 条的规定，成年意定监护有以下几方面要素：其一，主体是具有完全民事行为能力的成年人；其二，监护人的范围是其近亲属，愿意担任监护人的自然人、法人或者其他组织；其三，事先协商并以书面形式确定；其四，意定监护协议生效的条件是成年人丧失或者部分丧失民事行为能力。[1]

（二）意定监护人的监护权效力高于法定监护人的监护权效力

成年法定监护制度是为保障限制民事行为能力的成年人相关权益而设立的有关制度，监护关系的产生、消灭及相关权益均由法律明文规定，没有体现当事人的自主意愿。法定监护人通过法律明文规定，不能随意更换。

意定监护是一种提前协议，充分表达被监护人本人的意愿。基于对自主决定权的倡导，意定监护制度应优先于法定监护制度。意定监护相对于法定监护，监护人可选择的范围更广。对于意定监护人，被监护人可以根据自身状况以及自我意愿表达更换监护人，最大程度地保留监护主体的个人意愿以选择自己信任的人，更加尊重被监护人的自主决定权。因此在法律上，意定监护受托人的监护权行使优于法定监护人，在本案中意定监护人张某（被监护人孙女）的监护权受法律保护，不必担心其叔叔（被监护人

---

[1] 杨燕："中国成年意定监护制度研究"，湖南大学 2018 年硕士学位论文。

小儿子）的干扰。

三、监护制度对医疗行业的影响

《民法典》总则编对监护制度的规定，较《民法通则》有很大进步，但涉及监护人对被监护人医疗活动的监护内容、责任的规定仍有待完善。尽管《民法典》侵权责任编对患者知情同意权做了相应的规定，但是，对于监护人代被监护人行使医疗承诺权时的具体权限和责任还没有明确规定。笔者认为，应该在《民法典》侵权责任编更加细化医疗侵权中监护人对医疗行为代为承诺的权限和法律责任，这样也符合《基本医疗卫生与健康促进法》关于公民全生命周期的健康保护的原则，具有积极意义。

（一）意定监护制度使被监护人最大程度地实现医疗自主决定权

患者的医疗自主决定权，是指具有行为能力并处于医疗关系中的患者，在寻求医疗服务时，关于自己疾病和健康问题所作出的自我判断和决定，并对自己的决定负责的权利。当患者的决定将明显影响到其健康利益时，医务人员可以进行特殊医学干涉，帮助患者正确认识与理解，但不能代替患者的意志作出决定。患者作为一个特殊的群体，其个体医疗决定也通过意定监护制度得到更好的体现。监护制度不仅仅对于个人，对于医疗行业也意义重大。意思自治是民法的基本原理，意思自治的基本功能即在于"保障个人具有根据自己的意志，通过法律行为构筑其法律关系的可能性"，进而保障个人的自主生活。对于成年监护制度，《民法典》第33条规定的意定监护制度进一步体现了我国立法强调尊重个人"意思自治"和"意思表达"能力。成年人遵照"意思自治"原则，按照自己的意愿预先选定监护人，并与之签订委托监护合同，在个人判断能力丧失或减弱时，依照合同由监护人依法代理其人身、财产、医疗决定或其他协议事项，因此《民法典》的意定监护制度为患者更好地实现医疗自主决定权提供了法律依据和支撑。

（二）　意定监护制度确立了监护人代被监护人（患者）活动的基准

1. 监护人代成年且能辨认自己行为的被监护人决定是否从事相关医疗行为时，应以被监护人（患者）意愿作为监护人活动的基准

（1）被监护人最新的意愿

意定监护的被监护人设定的监护内容在不同的时间、不同的心理因素、不同的环境以及不同的健康状况下，可能会发生变化，会产生多个意定监护内容。笔者认为，若存在若干被证明均为被监护人意思表示确定的情形下所做的意定监护内容，监护人在作出医疗决定时，以最新的意愿（即最后作出的意愿）为基准。

（2）被监护人真实的意愿

《民法典》设立新的监护制度时的立法理念发生了重大转变。监护制度作为民事主体制度的构成部分，其确立的最有利于被监护人原则和尊重被监护人真实意愿的规定，维护和尊重了被监护人权益。因此，监护人在作出医疗决定时，应以被监护人的真实意愿为基准。

2. 监护人代未成年人或不能辨认自己行为的成年被监护人决定是否从事相关医疗行为时，应以最有利于被监护人健康的原则作为监护人活动的基准

（1）活化残存的同意能力

当被监护人本人具有相应的同意能力的时候，应当活化利用患者残存的同意能力，由患者本人作出相应的医疗决定。在这种情况下，医生的告知义务也应向患者本人行使，不能因患者是"不能完全辨认自己行为的成年人"就向其监护人告知。对于相关医疗措施是否实施这种事项，如果患者不具备相应的同意能力，就由其监护人代为行使知情同意权，但这种知情同意权的行使也应在确认患者本人意愿的基础上实现。"这种部分监护意味着对个人自治权的干预应在最低的限度，监护人的权限不再是无限的。"[1]

---

〔1〕　陈新民：《德国公法学基础理论》，山东人民出版社 2001 年版，第 367～368 页。

（2）最有利于不具有完全同意能力的被监护人健康的原则

对于无民事行为能力人或限制民事行为能力人的真实意思表示存在争议的，被监护人的真实意愿亦将成为案件审理的要点。也就是说，案件审理中，涉及被监护人民事法律行为的，不能仅简单考虑其监护人的意思表示，还需考虑被监护人自身的真实意愿。监护人不再是被监护人的代理者和管理者，而是保障和协助被监护人自身意愿表达的辅助者。当被监护人意思与监护人意思存在争议时，被监护人真实意愿成为焦点。在新的监护制度下，应以最有利于被监护人原则等方式确定其真实意愿，不得简单地将监护人的意愿视为被监护人的意愿。在涉及健康权益的医疗决定权方面，根据最有利于被监护人健康利益的原则作出监护决定。最有利于被监护人健康利益的原则可以是生命周期最长，也可以是生存质量最优或生命价值最高，或者是生命周期、生存质量和生命价值的综合考量，基于上述原则，由监护人作出医疗决定。

（3）医疗机构及医务人员医疗措施否决权

在可能会对患者的健康产生严重危害的情况下，或者是的确要作出事关患者性命的决定的情况下，如果监护人作出了伤害患者的行为，在有证据证明监护人的确是在违背患者意愿的情况下作出医疗决定的，医务人员有权以此为依据拒绝执行相关医疗措施。《德国民法典》关于预防性控制的一些规定为我们提供了借鉴。

3. 监护人违法代替被监护人决定医疗行为时的法律责任

监护人违背监护人意愿是指法定监护人或意定监护人违背被监护人明确表达的意愿或违背最有利被监护人的原则，故意不履行监护职责或作出侵犯被监护人权益的行为。

依据《民法典》第36条第1款规定，人民法院根据有关个人或者组织的申请，撤销其监护人资格，安排必要的临时监护措施，并按照最有利于被监护人的原则依法指定监护人的情形包括：实施严重损害被监护人身心健康行为的；怠于履行监护职责，或者无法履行监护职责并且拒绝将监护职责部分或者全部委托给他人，导致被监护人处于危困状态的；实施严重侵害被监护人合法权益的其他行为的。

　　以精神障碍者的监护权利为例。大多数精神障碍者的近亲属在对精神障碍者进行照顾的实际生活中往往会变得疲惫不堪。不难想象对于家中有精神障碍者的监护人来说，无论从经济上、精神上还是身体上，精神障碍者都带来不同程度的负担。对于有财产的精神障碍者来说，围绕其财产的管理、处理或者继承分配等也可能在监护人与被监护人之间产生利害关系，甚至可能会因财产关系使得监护人与被监护人站在对立面。如果精神障碍者参与医疗活动成为患者，当医疗行为可能成为其生死选择的情况下，监护人与被监护人的这种利益冲突关系可能会促使监护人作出伤害被监护人的行为。尤其是当被监护人的财产存在继承问题的时候，作为被继承人的被监护人与监护人之间的利害关系会以更加显著的方式显现出来。这种情况下，可由其他近亲属或有关人员申请，变更精神障碍者的法定监护人，并根据其实施的行为对被监护人人身和财产造成的损害，承担相应的民事和刑事责任。

　　（三）意定监护制度确立了公权力机关对意定监护人职责履行的法律监督

　　随着社会老龄化进程的加速，失智老人、智障残疾人的权益保护日益成为社会问题，而仅仅依靠家庭或个人已经无法解决这一问题，监护制度需要公权力的介入。意定监护是基于被监护人处于意思能力丧失或者部分丧失状态而启动的，如无监督制度的约束，则被监护人的利益保护存在风险。构建监督制度可以预防意定监护人滥用职责，保护已经丧失自我防卫能力的被监护人。此外，监督制度亦可以增加民众对意定监护制度的信任度及接受度，公权力机关对意定监护人职责的履行进行法律监督决定着意定监护制度的成败。在意定监护制度中，公权力介入监督符合法律规定，其目的是保护被监护人意思能力的实现及其合法权益，防止意定监护人滥用职责。

　　《民法典》第 27 条、第 28 条、第 34 条、第 35 条规定了法定监护人的范围、顺序及职责；第 36 条规定了公权力对监护制度的监督及有权向人民法院申请撤销因侵害被监护人权益或者怠于履行职责的监护人资格。这些规定都是实践中意定监护中的被监护人相关权益，尤其是医疗权益实现的有效保障。

（四）意定监护制度在老年医疗卫生领域的发展

受我国几千年传统孝道文化和家庭伦理、法律法规制度等因素的影响，有些老年患者受病痛折磨而无法表达其意愿时，即使老年患者的法定监护人或其近亲属完全理解患者本人的医疗意愿，也会因种种心理负担，依旧继续选择为患者治疗，这样的结果无疑会继续加重患者的痛苦和心理负担，也是明显违背了患者的真实医疗意愿，最后可能让患者的整个家庭成员均承受巨大的心理压力和沉重的经济负担。意定监护制度在有效减轻我国家庭养老压力的同时，使老年人可以选择在医疗护理等方面更为专业的机构或人员，提高老年人生活质量，推进老年产业的快速发展，推动医疗行业在养老行业专业化、社会化的发展。[1]因此，应完善意定监护制度在老年医疗卫生领域的发展，最大限度地尊重老年人的意思自治和医疗自主权。

（五）意定监护制度在和谐医患关系和稳定医疗秩序中发挥作用

一些患者，会存在患者家属意见不统一、无民事行为能力人为患者唯一家属或陪护人员，以及决定不能代表患者的最佳利益的情况，此时，医务人员给出的建议难免与患者意见相冲突，造成家属的不满。同时，若无家属和陪护人员在患者身边时，医务人员需要决定联系其哪个家属，同时要核实患者家属信息，在增加医务人员工作量的同时，还导致告知义务不能很好地履行，可能会损害患者及家属的利益。当确定患者的意定监护人时，医务人员可以及时便捷地联系到其监护人，对不利于患者利益的行为进行制约，在更好地维护患者本人利益的同时，避免因此造成医患纠纷，减少诉讼带来的医疗机构额外的负担，也可在一定程度上减轻医务人员的心理负担，从而将更多的精力放在对患者的救治上。与此同时，还应当给予医疗机构更多权利，与相关机构建立信息共享机制，同时在法律中完善对于医务人员的免责机制。

---

〔1〕 李晓娜：“我国意定监护制度研究”，河南师范大学 2019 年硕士学位论文。

对已经成年但又欠缺意思行为能力的人来说，受制于自身客观原因的影响，其积极性和主动性遭受了很大的牵制。成年监护制度的存在，既能够有效地保障被监护人的民事权益，又能够很好地稳定社会秩序，是促成民事主体进行民事活动的关键保障。[1]在医疗实践中，完善医疗意定监护制度，会减少在成年人失去意思行为能力后，其亲属为保障其健康权行使医疗决定而可能产生的冲突，进而可以更好地维护医疗机构正常的运行秩序，和谐医患关系，维护社会稳定。

（作者：杨淑娟）

---

[1] 刘建渝："成年监护制度研究"，中央民族大学 2020 年硕士学位论文。

第五章

法人制度及其影响

《民法典》总则编第三章"法人",沿袭之前《民法总则》的规定,系统规定了法人制度。医疗机构是指依据《医疗机构管理条例》和《医疗机构管理条例实施细则》的规定,经登记取得《医疗机构执业许可证》的机构。虽然实践中并不排除以个人独资企业、合伙企业等形式在市场监督管理部门登记为"非法人组织"的医疗机构,但一般而言,绝大多数医疗机构都属于法人,受《民法典》及其他法律法规的规范和调整。法人制度涉及医疗机构的定性和分类,关乎医疗机构体制改革和医疗机构的内部治理,对医疗卫生事业的发展具有重要意义。

一、法律规定与理论解析

(一) 法条解读

就法人的概念、性质和体系,《民法典》选择了"营利法人—非营利法人"的"功能主义分类模式",而没有选择"社团法人—财团法人"的"结构主义分类模式(或要素主义分类模式)"。[1]因为此种分类"体现了法典化应有的理性",是"众多分类方案中相对周全的择优之选,不仅最直接地反映了我国的国情,回应并适应了社会发展的需要,同时实现了传承中的创

---

[1] 张新宝:"从《民法通则》到《民法总则》:基于功能主义的法人分类",载《比较法研究》2017 年第 4 期。

新，在保持我国法人制度立法的连续性和稳定性的同时体现了立法的时代性"。[1]《民法典》根据"营利法人"和"非营利法人"的基本分类，简要地规定了法人的内部治理规则，提供了必须遵循的一般性规范，而更为具体的规范，则通过其他单行法以及国务院的行政法规等规范性文件予以规定。

1. 法人的定义

《民法典》第 57 条规定："法人是具有民事权利能力和民事行为能力，依法独立享有民事权利和承担民事义务的组织。"根据法人的立法定义，法人是自然人之外，享有权利能力的民事主体。在自然人之外，本来无须再承认其他主体具有权利能力，但是"为适应现代社会生活经济活动"[2]之需要，法律承认某些组织——包括人的团体和财产的集合[3]——也需要被当作自然人来对待，以取得权利能力，享有权利并承担义务，这些组织便是"法人"，而其他的组织就是"非法人组织"。法人具有以下特征：依法成立；具有民事权利能力和民事行为能力；具有独立的法律人格；能够独立承担责任。[4]据此，大部分医疗机构属于法人，《医疗机构管理条例》也按照"法人"来规范管理医疗机构。

2. 法人的分类

《民法典》仅规定了营利法人、非营利法人和特别法人三类，不得另为创设法人种类，实行类型强制。医疗机构要么是营利法人，要么是非营利法人，不涉及特别法人。《民法典》第 76 条规定："以取得利润并分配给股东等出资人为目的成立的法人，为营利法人。营利法人包括有限责任公司、股份有限公司和其他企业法人等。"《民法典》第 87 条规定："为公益目的或者其他非营利目的成立，不向出资人、设立人或者会员分配所取得利润的法

---

　　[1]　赵旭东："民法总则草案中法人分类体系的突破与创新"，载《中国人大》2016 年第 14 期。
　　[2]　王泽鉴：《民法总则》，北京大学出版社 2009 年版，第 148 页。
　　[3]　[德] 汉斯·布洛克斯、沃尔夫·瓦尔克：《德国民法总论》，张艳译，中国人民大学出版社 2012 年版，第 431 页。
　　[4]　最高人民法院民法典贯彻实施工作领导小组主编：《中华人民共和国民法典总则编理解与适用（上）》，人民法院出版社 2020 年版，第 297~298 页；《民法学》编写组：《民法学》，高等教育出版社 2019 年版，第 56 页。

人，为非营利法人。非营利法人包括事业单位、社会团体、基金会、社会服务机构等。"营利法人与非营利法人之区别，不仅仅在于是否从事营利活动，是否谋求经济利益，更在于是否将获得的经济利益和利润分配给法人的出资人、设立人或成员，[1]即营利概念的二要素是"逐利目的"和"利润分配"。[2]

我国相关法律法规和规范性文件对医疗机构的分类也遵循了"营利法人"和"非营利法人"的思路，将其分为"营利性医疗机构"和"非营利性医疗机构"。如《关于城镇医疗机构分类管理的实施意见》将医疗机构分为"非营利性医疗机构"和"营利性医疗机构"。《国务院办公厅转发发展改革委卫生部等部门关于进一步鼓励和引导社会资本举办医疗机构意见的通知》将非公立医疗机构分为"营利性的非公医疗机构"和"非营利性的非公医疗机构"。《基本医疗卫生与健康促进法》第39条第2款也明确规定，"医疗卫生服务体系坚持以非营利性医疗卫生机构为主体、营利性医疗卫生机构为补充"。非营利性医疗机构，是指为社会公众利益服务而设立和运营的医疗机构，不以营利为目的，其收入用于弥补医疗服务成本，实际运营中的收支结余只能用于自身的发展。非营利性医疗机构执行政府规定的医疗服务指导价格，享受相应的税收优惠政策，执行财政部、卫生部颁布的《医院财务制度》和《医院会计制度》等有关法规、政策。营利性医疗机构，是指医疗服务所得收益可用于投资者经济回报的医疗机构。政府不举办营利性医疗机构，公立医疗机构都是非营利性的。营利性医疗机构根据市场需求自主确定医疗服务项目，服务价格放开，依法自主经营，照章纳税。关于营利性医疗机构和非营利性医疗机构的区分，《关于城镇医疗机构分类管理的实施意见》规定了更详细的划分标准。[3]

---

〔1〕《民法学》编写组编：《民法学》，高等教育出版社2019年版，第57页。
〔2〕宋亚辉："营利概念与中国法人法的体系效应"，载《中国社会科学》2020年第6期。
〔3〕《关于城镇医疗机构分类管理的实施意见》指出，（1）现有政府举办的承担基本医疗任务、代表区域性或国家水平的医疗机构，经同级政府根据经济发展和医疗需求予以核定，可继续由政府举办，定为非营利性医疗机构；其余的可自愿选择核定为其他非营利性医疗机构或转为营利性医疗机构。（2）社会捐资兴办的医疗机构一般定为非营利性医疗机构。（3）企事业单位设立的为本单位职工服务的医疗机构一般定为非营利性医疗机构；对社会开放的，由其自愿选择并经当地卫生行政等部门核定

综上，医疗机构可分为公立医疗机构（非营利性）、非营利性非公医疗机构和营利性非公医疗机构三类。

第一，公立医疗机构。按照《事业单位登记管理暂行条例》第 2 条第 1 款、《中共中央、国务院关于分类推进事业单位改革的指导意见》第 9 条之规定，公立医疗机构属于公益二类事业单位法人，不具营利性，不以营利为目的，属于非营利法人中的事业单位法人，受《民法典》第 87 条、第 88 条、第 89 条规范。

第二，非营利性非公医疗机构。根据《关于城镇非营利性医疗机构进行民办非企业单位登记有关问题的通知》，非营利性非公医疗机构属于"民办非企业单位"，也即《民法典》第 87 条第 2 款、第 92 条第 1 款规定的"社会服务机构"[1]。因此，非营利性非公医疗机构属于社会服务机构法人、捐助法人、非营利法人。

第三，营利性非公医疗机构。一方面，依《医疗机构管理条例》第 3 条规定，"医疗机构以救死扶伤，防病治病，为公民的健康服务为宗旨"，营利性非公医疗机构仍具有一定的公益属性；另一方面，营利性非公医疗机构以营利为目的，医疗服务所得收益可用于投资者经济回报。因此，营利性非公医疗机构兼具"公益"与"营利"两种特征。在分类上，依照《民法典》第 76 条第 1 款，将营利性非公医疗机构归类为营利法人更为恰当。但是，

（接上页）为非营利性医疗机构或转为营利性医疗机构。（4）社会团体和其他社会组织举办的医疗机构，由其自愿选择并经卫生行政等部门核定为非营利性医疗机构或转为营利性医疗机构。（5）城镇个体诊所、股份制、股份合作制和中外合资合作医疗机构一般定为营利性医疗机构。（6）国有或集体资产与医疗机构职工集资合办的医疗机构（包括联合诊所），由其自愿选择并经卫生行政和财政部门核准可改造为股份制、股份合作制等营利性医疗机构；也可转为非营利性医疗机构。（7）政府举办的非营利性医疗机构不得投资与其他组织合资合作设立非独立法人资格的营利性的"科室""病区""项目"。已投资与其他组织合资合作举办营利性的"科室""病区""项目"的，应停办或经卫生行政和财政等部门批准转为独立法人单位。

[1]《全国人民代表大会法律委员会关于〈中华人民共和国民法总则（草案）〉修改情况的汇报》（2016 年 10 月 31 日第十二届全国人民代表大会常务委员会第二十四次会议）指出，"有的常委委员、代表、地方和部门提出，民办非企业单位等社会服务机构作为社会组织的一种形式，在社会生活中发挥着积极作用，明确其法人地位，有利于促进这类社会组织健康有序发展。法律委员会经研究，建议在草案相关规定中增加社会服务机构这类法人形式。（草案二次审议稿第九十五条）"。

这并不意味着要排除营利性非公医疗机构的公益性，并不意味着营利性非公医疗机构不能从事公益行为。

3. 法人依法成立

《民法典》第58条第1款规定，"法人应当依法成立"，第3款规定，"设立法人，法律、行政法规规定须经有关机关批准的，依照其规定"。此规定也适用于医疗机构。单位或者个人设置医疗机构，必须经县级以上地方人民政府卫生行政部门审查批准，并取得设置医疗机构批准书，方可向有关部门办理其他手续（《医疗机构管理条例》第9条）。医疗机构执业，必须进行登记，领取《医疗机构执业许可证》（《医疗机构管理条例》第15条）。医疗机构的执业登记，由批准其设置的人民政府卫生行政部门办理（《医疗机构管理条例》第16条第1款）。县级以上地方人民政府卫生行政部门自受理执业登记申请之日起45日内，根据《医疗机构管理条例》和医疗机构基本标准进行审核。审核合格的，予以登记，发给《医疗机构执业许可证》；审核不合格的，将审核结果以书面形式通知申请人（《医疗机构管理条例》第19条）。

但是，根据《中医药法》的规定，中医诊所的成立采取备案制。该法第14条第2款规定，"举办中医诊所的，将诊所的名称、地址、诊疗范围、人员配备情况等报所在地县级人民政府中医药主管部门备案后即可开展执业活动"。《中医诊所备案管理暂行办法》详细规定了中医诊所的备案。此外，根据国务院2021年5月19日印发的《关于深化"证照分离"改革进一步激发市场主体发展活力的通知》，自2021年7月1日起，取消对诊所执业的许可准入管理，改为备案管理，开办诊所不再向卫生健康部门申请办理设置审批，直接办理诊所执业备案。

4. 法人的权利能力

《民法典》第59条规定："法人的民事权利能力和民事行为能力，从法人成立时产生，到法人终止时消灭。"即法人的权利能力始于成立。相较于自然人，法人的权利能力受到一定限制——法人不能享有部分专属于自然人的权利，[1]对《民法典》第 57 条、第 59 条规定的"民事权利能力"要做目的性限缩。具体而言，就人格权而言，法人仅可享有名称权、信用权、名誉权，但不享有一般人格权；就身份权而言，法人可享有监护权、社员权，可接受遗赠；就财产权而言，除以人的身体劳务为给付之债务之外，法人均可享有。[2]医疗机构属于法人，其权利能力和行为能力也受此种限制。如医疗机构在处理财产时，若涉及国有资产，其处理行为就受到特别限制。[3]

5. 法人的财产或经费

《民法典》第 58 条第 2 款规定，"法人应当有自己的名称、组织机构、住所、财产或者经费……"第 60 条规定，"法人以其全部财产独立承担民事责任"。在申请设置医疗机构时，申请人向卫生行政机关提交的"可行性研究报告"必须明确："资金来源、投资方式、投资总额、注册资金（资本）"以及"拟设医疗机构的投资预算"（《医疗机构管理条例实施细则》第 15 条第 1 款第 12 项、第 13 项）。"不能提供满足投资总额的资信证明"，或"投资总额不能满足各项预算开支"，将拒绝批准申请人设置医疗机构的申请（《医疗机构管理条例实施细则》第 20 条第 2 款第 3 项、第 4 项）。在申请医疗机构执业登记时，申请人必须具有"与其开展的业务相适应的经费"（《基本医疗卫生与健康促进法》第 38 条第 1 款第 2 项、《医疗机构管理条例》第 16 条第 4 项），必须提交验资证明、资产评估报告（《医疗机构管理条例实施细则》第 25 条第 1 款第 4 项）。"投资不到位"的，不予登记（《医疗机构管理条例实施细则》第 27 条第 3 项）。

6. 法人的名称

《民法典》第 58 条第 2 款规定，"法人应当有自己的名称、组织机构、

---

[1] 《民法学》编写组编：《民法学》，高等教育出版社 2019 年版，第 57 页。

[2] 王泽鉴：《民法总则》，北京大学出版社 2009 年版，第 163 页。

[3] 如《关于城镇医疗机构分类管理的实施意见》规定，"非营利性医疗机构的国有资产未经卫生行政部门和财政部门同意，不得自行处置、转移、出租或变更用途；非营利性医疗机构转变成营利性医疗机构，涉及的国有资产，必须经财政部门批准，确保国有资产不流失；从营利性医疗机构中退出的国有资产和非营利性医疗机构解散后的国有资产，经卫生行政部门商财政部门后可继续用于发展卫生事业"。

住所、财产或者经费……"作为法律主体的法人必须拥有自己的名称。法人通过自己的名称就与其成员区分开来，在交往中成为一个独立的组织。[1]此外，法人不能如自然人般拥有许多姓名，其名称必须是唯一且排他的。[2]

相较于公司的企业名称，医疗机构的名称限制颇多，不能随意设置，其主要目的是避免虚假宣传、避免患者产生疑义，同时也保障患者对部分特殊名称的正当信赖。医疗机构的名称由"识别名称"和"通用名称"组成。医疗机构的通用名称为：医院、中心卫生院、卫生院、疗养院、妇幼保健院、门诊部、诊所、卫生所、卫生站、卫生室、医务室、卫生保健所、急救中心、急救站、临床检验中心、防治院、防治站、护理院、护理站、中心以及国家卫健委规定或者认可的其他名称。通用名称以此列举为限，不得另为创设，不得重复使用。医疗机构的识别名称包括：地名、单位名称、个人姓名、医学学科名称、医学专业和专科名称、诊疗科目名称和核准机关批准使用的名称。识别名称可以合并使用（《医疗机构管理条例实施细则》第40条，第41条第1项、第2项）。同时，名称必须与医疗机构类别或者诊疗科目相适应；各级地方人民政府设置的医疗机构的识别名称中应当含有省、市、县、区、街道、乡、镇、村等行政区划名称，其他医疗机构的识别名称中不得含有行政区划名称；国家机关、企业和事业单位、社会团体或者个人设置的医疗机构的名称中应当含有设置单位名称或者个人的姓名（《医疗机构管理条例实施细则》第41条第4项、第5项、第6项）。《医疗机构管理条例实施细则》第42条还规定了不得使用的名称，包括：（1）有损于国家、社会或者公共利益的名称；（2）侵犯他人利益的名称；（3）以外文字母、汉语拼音组成的名称；（4）以医疗仪器、药品、医用产品命名的名称；（5）含有"疑难病""专治""专家""名医"或者同类含义文字的名称以及其他宣传或者暗示诊疗效果的名称；（6）超出登记的诊疗科目范围的名称；（7）省级以上卫生计生行政部门规定不得使用的名称。

7. 法人的组织机构

《民法典》第58条第2款规定，"法人应当有自己的名称、组织机构、

---

〔1〕 ［德］拉伦茨：《德国民法通论》（上册），王晓晔等译，法律出版社2013年版，第201~202页。
〔2〕 朱庆育：《民法总论》，北京大学出版社2016年版，第423页。

住所、财产或者经费……"法人本身不能亲自参与法律交往，需要设立法人的组织机构，即代表法人的机关，如营利法人可以设置股东大会、董事会、监事会。法人机关是法人组织体的构成部分，由自然人组成。法人机关在法人活动范围内的行为，在法律上就是法人自己的行为。

　　法人的组织机构主要包括三类：意思形成机关、意思表达机关和监督机关。（1）"意思形成机关"主要是社员大会。社员大会由全体社员组成，是社团的意思机关、最高机关。[1]社员大会，在营利法人中称"权力机构"，在公司中称"股东大会"，在社会团体法人中称"会员大会或者会员代表大会"。（2）"意思表达机关"主要是董事会。法人需要设置对外交往的意思表达机关，以对外表达社员大会（章程）所形成的法人意思并参与法律交往。意思表达机关，在营利法人中称为"执行机构"，在事业单位法人、社会团体法人、捐助法人中则称为"理事会"。（3）"监督机关"主要是监事或者监事会。《民法典》第82条规定："营利法人设监事会或者监事等监督机构的，监督机构依法行使检查法人财务，监督执行机构成员、高级管理人员执行法人职务的行为，以及法人章程规定的其他职权。"《民法典》第93条第3款规定，捐助法人应当设监事会等监督机构。

　　医疗机构的组织机构较为复杂，并历经多次改革。2005年颁布的《事业单位登记管理暂行条例实施细则》第36条第2项，首次提出事业单位"组织机构（法人治理结构）"的概念，认可事业单位法人的内部治理。2011年3月23日发布的《中共中央、国务院关于分类推进事业单位改革的指导意见》第16条明确提出，"建立健全法人治理结构。面向社会提供公益服务的事业单位，探索建立理事会、董事会、管委会等多种形式的治理结构，健全决策、执行和监督机制，提高运行效率，确保公益目标实现。不宜建立法人治理结构的事业单位，要继续完善现行管理模式"。2011年7月发布的《国务院办公厅关于印发分类推进事业单位改革配套文件的通知》，其第4项文件《关于建立和完善事业单位法人治理结构的意见》就法人治理结

---

〔1〕　［德］汉斯·布洛克斯、沃尔夫·瓦尔克：《德国民法总论》，张艳译，中国人民大学出版社2012年版，第437页。

构作出了较为具体的规定。

早在 2005 年 3 月，《国务院办公厅关于深化城市医疗服务体制改革试点的指导意见》就正式提出"试点城市政府设立医院管理中心"。2005 年 9 月，无锡成立了医院管理中心探索"管办分离"，同月，上海成立了申康医院发展中心。这一时期典型者还有深圳医院管理中心、北京市医院管理局和成都市医院管理局，特别是 2010 年成立的成都市医院管理局设置了党组，独立于国资委，在当时被称为"最彻底的'管办分开'"。然而，改革并非一帆风顺。2015 年成都市医院管理局的相关职能被整合到当时新成立的卫生计生部门。2019 年 1 月，深圳市公立医院管理中心行政职能被整合至深圳市卫生健康委员会。2019 年 3 月，北京市医院管理局调整为北京市医院管理中心，不再提"管办分开"，其职能也发生了重大改变。[1]

经过多年实践探索，这些以"管办分离"为目标的事业法人治理模式出现了不同的类型。有学者将这些事业法人模式总结为"政府管、机构办""政府管、社会办"和"政府管、单位办"三类模式；[2]有的总结为"政府管、集中办""政府管、行业办""政府管、政府办""政府管、单位办""政府管、市场办""政府管、社会办"六种模式；[3]有的总结为事业单位不独立于行政主管部门的"管办分开不分家"模式和事业单位独立于行政主管部门的"管办分开又分家"模式；[4]有的总结为内部主导（理事会）、政府主导（管委会）和外部主导（董事会）三种类型[5]。现在，医疗机构设立理事会的居多。理事会的组建形式主要有两类：一是建立管理多个事业单位的共同理事，以管委会或管理中心命名，如上海申康医院发展中心、北

〔1〕 吴素雄、沈信姿、董建新、杨华："公立医院'管办分离'的逻辑与实践：法人治理视角"，载《浙江社会科学》2020 年第 8 期。

〔2〕 李强："对社会事业领域'管办分离'改革的思考"，载《中国党政干部论坛》2009 年第 3 期。

〔3〕 赵立波："事业单位管办分离若干重大理论与实践问题研究"，载《中共福建省委党校学报》2012 年第 2 期。

〔4〕 刘小康："事业单位改革'管办分离'原则探析"，载《北京行政学院学报》2014 年第 6 期。

〔5〕 金志峰、刘永林："新时代事业单位法人治理结构：模式、问题与优化路径——基于当前试点改革实践的视角"，载《中国行政管理》2018 年第 9 期。

京市海淀区政府公共服务委员会等，即部分学者所谓的管委会模式；[1]二是一个事业单位建立一个理事会，即建立独立理事会，比如北京友谊医院、北京朝阳医院和北京儿童医院等。[2]

8. 法人的住所

《民法典》第 58 条第 2 款规定，"法人应当有自己的名称、组织机构、住所、财产或者经费……"《民法典》第 63 条规定："法人以其主要办事机构所在地为住所。依法需要办理法人登记的，应当将主要办事机构所在地登记为住所。"住所是法人法律关系之中心，法人住所的法律效果，除其性质专属自然人外，其余均同于自然人。[3]住所的法律意义在于，可以确定诉讼管辖、确定债务履行、决定法律文书送达等。[4]

9. 法人的章程

《民法典》第 58 条第 2 款并未将"章程"作为法人的成立要件，但是第 79 条规定，"设立营利法人应当依法制定法人章程"。同时，设立社会团体法人（第 91 条第 1 款）、设立捐助法人（第 93 条第 1 款），都"应当依法制定法人章程"。章程是在法律规定范围内对其成员有拘束力的内部规范，是一种规范性的规则，它仅对加入法人并自愿服从这些规则的人有效。[5]《民法典》第 61 条第 3 款规定："法人章程或者法人权力机构对法定代表人代表权的限制，不得对抗善意相对人。"因此，章程并无对抗善意第三人的效力。

《公司法》第 25 条、第 81 条分别规定了有限责任公司、股份有限公司的章程。《医疗机构管理条例》第 15 条第 5 项规定，医疗机构申请执业

---

〔1〕 金志峰、刘永林："新时代事业单位法人治理结构：模式、问题与优化路径——基于当前试点改革实践的视角"，载《中国行政管理》2018 年第 9 期。

〔2〕 徐双敏、蒋祖存："从事业单位到事业法人：'管办分离'改革的难点研究"，载《中国行政管理》2019 年第 4 期。

〔3〕 王泽鉴：《民法总则》，北京大学出版社 2009 年版，第 158~159 页。

〔4〕 最高人民法院民法典贯彻实施工作领导小组主编：《中华人民共和国民法典总则编理解与适用（上）》，人民法院出版社 2020 年版，第 305 页；《民法学》编写组：《民法学》，高等教育出版社 2019 年版，第 59 页。

〔5〕 ［德］拉伦茨：《德国民法通论》（上册），王晓晔等译，法律出版社 2013 年版，第 201 页。

登记时，要"有相应的规章制度"，此处的规章制度，除法定的医疗规章制度外，还应当包含章程在内。一旦"医疗机构规章制度不符合要求"，相关卫生行政部门将不予登记（《医疗机构管理条例实施细则》第27条第6项）。

（二）法人制度的立法历史沿革

我国对于法人及法人分类之规定，可追溯至1986年颁布的《民法通则》。《民法通则》第三章"法人"系统规定了法人制度。《民法通则》颁布后，对法人的规定不断发展、细化。就"企业法人"，国务院颁布《企业法人登记管理条例》（1988年），原国家工商行政管理总局颁布《企业法人登记管理条例施行细则》（1988年），进一步规范企业法人。同时，还制定了企业法人的特别法，包括《外资企业法》（1986年）、《全民所有制工业企业法》（1988年）、《中外合作经营企业法》（1988年）、《乡镇企业法》（1996年）。直至1993年通过《公司法》，企业法人的发展才进入一个新阶段。就"社会团体法人"，国务院颁布《社会团体登记管理条例》（1998年）予以规范。就"事业单位法人"，国务院颁布《事业单位登记管理暂行条例》（1998年），国家事业单位登记管理局颁布《事业单位登记管理暂行条例实施细则》（2005年）予以规范。此外，国务院还颁布了《民办非企业单位登记管理暂行条例》（1998年）、《基金会管理条例》（2004年）、《宗教事务条例》（2004年）等行政法规，以规范法人的管理。

2017年《民法总则》基于"营利法人—非营利法人"的"功能主义分类模式"，对法人制度作出了具体规定。《民法典》规定的法人制度与《民法总则》保持一致。

（三）法人制度的比较法分析

英美法系对法人之分类，采单行法体例。公司法、合伙法、有限责任企业法等均有单行的制定法，无所谓法人的基本分类。同时，英美法系也不按照营利性和非营利性来划分法人。即使部分地区制定了法典，如《魁北克民法典》《加利福尼亚民法典》《路易斯安那民法典》等，也不按照营利性和非营利性来划分法人。[1]

　　大陆法系就法人之分类，一般先将法人分为公法人和私法人，再将私法人分为财团法人和社团法人。德国民法学说上，区分公法人和私法人时，强调法人的"设立行为"，私法人是根据私法的设立行为（如签订合同和捐助行为）而成立的；公法人大多数是根据公权力行为而成立的，特别是依照一项法律而成立，或最后经法律认可作为公共事业的承担者而成立的。[2]此外，还可以根据"设立法人的目的"以及"法人出现的法律面目"来区分公法人和私法人，即法人是否以公法特有的强制手段，来对付其成员或非成员。[3]"公法人旨在执行国家的任务"；[4]公法人以公共事务的执行者的面目出现，作为法律关系的主体，常常拥有公法赋予的强制权力，日本学说也持此种意见。[5]

　　之所以区分公法人和私法人，是因为区分二者具有实益：其一是诉讼问题。对私法人之诉讼，适用民法规范；对公法人之诉讼，如请求公法人承担民事责任，因为"公法人的目的事业一般在公共领域，由公共财政提供支持，责任财产亦多出自国库"，所以"只能求诸公共财政，规范基础优先考虑《国家赔偿法》"。[6]此外，私法人承担民事责任的资金，来自法人的全部责任财产；公法人承担民事责任的资金，来自机关承担民事责任的资金或者来自责任保险赔付，或者来自某一级政府预算内的民事赔偿准备金。[7]其二是犯罪问题。部分犯罪需要"国家工作人员"的"特殊身份"，一些特殊身份只有公法人及其成员才能满足，如《刑法》中的"国有公司、企业、事业单位"（第166条至第168条），"国家工作人员"（第八章"贪污受贿罪"），"国家机关工作人员"（第九章"渎职罪"），等等。

---

　　〔1〕　李宇：《民法总则要义：规范释论与判解集注》，法律出版社2017年版，第134~135页。

　　〔2〕　[德]拉伦茨：《德国民法通论》（上册），王晓晔等译，法律出版社2013年版，第179页。

　　〔3〕　[德]梅迪库斯：《德国民法总论》，邵建东译，法律出版社2013年版，第817页；朱庆育：《民法总论》，北京大学出版社2016年版，第427页。

　　〔4〕　[德]梅迪库斯：《德国民法总论》，邵建东译，法律出版社2013年版，第816~817页。

　　〔5〕　[日]富井政章：《民法原论》，陈海瀛、陈海超译，中国政法大学出版社2003年版，第141~142页。

　　〔6〕　朱庆育：《民法总论》，北京大学出版社2016年版，第428页。

　　〔7〕　方流芳："'法人'进入当代中国法律，意义何在？"，载《中国法律评论》2019年第6期。

在比较法上，对私法人的再分类，往往是分为社团法人和财团法人，[1] 即结构主义分类模式（或要素主义分类模式）。所谓社团法人，是"拥有社团组织、被长久设立的追求共同目标的人的集合"，[2] 如公司；财团法人，是"被赋予法律人格的、以实现捐助人特定目的为目标的财产的集合"，[3] 如基金会。德国、瑞士、日本等国家及地区就是采取此种分类模式，如《德国民法典》第 21~88 条，[4]《瑞士民法典》第 52 条、第 60 条、第 80 条，[5]《日本民法典》第 33~51 条。[6]

二、典型案例及分析

沭阳县人民医院等诉张某乐等股东出资纠纷再审案[7]
——非营利性医疗机构的性质

【基本案情】

2003 年 4 月 6 日，周某庭与沭阳县卫生局签订了《产权交易合同书》，周某庭通过竞价购买，购得沭阳县人民医院的全部产权（土地使用权、生活区产权和血库产权除外）及其经营管理权。2003 年 4 月 15 日，宿迁市产权

---

〔1〕 相反的意见，参见朱庆育：《民法总论》，北京大学出版社 2016 年版，第 429~430 页。作者认为，社团法人与财团法人，不是私法人的再分类。作者基本同意弗卢梅的观点，认为"公法人可分为社团（Körperschaften）、机构（Anstalten）与财团（Stiftungen），另有部分公法人兼有社团与机构之混合因素，私法人则只包括社团与财团两类。至于社团与机构、财团的区别，关键之点在于，前者拥有成员，通过来自于内部成员的意思实现自治，后两者则无成员，意思之形成取决于外部的机构（或财团）设立者，并通过'机关'（Organe）执行该意思"。

〔2〕 [德] 汉斯·布洛克斯、沃尔夫·瓦尔克：《德国民法总论》，张艳译，中国人民大学出版社 2012 年版，第 432 页。

〔3〕 [德] 汉斯·布洛克斯、沃尔夫·瓦尔克：《德国民法总论》，张艳译，中国人民大学出版社 2012 年版，第 433 页。

〔4〕 陈卫佐译：《德国民法典》，法律出版社 2015 年版，第 10~28 页。

〔5〕 殷生根译：《瑞士民法典》，艾棠校，法律出版社 1987 年版，第 12~13 页、第 14 页、第 18 页。

〔6〕 渠涛编译：《最新日本民法》，法律出版社 2006 年版，第 12~16 页。

〔7〕 一审判决书为：江苏省沭阳县人民法院（2012）沭商初字第 0484 号民事判决书；二审判决书为：江苏省宿迁市中级人民法院（2014）宿中商终字第 00354 号民事判决书；再审裁定书为：江苏省高级人民法院（2016）苏民再 438 号民事裁定书。

交易中心出具了产权交易成交确认书，上述产权交易符合法定程序，交易结果合法有效。2003 年 4 月 9 日，周某庭、张某乐及张某栋签订了《协议书》，约定三方按 4:3:3 的比例共同出资，推举周某庭为代表，通过竞拍方式，购得沭阳县人民医院的全部产权及其经营管理权。2004 年 3 月 3 日，沭阳县人民医院召开了由张某乐、周某庭、张某栋参加的股东会，同意增加原始股本。总股本中张某栋占 28.34%，周某庭占 28.33%，张某乐占 28.33%，并据此出具了沭阳县人民医院股权证，登记造册，制作股东花名册。

2011 年 8 月 12 日，宿迁市卫生局作出关于确认沭阳县人民医院股东的批复，确认周某庭为沭阳县人民医院的股东，持股比例为 100%。2011 年 8 月 15 日，宿迁市民政局作出关于准予沭阳县人民医院注册登记的批复，并向沭阳县人民医院颁发了民办非企业单位登记证书，载明沭阳县人民医院的法定代表人为周某庭。张某乐对此不服，向一审法院起诉请求：第一，确认张某乐享有沭阳县人民医院 28.33% 的股权（出资）份额；第二，责令沭阳县人民医院、周某庭协助张某乐办理出资份额变更登记。张某栋作为一审第三人参与本案。

【法院审判】

一审法院认为：张某乐与周某庭、张某栋于 2003 年 4 月 9 日签订的《协议书》合法有效。沭阳县人民医院的产权由张某乐、周某庭及张某栋共同融资购买，张某乐及第三人应根据股权证及股东花名册载明的内容享有沭阳县人民医院相应的出资份额。张某乐与周某庭、张某栋均未按股权证及股东花名册中所载明的出资额履行出资义务。沭阳县人民医院的性质为"民办非企业单位法人"，涉案出资纠纷应当参照《公司法》的相关规定予以处理。虽然三人均未按约定履行出资义务，参照《公司法》的规定，如果股东未按约定履行出资义务的，应当由具有出资义务的股东补足出资，而并不必然导致股权比例的约定无效。因此，沭阳县人民医院 2004 年 3 月 3 日出具的股权证和股东花名册应属合法有效。

二审法院认为：沭阳县人民医院系民办非企业单位法人，不是以营利为目的，因此单位的盈余和清算后的剩余财产不能在成员中分配，只能用于社会公益事业。故协议中关于分红、剩余财产分配的约定无效。

终审法院未就医疗机构的性质予以进一步的讨论。

【案例评析】

本案的法律焦点之一为沭阳县人民医院的性质为何以及非营利性医疗机构能否向成员分配利润，经过 2003 年 4 月 6 日周某庭与沭阳县卫生局签订《产权交易合同书》之后，沭阳县人民医院的性质变更为 "民办非企业单位法人"，属于民办非营利法人。《民法典》将 "民办非企业单位法人" 规定在第 87 条第 2 款、第 92 条第 1 款，即 "社会服务机构法人"，属于非营利法人。《民法总则》与《民法典》之前的非营利法人，尤其是非营利性非公医疗机构，其往往是以取得利润并将其分配给出资人为目的，其选择登记为非营利性医疗机构是为了价格、财务、会计、税收等方面的政策便利。[1]实践中，不同法院对非营利性医疗机构能否向成员分配利润的裁判结果不同，可概括为如下三种情形。[2]

（一）不得分红

根据《关于城镇医疗机构分类管理若干问题的意见》，以及《民间非营利组织会计制度》第 2 条，"民办非企业单位法人" 应具有以下特征，"（一）该组织不以营利为目的和宗旨；（二）资源提供者向该组织投入资源并不得以取得经济回报为目的；（三）资源提供者不享有该组织的所有权"。因此，非营利性非公医疗机构不得分红。本案中，二审法院也持此种观点，"沭阳县人民医院系民办非企业单位法人，不是以营利为目的，因此单位的盈余和清算后的剩余财产不能在成员中分配，只能用于社会公益事业"。这一观点与《民法典》第 87 条第 1 款、第 92 条第 1 款的规定相一致。

（二）参照公司分红

本案一审法院即认为，非营利性非公医疗机构，虽然与以营利为目的的

---

[1] 谢鸿飞、涂燕辉："民法典中非营利法人制度的创新及评价"，载《社会治理》2020 年第 7 期。

[2] 谢鸿飞："非营利法人的类型定位与盈余分配——兼评游道国诉蚌埠现代妇科医院、陈建森、吴建文公司盈余分配纠纷案"，载《人民司法（案例）》2017 年第 20 期。

公司企业法人有本质区别，但可以参照《公司法》中关于有限责任公司的规定处理。在"余某某与倪某某股权转让纠纷案"[1]中，涉案医院是非营利性医院，法院尽管认为，其与以营利为目的的公司企业法人有本质区别，但因为它是按照有限责任公司进行管理，因此也应参照《公司法》中关于有限责任公司的规定处理优先购买权问题。在"游某某与蚌埠现代妇科医院等合同纠纷上诉案"[2]中，一审法院也有类推适用《公司法》规定的倾向。

（三）参照合伙分红

如在"王某某与张某某、铜陵市金顺矿业有限公司、铜陵市鑫宏基实业有限公司合同纠纷案"[3]中，法院明确指出，池州市池沪东方医院是依法由各合伙人投资设立的非营利性民营医院，系民办非企业（合伙）单位。对此，目前仅由行政法规《民办非企业单位登记管理暂行条例》和部门规章《民办非企业单位登记暂行办法》加以规范。民办非企业（合伙）单位出资人的出资额及合伙份额与合伙企业法上所称合伙份额虽有名称上的差别，但在本质上并无差异。由于《民办非企业单位登记暂行办法》和《民办非企业单位登记管理暂行条例》对出资人的合伙份额转让没有相关规定，其转让可按照医院章程的规定，参照合伙企业法关于合伙份额转让的规定处理。

《民法典》区分营利法人和非营利法人，二者的本质区别在于，是否将获得的经济利益和利润分配给法人的出资人、设立人或成员。[4]《民法典》第 87 条第 1 款明确规定，"不向出资人、设立人或者会员分配所取得利润"，因此，本案二审法院的判决与《民法典》的精神是一致的。非营利性医疗机构，无论其为公立医疗机构还是非公医疗机构，均属于非营利法人，不得向出资人、设立人或者会员分配所取得的利润。

---

〔1〕　余某某与倪某某等股权转让纠纷案，浙江省富阳市人民法院（2010）杭富商初字第 1592 号民事判决书。

〔2〕　游某某与蚌埠现代妇科医院等合同纠纷上诉案，安徽省蚌埠市中级人民法院（2016）蚌民终 1417 号民事裁定书。

〔3〕　王某某与张某某、铜陵市金顺矿业有限公司、铜陵市鑫宏基实业有限公司合同纠纷案，安徽省高级人民法院（2015）皖民二终字第 00468 号民事判决书。

〔4〕　《民法学》编写组编：《民法学》，高等教育出版社 2019 年版，第 57 页。

三、法人制度对医疗行业的影响

《民法典》对法人制度的规定，回应了事业单位体制改革的现实要求，适应了医疗卫生体制改革的迫切需要，并与《基本医疗卫生与健康促进法》在立法上保持一致，将为中国医疗卫生事业的法治化提供重要保障。

（一）对医疗机构性质的影响

《民法典》对法人的分类，尤其是"营利法人"和"非营利法人"的分类模式，将深刻影响医疗机构的性质。在性质上，非营利性医疗机构（包括公立医疗机构和非营利性非公医疗机构）和营利性医疗机构，将分别属于非营利法人和营利法人，受《民法典》约束。其中，登记为"民办非企业单位法人"的医疗机构，以后将依法变更为《民法典》规定的"非营利法人"中的"社会机构法人"。

1. 非营利性医疗机构的公益属性

《民法典》确立的法人制度，有助于进一步明确医疗机构的公益属性。公立医疗机构，尤其是其中的事业单位法人，根据《民法典》之规定，应逐渐回归其公益本质。根据《民法典》第 87 条第 1 款规定，属于非营利法人的非营利性医疗机构不向出资人、设立人或者会员分配所取得的利润。根据《民法典》第 88 条前段规定，属于事业单位法人的非营利性医疗机构，必须适应经济社会发展需要，"提供公益服务"。根据《民法典》第 92 条第 1 款，属于社会机构法人的医疗机构，也必须以公益为目的。这些规定，不仅与我国事业单位改革的要求一致，也与医疗卫生体制改革的目标一致。

根据《中共中央、国务院关于分类推进事业单位改革的指导意见》与《国务院办公厅关于印发分类推进事业单位改革配套文件的通知》的要求，所有事业单位要向公益性事业单位转变。而医疗机构基本属于公益性事业单位。同时，《基本医疗卫生与健康促进法》第 39 条第 2 款、第 39 条第 4 款、第 40 条第 1 款，均要求政府举办的医疗卫生机构应当坚持公益性质。

2. 营利性医疗机构也具有一定的公益属性

就营利性医疗机构而言，其"营利性"也受到限制，也具有一定的公益属性。《基本医疗卫生与健康促进法》第 3 条第 2 款规定，"医疗卫生事业应当坚持公益性原则"。此处的医疗卫生事业显然也包括营利性医疗机构。《医疗机构管理条例》第 3 条规定，"医疗机构以救死扶伤，防病治病，为公民的健康服务为宗旨"。此处的医疗机构当然包括营利性医疗机构。该条文虽为宣示性条文，但反映出立法者对医疗机构营利性的态度。《国务院办公厅关于印发深化医药卫生体制改革 2017 年重点工作任务的通知》第 54 条规定，"加强对非营利性社会办医疗机构产权归属、财务运营、资金结余使用等方面的监督管理，加强对营利性医疗机构盈利率的管控"。为了维护属于营利法人的营利性医疗机构的公益属性，《民法典》第 86 条明确规定，"营利法人从事经营活动，应当遵守商业道德，维护交易安全，接受政府和社会的监督，承担社会责任"。据此，《民法典》从商业道德、交易习惯以及社会责任三个方面，为非营利性医疗机构的公益属性奠定了法理基础。

（二）对医疗卫生体制改革的影响

《民法典》确立的法人制度，可对医疗卫生体制改革的顺利进行发挥重要的促进和保障作用。《民法典》规定的非营利法人的公益属性，与医疗卫生体制改革的目标相一致。《国务院办公厅关于印发深化医药卫生体制改革 2021 年重点工作任务的通知》明确要求，进一步推广三明市医改经验，加快推进医疗、医保、医药联动改革。按照《国务院深化医药卫生体制改革领导小组关于进一步推广福建省和三明市深化医药卫生体制改革经验的通知》，"三明医改"的主要经验之一即"优化医院收入结构，建立公益性运行新机制"。同时，对公立医院，深入实施公立医院绩效考核，健全以公益性为导向的考核指标和方式方法。

《国务院办公厅关于印发深化医药卫生体制改革 2021 年重点工作任务的通知》同时要求，"深入推进公立医院综合改革示范和建立健全现代医院管理制度试点"。《民法典》对法人组织机构的规定，即对医疗机构内部管理机构的规定，将深刻影响医疗机构治理体系的科学化、系统化、现代化革新。基于医疗机构的法人属性，现代医院管理体制必须与法人的内部治理机构相协调，通过法人的组织机构，实现医疗机构内部治理，以坚持和加强党对公立医院的全面领导，全面落实党委领导下的院长负责制。董事会、理事会、管委会的实践发展，将极大地丰富医疗机构内部管理模式和管理方法，提高效率，优化服务，为现代医院管理制度的发展和改革积累大量宝贵经验。尤其是营利性医疗机构的董事会模式和公立医疗机构的理事会模式，日渐发达成熟，已经从北京、上海、深圳等经济发达城市逐渐扩散开来，越来越多的医疗机构正在学习、采用这种模式。

可以说，在一定程度上，《民法典》可以作为医药卫生体制部分领域改革的法律基础。

（三）对未来医疗行业相关法律法规的影响

公立医疗机构为非营利性法人，具有公益性，不仅自身不得营利，也不得变相营利。实践中，非营利性非公医疗机构在从事营利性活动获取盈余后，存在通过高额的职务消费或劳动报酬等形式变相分配盈余的情形。对此，依据《民法典》第94条第2款，捐助法人的主管机关可请求法院撤销该决定，或者依据第153条第1款规定确认其无效。[1]根据《民法典》的规定，未来的行政法规可以设立相应的行政处分，以规制变相营利中可能涉及的行政违法。

《基本医疗卫生与健康促进法》第40条第2款规定，"国家鼓励政府举办的医疗卫生机构与社会力量合作举办非营利性医疗卫生机构"。此类非营利性医疗卫生机构仍然需要受《民法典》非营利法人相关条文之规范。同时，与社会力量合作办医也受到一定的限制，《基本医疗卫生与健康促进法》第40条第3款规定，"政府举办的医疗卫生机构不得与其他组织投资设立非独立法人资格的医疗卫生机构，不得与社会资本合作举办营利性医疗卫生机构"。社会力量办医，在内部治理上具有更大的灵活性，可以根据《民法典》的相关规定，探索社会力量办医的模式。但是，关于社会力量办医的具体法律规范，仍然阙如。相关部门可以根据《民法典》非营利法人的一般规定，制定更为细致的具体措施。

---

[1] 谢鸿飞："非营利法人的类型定位与盈余分配——兼评游道国诉蚌埠现代妇科医院、陈建森、吴建文公司盈余分配纠纷案"，载《人民司法（案例）》2017年第20期。

非营利性医疗机构与营利性医疗机构之间转变医疗机构性质的，仍然受到行政法规的严格规制。《关于城镇医疗机构分类管理的实施意见》明确规定，"医疗机构改变其性质，须经核发其《医疗机构执业许可证》的卫生行政部门和有关部门批准并办理相关变更手续"。《国务院办公厅转发发展改革委卫生部等部门关于进一步鼓励和引导社会资本举办医疗机构意见的通知》的规定更为具体，"社会资本举办的非营利性医疗机构原则上不得转变为营利性医疗机构，确需转变的，需经原审批部门批准并依法办理相关手续；社会资本举办的营利性医疗机构转换为非营利性医疗机构，可提出申请并依法办理变更手续。变更后，按规定分别执行国家有关价格和税收政策"。但总体而言，这些行政规范性文件的规定都过于简单。因此，可以参照《民法典》关于法人性质转变的相关规定和精神，制定具体的行政规范性文件。除了对营利性（即医疗机构之利润能否向成员分配）的规制，对医疗机构的财产（法人财产），尤其是其中属于国家集体所有之财产，通过行政法规之规制限制其私法上的财产变更。

（本章作者：刘兰秋、程科）

第六章
医疗服务合同制度及其影响

《民法典》合同编第二分编典型合同系统规定了日常生活中常见的各类合同，这些合同虽然在医疗行业也经常遇到，但是其与一般市场主体所订立的合同相比并没有特殊性，此处不再展开叙述，本章仅就没有纳入《民法典》典型合同的"医疗服务合同"进行分析。

虽然《民法典》并没有将"医疗服务合同"纳入典型合同，但医疗服务合同却在生活中广泛存在，属于《民法典》第467条规定的无名合同，对此《最高人民法院关于印发修改后的〈民事案件案由规定〉的通知》第137条第4项也早已明确规定了"医疗服务合同纠纷"案由，因此，有必要对"医疗服务合同"的特点以及各方主体的民事权利、民事义务进行详细的探讨。

一、法律规定与理论解析

（一）法条解读

对医疗服务合同的相关法律规定，主要集中于《民法典》总则编、合同编通则分编等内容。同时根据《民法典》第467条规定的无名合同可以参照最相类似合同规定，第646条规定的法律对其他有偿合同没有规定的可参照适用买卖合同的有关规定，医疗服务合同还可参照最相类似的合同以及"买卖合同"等相关法律规定。

1. 医疗服务合同概述

医疗服务合同是指医疗机构与患者之间形成的，由医疗机构及其医务人员向患者提供以专业医学知识和医学技术为主要内容的医疗服务，医疗机构通过各种检查，使用药物、器械及手术等方法，对患者的疾病进行诊疗或提供非疾病医疗服务，患者及其具有约定或法定义务的第三方为此支付相应医疗费用的服务合同。

关于医疗服务合同的"患方"主体，由于医疗服务的接受者是患者，患者是医疗服务合同中"患方"的主体，对比目前争议不大。同时，根据《民法典》第 552 条"债务加入"的规定，如果第三人为患者得到医疗服务而与医院订立医疗服务合同时，如公费医疗单位、医疗保险基金、商业保险公司、公民个人为自己的职工、参保人、亲属得到医疗服务而与医院签订支付医疗费协议等，那么医疗机构作为债权人可以请求第三人在其应当承担的债务范围内和患者承担连带债务。关于医疗服务合同的"医方"主体，《民法典》第 1218 条规定："患者在诊疗活动中受到损害，医疗机构或者其医务人员有过错的，由医疗机构承担赔偿责任。"据此，医疗服务合同的医方主体是医疗机构。关于医疗服务合同的服务内容，主要为疾病的诊疗，但是随着社会的发展，其他非疾病医疗的服务也不断出现，如医疗美容、健康体检、变性手术、计划生育、终止妊娠等。

《民法典》总则编第 4 条至第 9 条规定了民事主体法律地位平等原则、民事活动自愿原则、公平原则、诚实信用原则、守法和公序良俗原则、绿色原则，合同编通则分编第 509 条规定了合同的全面履行原则、诚信原则、绿色原则。这些法律原则当然也适用于医疗服务合同，因此医疗服务合同应当遵守下述原则。

（1）平等原则

在医疗服务合同订立和履行过程中，虽然医方在医疗专业技能上占有优势和主导地位，患者在医疗机构就医时应当遵守医疗机构的规章制度，但医患双方的民事法律地位是平等的，并不存在隶属关系或者管理与被管理的关系，民事主体的合法权益受到法律的平等保护，相关权利受到侵害时，能够获得同等的法律救济。

（2）自愿原则

自愿原则也称当事人意思自治原则，除法律、政策、伦理等强制性规范要求外，医患双方自愿从事民事活动，有权根据自己的意愿决定是否订立，以及选择与谁订立医疗服务合同，并可根据需要变更或者终止合同，自主选择检查和治疗方案，同时自行承担相应的法律后果。

（3）公平原则

公平原则要求医患双方在医疗服务合同订立和履行过程中秉持公平的理念，同时公正、合理地确定双方的权利和义务，医方在提供医疗服务时应当遵守医疗规范，患方在接受医疗服务时也应当履行自己的义务，各方依法承担相应的民事责任。

（4）诚实信用原则

医患双方在订立和履行医疗服务合同时，应当诚实、善意并信守自己的承诺，按照双方的约定维护自己的权利并履行自己的义务。当医患双方之间没有明确约定时，应当根据诚实、善意的原则履行医疗服务合同，以保证双方的合法利益。

（5）守法原则

守法原则要求医患双方在履行医疗服务合同的过程中不得违反各种法律的强制性规定，如医生不得私自开展诊疗活动、不得接受患方红包等。但是，只要法律未明文禁止，又不违背社会公德，医患双方在履行医疗服务合同时就可以根据双方的情况创设权利、义务内容，即双方可以根据意思自治原则约定各自的权利和义务。

（6）公序良俗原则

公序良俗是指公共秩序和善良风俗。医疗服务合同的履行不得损害社会公共利益，也不得违背社会公共道德。医患双方虽然意思自治，但是当社会普遍道德观念改变时，双方的行为也应因此而改变。《民法典》第 8 条、第 10 条将"公序良俗"作为民事活动的评价标准。这在过去的《民法通则》《合同法》中并未明确作出规定。"公序良俗"的规定对医疗服务合同的"伦理性"有着重要的作用。

（7）绿色原则

绿色原则要求医患双方在医疗服务合同履行过程中，始终秉持节约资源、保护生态环境的理念，患方应当合理进行医疗活动，医方不应当过度检查和治疗。患方的医疗服务要求也应当符合病情的需要和医疗资源的实际情况，积极配合治疗，不得无故占用医疗资源，如拒不出院导致其他病人住院困难等。同时，医患双方均应积极保护医疗环境，减少医疗活动对周围环境的不利影响，切实落实党中央关于建设生态文明、实现可持续发展理念的要求。

（8）全面履行原则

在履行医疗服务合同时，医患双方均应当全面地、适当地履行各自的合同义务，医方应按照诊疗规范和常规为患者提供优质的医疗服务，患方应当根据医方的意见和建议及时作出治疗方案的选择并及时支付医疗费用等，实现医患双方各自期待的合同利益。

2. 医疗服务合同的成立和生效

医疗服务合同作为民事合同的一种形式，其成立也同样经过要约和承诺两个阶段。一般而言，当患者向医疗机构或向医务人员提出就医的意思表示时，即成立订立医疗服务合同的要约，当医疗机构为患者提供挂号时，视为医疗机构对患者作出了诊治的承诺。特殊情况在未挂号的情况下，医疗机构或医务人员实施特定诊疗的行为，也可视为订立合同关系的承诺，如《执业医师法》第24条规定，"对急危患者，医师应当采取紧急措施进行诊治；不得拒绝急救处置"，医师对通过绿色通道未挂号而就诊的急危患者进行诊疗，即可视为医疗服务合同的成立。

随着计算机网络信息技术的发展，医疗机构远程医疗服务也广泛开展，在医疗实践中，出现了网上挂号、网上预约诊疗服务、远程医疗等新的就诊方式。对于网上挂号，由于患方已经挂号并支付了挂号费，根据《民法典》第491条规定，"当事人采用信件、数据电文等形式订立合同要求签订确认书的，签订确认书时合同成立。当事人一方通过互联网等信息网络发布的商品或者服务信息符合要约条件的，对方选择该商品或者服务并提交订单成功时合同成立，但是当事人另有约定的除外"，故患方选择网上挂号并支付费用即挂号成功，双方的医疗服务合同关系已经成立，至于成立后患者是否按约定准时到医疗机构就诊，属于合同履行及违约的范畴，并不能以此否认合同的成立。对于远程医疗，其实质是网上挂号、网上诊疗和网上支付费用的综合，只要网上成功挂号即成立医疗服务合同关系。至于网上预约诊疗服务，由于患者还需要按照预约的时间到现场挂号付费方可成立医疗服务合同，故仅网上预约诊疗服务而未进行网上挂号，只能属于预约合同，医疗服务合同尚未成立。根据《民法典》第495条规定，"当事人约定在将来一定期限内订立合同的认购书、订购书、预订书等，构成预约合同。当事人一方不履行预约合同约定的订立合同义务的，对方可以请求其承担预约合同的违约责任"，如果患者预约诊疗服务，但并没有按照预约的时间挂号付费，虽不能按照医疗服务合同违约处理，但可以按照预约合同的约定处理并要求其承担预约合同的违约责任。

同时，《民法典》第502条第1款规定，"依法成立的合同，自成立时生效"。因此，医疗服务合同成立时即生效，除非法律另有规定或当事人另有约定。一般情况下，患者挂号成功或急危患者通过绿色通道未挂号就诊的，医疗服务合同成立并生效。

3. 医疗服务合同的形式和分类

《民法典》第469条第1款规定，"当事人订立合同，可以采用书面形式、口头形式或者其他形式"。实践中，一般没有订立正式书面的医疗服务合同的，往往是事实合同，且很多事项通过口头形式进行沟通。至于双方之间的权利义务内容，具体会以下形式体现：相关法律法规规定、诊疗规范和常规、约定俗成的行业惯例，以及包括入院告知、入院宣教、入院通知书、病危通知书、知情同意书、通知、医嘱、注意事项等在内的医疗机构对患方的各种告知书、通知书、签字单、就医场所的告示、警示标识等，这些内容均属于医疗服务合同中医患双方的权利义务，医患双方均应履行。

从服务内容来看，医疗服务合同可以分为疾病诊疗医疗服务合同、非疾病诊疗医疗服务合同、准医疗服务合同。

（1）疾病诊疗医疗服务合同。主要是一般意义上患者因疾病到医院接受以治疗为目的的医疗服务合同，如院前急救服务合同、院内急救服务合同、疾病诊断和治疗医疗服务合同、戒毒医疗服务合同、器官组织移植医疗服务合同、临终关怀医疗服务合同等。

（2）非疾病诊疗医疗服务合同。这类合同是指就医者本身并非患者，但为了某些目的而接受医疗服务的合同，如健康体检医疗服务合同、医疗美容医疗服务合同、变性医疗服务合同、计划生育医疗服务合同等。

（3）准医疗服务合同。这类合同的医疗机构并不提供医疗服务，但是提供了与医疗服务密切相关的其他服务，如医疗研究试验服务合同等。医疗研究试验服务合同的主要内容是对尚未临床使用的诊断治疗方法、药品、医疗器械、诊断试剂等进行研究和试验，合同的主要目的是验证诊断其安全性和有效性，尽管参加试验的受试者可能会取得一定的诊治效果，但合同的目的并不是帮助受试者诊治疾病，相反还可能会给受试者带来试验风险，同时受试者参加试验还会得到研究机构相应的补偿，这与医疗服务合同是完全不同的，故医疗研究试验服务合同并不属于医疗服务合同，但是在实践中医疗研究试验服务合同往往与医疗服务合同密切相关且相互交叉，故此处将其作为准医疗服务合同。

当然，上述分类有时也存在交叉，如怀孕，一般情况下不属于疾病，但当孕妇不想生育时，怀孕却不是其期望的健康状态，为孕妇诊治是属于疾病诊疗医疗服务合同，还是属于非疾病诊疗医疗服务合同，应视情况而定，如果孕妇此时还参加临床药物试验进行流产，那么该孕妇还作为受试者，与研究机构成立医疗研究试验服务合同。

从合同订立的意思表示自由程度上看，医疗服务合同可分为自由缔结医疗服务合同和强制缔结医疗服务合同。

（1）自由缔结医疗服务合同。该类合同医患双方的意思表示自由，完全是双方自愿缔结医疗服务合同，体现了自愿原则和意思自治原则，大部分医疗服务合同均属于此种类型。

（2）强制缔结医疗服务合同。该类合同是一方主体或双方主体基于法律规定和社会伦理的需要而强制缔结的，如急危患者的强制救治、强制戒毒、法律规定的精神病患者强制治疗、传染病的强制治疗等。强制缔结主要是为了保障特定人群的权利和社会的正常秩序，往往有强制行政行为参与。

4. 医疗服务合同的权利和义务内容

（1）医方的权利义务

医方的权利：医疗服务合同中，尽管患者就诊于医疗机构，但是具体为患者诊治的是医疗机构的医务人员，故医方的权利应包括医疗机构和医务人员两部分的权利。具体应包括但不限于：①自主诊治权，由于医学专业性、技术性强，医疗机构及医务人员在对患者诊治时应按照法律、法规、规章、相应的诊疗规范进行治疗，而不受其他与医疗活动无关的外界因素干扰；②获得医疗费用和报酬权，医疗机构为患者提供医疗服务，患者依法当然应及时足额地向医疗机构支付相应的医疗费用；③人身安全及人格尊严权。

医方的义务：在医疗服务合同中，医疗机构负有按照法律、法规规章和诊疗规范为患者提供医疗服务的主给付义务。而且，由于医疗机构和患者的信息不对称，且医疗具有专业性，故医疗机构在对患者进行诊疗的过程中，应向患者告知其重要的权益，履行医疗说明义务。同时，根据法律规定，医疗机构还有出具医学文书、及时抢救急危重患者、规范收费、保护隐私和个人信息、及时转诊、随访、按规范书写病历等从给付义务及附随义务等。将这些义务根据其设定目的的不同，具体可分为主给付义务、从给付义务和附随义务。[1]

主给付义务一般是指医疗服务合同订立的目的以及主要的义务，即按照相关规范为患者提供医疗服务，包括问诊、紧急救治、检查、诊断、治疗、护理等诊疗的各个环节，并且从患者最大利益出发，根据患者的病情调整治疗方案。从给付义务具有补助主给付义务的功能，以保证能够满足提供医疗服务上利益的义务，具体如医疗说明、出具医学文书、按规范书写病历、及时转诊等。附随义务包括合同履行过程中应当承担的通知、协助、保密等义务。其中，《民法典》第1226条在原有"患者隐私权"保护的基础上增加了"个人信息"保护，并规定"医疗机构及其医务人员应当对患者的隐私和个人信息保密。泄露患者的隐私和个人信息，或者未经患者同意公开其病

---

[1] 张民安、王红一主编：《合同法》，中山大学出版社2003年版，第8页、第69页。

历资料的，应当承担侵权责任"。

（2）患方的权利义务

患方的权利：对于患者而言，其享有获得医疗服务权、知情同意权、隐私和个人信息受保护权、病历查阅复制权等。医疗服务合同中，医方有按照规范为患者提供医疗服务的义务，相应地，患者有获得医疗服务的权利。关于知情同意权，由于医学专业性强，医患双方对医学知识的理解明显相差较大，患方处于相对较为弱势的地位，医方有必要且有义务向患方告知患者的病情、治疗方案、治疗风险、替代治疗方案、医疗费用等事项，以便患方根据自己的情况选择相应的诊疗措施。关于隐私和个人信息受保护权，患者在医疗机构接受诊疗过程中，涉及既往病史等个人信息的情况，医疗机构应当保护患者的隐私权和个人信息。关于病历查阅复制权，病历是体现患者就诊治疗过程的档案资料，也是发生医患纠纷后查明事实和评价有无责任及大小的重要证据材料，对此《民法典》第1225条明确规定："医疗机构及其医务人员应当按照规定填写并妥善保管住院志、医嘱单、检验报告、手术及麻醉记录、病理资料、护理记录等病历资料。患者要求查阅、复制前款规定的病历资料的，医疗机构应当及时提供。"

患方的义务：为了保证医疗服务合同的顺利履行，患方有向医生完整真实陈述病情的义务、配合治疗的义务、交纳治疗费用的义务、遵守医疗机构规章制度的义务等。由于临床医疗诊治客观上具有一定的风险性和不确定性，而且医疗诊断是根据患者病史、临床症状体征、相关客观检查结果等综合判断的，如果陈述病情不完整或者不真实，很可能会影响医生的判断从而出现诊断错误的情况，因此患方应当向医生完整真实地陈述病情。关于配合治疗的义务，通常在诊疗过程中，医生根据患者病情告知相关注意事项，如绝对卧床、加强锻炼、拍背翻身、禁食水等，对此就要求患方遵医嘱配合治疗，如果患方不配合，则应由其自己承担相应的责任，对此《民法典》第1224条第1款第1项规定，患者或者其近亲属不配合医疗机构进行符合诊疗规范的诊疗，患者在诊疗活动中受到损害的，医疗机构不承担赔偿责任。关于交纳治疗费用的义务，医疗机构为患者提供医疗服务，患方应当及时足额交纳治疗费用，即便发生医疗纠纷，也不是拖欠医疗费用的理由，相关医疗损害赔偿可以通过合法途径来解决和处理。关于遵守医疗机构规章制度的义务，医疗机构是公共场所，就诊的患者应当遵守医疗机构的相关规章制度，以保证就诊秩序。

5. 医疗服务合同的履行及违约责任

（1）合同履行

医疗服务合同的履行应当按照《民法典》第 509 条规定，医患双方均应当按照约定全面履行自己的义务，遵循诚信原则，根据医疗服务合同的性质、目的和交易习惯履行通知、协助、保密等义务。具体应根据双方的实际情况决定履行的时间、地点、方式等，即与患者身体的实际状况和医疗机构的医务人员水平、辅助诊治设施、综合诊治能力相关。如开展手术、特殊检查、特殊治疗等具有较高医疗风险的诊疗活动，必须根据《民法典》第 1219 条第 1 款规定对患者或其近亲属履行说明义务，取得其明确同意才能进行。同时，根据《医疗纠纷预防和处理条例》第 14 条规定，医疗机构应当提前预备应对方案，主动防范突发风险。

（2）违约责任

关于违约责任，《民法典》第 577 条规定："当事人一方不履行合同义务或者履行合同义务不符合约定的，应当承担继续履行、采取补救措施或者赔偿损失等违约责任。"在医疗服务合同中，医患一方发生不履行合同义务或者履行合同义务不符合约定，当然应向对方承担违约责任。如果患方违约没有及时足额交纳医疗费用，那么医方可以通过合法途径要求患方支付拖欠的医疗费用，若患者本人死亡，医方可以要求患者法定继承人在其遗产继承范围内连带支付患者拖欠的医疗费用，也可要求共同债务人支付。若医方没有按照规范提供医疗服务或者提供的医疗服务不符合约定的，那么也应承担责任，但是具体如何承担责任，分析如下。

关于责任归责原则，《民法典》第 1218 条规定，"患者在诊疗活动中受到损害，医疗机构或者其医务人员有过错的，由医疗机构承担赔偿责任"，故我国医疗损害纠纷案件采用《民法典》第 1165 条规定的"过错责任"原则。同时，《民法典》第 1222 条规定，"患者在诊疗活动中受到损害，有下列情形之一的，推定医疗机构有过错：（一）违反法律、行政法规、规章以及其他有关诊疗规范的规定；（二）隐匿或者拒绝提供与纠纷有关的病历资料；（三）遗失、伪造、篡改或者违法销毁病历资料"，即当发生上述法律规定的三种情形时，适用"过错推定"责任原则，由于过错推定还是属于"过错责任"的归责原则，故医疗侵权责任的归责原则是"过错责任原则"。

关于违约行为救济，法律并没有专门规定，医疗服务合同必须以书面形式对违约责任进行明确约定。同时医疗行为具有较强的专业性，医务人员对医疗行为的实施具有自主诊疗权，医疗服务合同的履行也需根据病情随时调整而具有即时性，相关鉴定只能对以往的医疗行为进行评价，但无法责令医务人员后续具体实施某项医疗行为，即法律无法对技术操作进行干预，故实践中医方在违反相应的义务时，一般以损害赔偿为违约责任的承担形式，而不存在《民法典》第 577 条中规定的"继续履行、采取补救措施"的方式。

关于违约赔偿的损失，物质性损失的计算方式与医疗损害责任赔偿的计算一致，根据《民法典》第 1179 条规定："侵害他人造成人身损害的，应当赔偿医疗费、护理费、交通费、营养费、住院伙食补助费等为治疗和康复支出的合理费用，以及因误工减少的收入。造成残疾的，还应当赔偿辅助器具费和残疾赔偿金；造成死亡的，还应当赔偿丧葬费和死亡赔偿金。"关于精神性损失，由于《民法典》实施前法律没有规定违约行为的精神损害赔偿，故以前医疗服务合同违约并无精神损害抚慰金，这也是造成医疗损害纠纷案件的处理中大部分均主张"医疗损害责任侵权"而很少主张"医疗服务合同违约"的重要原因，但《民法典》第 996 条规定，"因当事人一方的违约行为，损害对方人格权并造成严重精神损害，受损害方选择请求其承担违约责任的，不影响受损害方请求精神损害赔偿"，据此合同违约同样可以主张精神损害赔偿，故《民法典》实施后医疗服务合同违约损害患者人格权并造成严重精神损害的，受损害方可请求精神损害赔偿。

6. 医疗服务合同的解除和终止

《民法典》第 562 条规定："当事人协商一致，可以解除合同。当事人可以约定一方解除合同的事由。解除合同的事由发生时，解除权人可以解除合同。"一般而言，在患者病情符合出院的标准，或者符合转往社区医院康复治疗等标准时，医疗机构可以解除合同。由于医患双方订立医疗服务合同的主要目的在于恢复患者的健康或减少患者的痛苦，基于医疗服务合同的公益性和伦理性，如果医方解除合同将直接严重危及患者健康并负有强制缔约义务时，医疗机构一般不得解除合同。

对于患方而言，患方享有任意解除权，即随时可以解除并不需要理由，包括终止治疗、出院和转院等。即便在对急危患者医方负有强制缔结医疗服务合同的义务的紧急情况下，若患者不同意由医疗机构进行救治，那么医疗机构应当尊重患者的意见。同时，患者可能因经济原因、病情危重放弃治疗、转往其他医疗机构治疗等原因提前终止合同，但对提前终止合同所引起的后果由患者自己承担责任。不过，由于医疗行为的专业性和复杂性，患方作出符合自身利益的决定时，需要医方尽到相应的说明和告知义务。另外，除因解除合同导致医疗服务合同终止之外，基于医患双方的合意、患者死亡、医方被解散或被吊销营业执照等原因，亦可造成医疗服务合同的终止。[1]

7. 医疗服务合同的特殊性

（1）医疗服务合同缔结的强制性

一般而言，民事合同是当事人意思自治的体现，只有依当事人的意志成立的合同才具有合理性。但是，《民法典》第1005条规定："自然人的生命权、身体权、健康权受到侵害或者处于其他危难情形的，负有法定救助义务的组织或者个人应当及时施救。"在医疗服务合同中，对急危重患者的医疗服务合同的缔结具有强制性，另外基于法律规定，传染病患者、吸毒人员、精神病患者等依法也应接受强制治疗。

（2）医疗服务合同系手段债务

医疗服务具有高风险性，医疗结果具有不确定性。第一，疾病本身的风险难以事先准确预测，医疗上罕见、少见、常见的各种风险都可能发生，难以根据事后的结果在事前采取针对性的防范措施，也无法采取所谓的"全面措施"，故法律上无法根据"事后结果"采用"应当预见而没有预见，应当防范而没有防范"的方法来评价医疗行为存在医疗过失。第二，医疗技术水

---

[1] 参见周光涛："医疗合同的订立、效力及终止"，载《医院管理论坛》2007年第3期。

平有限，无法改变生老病死的客观规律，无法保证治疗效果，医疗风险无法控制。第三，医疗行为是通过各种检查，使用药物、器械及手术等方法进行的，医疗行为本身具有一定的侵袭性、损害性和风险性，相关副作用以及并发症无法避免，为了实现治疗目的，医疗行为本身即具有一定的风险性。第四，由于患者体质的个体差异，不同患者的疗效和风险不同。因此，不能因为医疗服务没有达到疾病治愈的结果或出现不良后果而认定医方存在违约，即医疗服务合同与其他合同不同，不能以"结果"来判断违约与否，医疗服务是手段债务而不是结果债务。

（3）医疗服务合同履行上的困难性

医疗服务中，医务人员拥有专业知识和技能，患者通常对医疗知识匮乏，这一特点决定了医患双方虽然在法律地位上平等，但在实际医疗服务过程中信息往往不对称，往往医生眼里的"医疗常识"在患者眼里却难以置信而根本无法理解和接受，患者很难对医疗行为的正确适当与否以及其优劣程度作出客观的判断，容易出现医患沟通困难，造成患者对医生的信任感降低，导致医疗服务合同履行障碍。

（4）医疗服务合同具有公益性和伦理性

《民法典》第 8 条规定："民事主体从事民事活动，不得违反法律，不得违背公序良俗。"同时，《基本医疗卫生与健康促进法》第 3 条规定："医疗卫生与健康事业应当坚持以人民为中心，为人民健康服务。医疗卫生事业应当坚持公益性原则。"因此，医疗服务合同具有公益性和伦理性，不能用纯粹的市场经济合同规则去评价医疗服务合同，一方面医疗机构应当发扬救死扶伤的伦理道德和人文精神，另一方面国家要加强对医疗机构政策上的扶持和经济补偿，体现其公益性。

（二）医疗服务合同制度的立法历史沿革

我国 1987 年实施的《医疗事故处理办法》和 2002 年实施的《医疗事故处理条例》规定了构成医疗事故的相关民事赔偿，故法律主要规定了医疗事故侵权，而对医疗服务合同关注较少。此后 2010 年实施的《侵权责任法》也是通过医疗损害责任纠纷的方式处理医疗服务合同中的相关权利及责任争议，因此医疗服务合同纠纷主要是通过医疗损害赔偿的途径处理。

2000 年开始最高人民法院多次颁布《民事案件案由规定》，均规定了医疗服务合同纠纷的案由，但是在医疗纠纷发生后，尽管医患双方之间存在医疗服务合同关系，由于《民法典》实施前以"医疗服务合同纠纷"为案由的案件不能主张精神损害抚慰金，而且医患双方一般也不签订书面的医疗服务合同书，故一般患方会以"医疗损害赔偿责任纠纷"为案由来主张权利，因此实践中很少涉及以"医疗服务合同纠纷"为案由的案件，立法上也缺少对医疗服务合同的规定。

从历史沿革来看，与医疗服务合同相关的法律有《民法通则》《合同法》《侵权责任法》《民法总则》《民法典》等。在这些法律中，医疗服务合同始终没有被列入典型合同进行规定，故涉及与医疗服务合同相关的法律规定的变化，都可认为属于医疗服务合同的历史沿革，如《民法典》规定了医疗服务合同的精神损害赔偿、《民法总则》《民法典》将医疗服务合同的诉讼时效由两年修改为三年等。

（三）医疗服务合同制度的比较法分析

1. 部分国家将医疗服务合同列入民法典型合同

世界上目前将医疗服务合同列入民法典型合同的国家主要有三个。第一个是埃塞俄比亚。1960 年《埃塞俄比亚民法典》在第五编第 16 题第 5 章设"医疗或住院合同"。第二个是荷兰。1994 年《荷兰医疗服务法案》将医疗合同界定为"作为一个自然人或者法人的健康照护提供者，根据其商业活动或者执业活动，与另一方订立的以直接向其提供医疗服务或者向某特定第三人提供医疗服务的合同"，《荷兰民法典》于 1995 年将《荷兰医疗服务法案》收录至第七编"具体合同"之中，并易名为"医疗服务合同"。《荷兰民法典》医疗合同法则有 23 条之多，较为全面，主要涉及：患者订立医疗合同的相应行为能力以及医疗决策的相应同意能力，对患者医疗信息的保密以及为科研目的对患者信息利益的限制，患者隐私保护，对医疗服务人任意解除权的限制，报酬给付义务等。第三个是德国。德国通说认为医疗合同是医方以医疗行为为患者提供服务，而患者给付报酬的一种雇用合同。因为

《德国民法典》规定，委任合同为无偿合同，而医疗合同大部分都是有偿合同，因而医疗合同无法被归为委任合同，同时医疗合同并不以疾病的治愈为合同的内容，也不适用承揽合同的规定。因此，德国法将绝大部分为有偿合同的医疗合同视为雇用合同，在英美法上将医疗合同视为雇用合同的观点也占主导地位。2013 年 2 月 20 日通过的《德国患者权利法》促使《德国民法典》在第二编（债务关系法）第八章（具体债务关系）第八节（雇用合同）又扩展了一个目，即第二目——医疗合同（第 630a 条至第 630h 条）。《德国民法典》医疗合同的法条仅有 8 条，只写明医疗合同的定义及诊疗义务的标准、当事人的协作义务及医疗服务人的说明义务、知情同意规则、病历义务以及若干特别证明规则，另设引用性法条，明确未尽事宜适用雇用合同相关规范。其损害赔偿的归责原则、亲自履行义务、报酬给付义务尚可适用雇用合同相关条款，其他事宜仍需要通过法律解释或漏洞填补来解决。

2. 部分国家和地区没有将医疗服务合同列入民法典型合同

在日本等国家及地区立法中没有把医疗服务合同作为典型合同进行规定，而认为是准委任合同或委托合同。日本法通说认为医疗合同为准委任合同。日本民法将委任合同所处理的事务限于法律行为，对所处理的事务不是法律行为的，则另称准委任，因为医疗行为大多是事实行为，所以将医疗合同称为准委任合同。我国台湾地区的通说认为医疗合同为委托合同，该学说认为，医疗合同为劳务给付合同，医疗行为是事实行为，其不以有偿为必要，且以"诊治的持续已无必要"为合同的终止期。

二、典型案例及分析

卢某诉某医院医疗损害责任纠纷上诉案
——医疗服务合同违约损失的赔偿范围[1]

【基本案情】

患者因左侧甲状腺癌到某医院手术治疗，但是该医院术中将患者右侧甲

---

[1]　卢某诉某医院医疗损害责任纠纷上诉案，(2020) 京 01 民终 3345 号民事判决书。

状腺以及甲状旁腺均切除，一审法院委托鉴定机构对本案进行医疗司法鉴定，鉴定机构认为医院存在告知不充分、术中未行冰冻切片检查、右侧甲状腺切除依据不足及无法完全排除医方于手术操作过程中对甲状旁腺产生损伤的过错，并认定医院的医疗过错与患者甲状腺功能减退之间存在同等至主要因果关系，与其甲状旁腺功能减退之间存在轻微因果关系。

【法院审判】

一审法院按照鉴定结论认定某医院承担 60% 的责任，并判决该医院赔偿患者医疗费、住院伙食补助费、营养费、交通费、护理费、残疾赔偿金、精神损害抚慰金等共计 39 万余元。一审判决后，患方不服提起上诉，二审法院经审理后认为本案没有重新鉴定的情形，故驳回患方的上诉，维持原判。

【案例评析】

在医疗活动中，患者在接受诊疗时，即已与医疗机构之间成立了医疗服务合同。如果医疗机构提供服务过程中存在侵权，就可能会发生侵权责任与违约责任竞合的情况。对此，《民法典》第 186 条规定，"因当事人一方的违约行为，损害对方人身权益、财产权益的，受损害方有权选择请求其承担违约责任或者侵权责任"，赋予违约责任与侵权责任竞合情形下患者的自主选择权。请求权竞合原则虽然允许患者自由选择以违约责任或侵权责任主张权利，但是患者一旦选定，则只能以一种责任为请求权基础，或为违约责任，或为侵权责任，二者不能同时主张。

本案的焦点是医疗服务合同违约损失的赔偿范围如何确定。

根据"择一请求"原则，患者如果主张违约责任，可以主张违约造成的损失。对此，《民法典》第 584 条规定，"当事人一方不履行合同义务或者履行合同义务不符合约定，造成对方损失的，损失赔偿额应当相当于因违约所造成的损失，包括合同履行后可以获得的利益；但是，不得超过违约一方订立合同时预见到或者应当预见到的因违约可能造成的损失"，但实践中医疗服务合同履行造成患者人身损害的损失赔偿是根据侵权责任规定的赔偿项目及标准执行，根据《民法典》第 1179 条规定："侵害他人造成人身损害的，应当赔偿医疗费、护理费、交通费、营养费、住院伙食补助费等为治疗和康复支出的合理费用，以及因误工减少的收入。造成残疾的，还应当赔偿辅助器具费和残疾赔偿金；造成死亡的，还应当赔偿丧葬费和死亡赔偿金。"

因此，主张违约责任和侵权责任在物质损害赔偿上并没有实质性的差异，差别在于精神损害抚慰金能否得到赔偿。在《民法典》施行前，患者主张违约责任的，法院并不支持精神损害抚慰金，故大部分案例都以侵权责任案由主张赔偿。对此，《民法典》第 996 条规定，"因当事人一方的违约行为，损害对方人格权并造成严重精神损害，受损害方选择请求其承担违约责任的，不影响受损害方请求精神损害赔偿"，故《民法典》施行后，患者所享有的违约责任与侵权责任的选择权利将真正得到法律保障。

三、《民法典》中有关医疗服务合同的规定对医疗行业的影响

由于医疗服务合同具有特殊性，虽然没有将其纳入典型合同进行明确规定，但是《民法典》中大量与医疗服务合同相关的法律规定都对医疗服务合同产生影响。比如，《民法典》合同编中对一般合同的规定，人格权编中生命权、身体权和健康权以及隐私权和个人信息保护，侵权责任编的一般规定和医疗损害责任规定等，其中很多规定都提高了对患者权益的保护，并强调以人为本，且价值理念更偏重对人的关注，从另一个角度来说，增加了对医疗机构及医师执业的要求，相关诊疗行为规范得更为具体，医师在执业过程中不仅仅是从专业技术上对患者进行诊治，而且更应关注患者的需求以及人文层面的抚慰，故《民法典》中对有关医疗服务合同的规定不只是简单的条文文字，其所承载的价值和意义对医疗行业也产生了深远影响，简述如下。

（一）人格权单独成编，对患者的权利保护加大

我国《民法典》的独创就是将人格权单独成编，其中人格权编第二章明确对"生命权、身体权和健康权"进行了规定，而医疗服务合同中主要涉及的内容即生命权、身体权和健康权，也就是说《民法典》体现了"以人为中心"的价值观，强调了对人的权利的特别保护。因此，在医疗服务合同中应该注重对患者权利的保护。《民法典》在器官移植、临床试验、人体

基因、人体胚胎等方面均进行了详细明确的规定，禁止强迫、欺骗、利诱捐献器官的行为，并将《人体器官移植条例》中"可以以书面形式"修改为"应当采用书面形式"，同时《民法典》将进行临床试验"经医院批准"修改为"经相关主管部门批准"，并增加了"经伦理委员会审查同意"，故增加了临床试验的要求，而且对从事人体胚胎研究增加了"不得损害公共利益"的规定，即对患者的权利保护加大。因此，医疗机构在对患者进行诊疗或者施行相关医疗操作时，应当尊重患者的意愿，加强沟通，并且按照相关法律、法规及诊疗规范进行诊治，确保患者的合法权益得到保障。

（二）医疗行为的规范性要求增加，突出强调依法行医

随着我国法治社会建设以及网络信息社会建设的发展，患方的法律维权意识增强。基本医学知识普及和便利的网络查询方式，促使并督促医务人员执业必须依法行医，按照规范提供医疗服务。对此《民法典》第 1222 条第 1 项明确规定，患者在诊疗活动中受到损害，有违反法律、行政法规、规章以及其他有关诊疗规范的规定的，推定医疗机构有过错。同时，《民法典》对医疗说明义务的履行提出了更高的要求，也明确了医疗说明义务的履行对象，其中《民法典》第 1219 条第 1 款增加了具体说明义务的履行要求，知情同意需取得患者或者近亲属"明确"同意，不能以默示的形式来推定同意，而且明确了向近亲属说明的两种"不能"和"不宜"情形。故从法律上要求医务人员应按照法律、行政法规、规章以及其他有关诊疗规范进行执业，否则将构成违约或推定过错。因此，医疗机构在诊疗过程中应规范行医，为患者提供与当时医疗水平相适应的医疗服务，并保障患者的合法权益。

（三）更加重视相关的从给付义务和附随义务的履行

医疗服务合同的履行，除传统的"看病"主给付义务外，从给付义务和附随义务的要求也在提高，相关法律对此逐步进行了系统的规定。医疗说明、出具医学文书、按规范书写病历、及时转诊等从给付义务和通知、协助、保密等附随义务，是主给付义务的重要保障和补充，也直接关系到当事人的利益得失，所以实践中其地位并不因为"从给付""附随"等字眼而降

低，相反却越来越受到重视。如，《民法典》较《侵权责任法》，在"患者隐私"后增加了"个人信息"，也就是说《民法典》颁布实施之前，医疗机构及其医务人员在诊疗活动中仅对患者隐私进行保护即可，而《民法典》颁布后，还需对患者的姓名等个人信息予以保护，并且删除了《侵权责任法》中"造成患者损害"的规定，也就是说只要医疗机构或者医务人员泄露了患者的个人信息或隐私，不管是否给患者造成损害，都应承担侵权责任，对患者隐私和个人信息保护提出了更高的要求，即加重了医疗机构在医疗服务合同中的附随义务。因此，医疗行业需要加强对从给付义务和附随义务的重视程度，从制度上保障落实这些义务的全面合理履行。

（四）信息技术及其法律规制要求医疗行业进一步加强管理

信息技术的快速发展，使医疗服务从医疗机构延伸到网络远程医疗，患者足不出户就可以享受到医疗服务，而且网上挂号等就诊形式的多样性也不断涌现。虽然对于患者来说就诊的便利性增加，但是由于远程和网上医疗的医务人员的水平参差不齐，对相关病历资料及就诊程序、提供医疗服务质量的监管困难，如果远程网上、电话、视频诊疗服务存在违约行为，那么责任主体的确定、证据的取得和保全等问题均有待进一步规范。另外，网络远程诊疗活动还涉及患者个人信息的保护，对此《民法典》虽然进行了明确的规定，但是实践中个人信息泄露情形时有发生，那么在网络远程诊疗活动中如何保护和监管个人信息，保障患者的个人信息不发生泄露、篡改、丢失的情况，也是需要关注的问题，故医疗机构应当对网络远程诊疗加强管理。

（五）全周期医疗要求医疗机构转变服务理念

2020年6月1日实施的《基本医疗卫生与健康促进法》作为我国统筹性的基础性法律，首次提出了全方位全周期的医疗卫生服务，即为公民提供预防、保健、治疗、护理、康复、安宁疗护等全方位全周期的医疗卫生服务。结合《民法典》对人格权的全面保护规定，医疗服务应当将传统的单一的某一个环节的诊疗扩展至从出生到死亡的整个阶段，更注重人的生存质量，也更加关注每个个体，充分展现我国对医疗卫生服务的价值理念，即

"以人民为中心，为人民健康服务"，因此医疗机构必须建立大健康、全周期的服务理念，为患方提供全方位全周期的各种医疗服务。

由于医疗服务合同事关每个人的切身利益，正确界定医疗服务合同的法律定位，对其予以系统完整的法律规范，对预防和解决医疗纠纷、化解社会矛盾、促进医学发展具有重要的意义，我们也希望通过各种案例经验和立法尝试，探讨出符合中国国情需要的医疗服务合同法律规则，并将其纳入《民法典》典型合同，以保护各方当事人的合法权益，促进医患关系更加和谐。

（作者：童云洪、孙俊楠、李富娟）

第七章
无因管理制度及其影响

在《论法的精神》中，孟德斯鸠用"慈母"这样的表述来概括民法"以人为本"的精神气质，描绘民法深厚的人文关怀。在债法领域，坚持尊重意思自治原则，保证每个人自愿、平等地开展民事活动。《民法典》在合同编以专章的形式规定了无因管理制度。将无因管理制度规定在合同编的意义在于弥补意思自治的不足，弘扬互助友爱的良好美德，兼顾社会公共利益。本次《民法典》对无因管理制度的细化，体现了我国向更高水平道德风尚和社会文明的迈进，着眼于医疗行业，也为医务人员坚持生命至上、佑护人民健康的职业理念提供了法律保障。

一、法律规定与理论解析

（一）法条解读

无因管理，是指管理人没有法定或者约定的义务，为避免他人利益受损失而适当管理他人事务，且管理行为符合受益人真实意思的一种法律事实。若管理行为不符合受益人真实意思但其真实意思违反法律或者违背公序良俗的，管理人享有无因管理之债的权利。无因管理的本质是管理他人事务、干预他人私事，因此需要对管理人及管理行为进行严格的规范，在排除管理人行为的侵权性与鼓励互助之间寻求利益衡量，充分发挥无因管理的价值功能是本次立法的本意。

1. 无因管理的认定及法律效果

《民法典》第 979 条规定："管理人没有法定的或者约定的义务，为避免他人利益受损失而管理他人事务的，可以请求受益人偿还因管理事务而支出的必要费用；管理人因管理事务受到损失的，可以请求受益人给予适当补偿。管理事务不符合受益人真实意思的，管理人不享有前款规定的权利；但是，受益人的真实意思违反法律或者违背公序良俗的除外。"该条是对无因管理构成要件及法律效果的规定。

无因管理的构成要件可理解为：（1）管理人没有法定的或者约定的义务；（2）管理他人事务；（3）管理人的管理目的是避免他人利益受损失。在法律效果上，管理人有权就管理行为而支出的必要费用向受益人求偿；管理人因管理行为而受到损失的，有权请求受益人给予适当补偿。

医疗服务中的无因管理，是指医务人员在没有约定或法定义务的情况下，为避免患者生命健康权益受到损害，自愿为患者提供帮助的行为，由此医患之间产生了一种债权债务关系——无因管理之债。

2. 违反受益人意思但其获益

《民法典》第 980 条规定："管理人管理事务不属于前条规定的情形，但是受益人享有管理利益的，受益人应当在其获得的利益范围内向管理人承担前条第一款规定的义务。"本条明确了即使管理人的管理行为违反受益人的意思，出于维护社会公共利益和公序良俗的需要，若受益人获得了利益，依法仍产生无因管理的法律效果，即受益人应当偿还管理人因管理行为而支出的费用，管理人如有损失，受益人应予适当补偿，但都应以受益人所获利益为限。

此处对于受益人意思的判断，并非得到受益人明确的意思表示，而是以平常人的经验推知，符合常识常情常理，即应当认为符合受益人的意思。比如，医院对自杀的人进行紧急救治、对被遗弃的婴儿进行看护照顾，此时即使违背受益人真实意思，被救治的自杀者以及被看护照顾的婴儿的家长仍应偿还医院所支付的相关费用。若受益人对管理人进行了明示，则构成委托合同。

3. 管理人的义务

（1）管理人适当管理及继续管理义务

《民法典》第 981 条规定："管理人管理他人事务，应当采取有利于受益人的方法。中断管理对受益人不利的，无正当理由不得中断。"本条是对管理人适当管理及继续管理义务的规定。"有利于受益人的方法"是指管理实施（过程和方法）要适当，而是否适当，一般从注意义务及管理结果两方面认定。"无正当理由不得中断"主要是为了保护无因管理中的受益人，以防管理人随时退出给受益人带来更大的损害，有违无因管理的立法目的。尤其在医疗行业中，无因管理一般是对于人的生命、健康、身体的管理，若随意中断，可能危及人的生命健康。但是无因管理的性质属于人道主义上的助人行为，不能对管理人过于苛责，无条件地要求其继续进行管理，因此允许管理人在适当的情况下放弃管理。

（2）管理人的通知义务

《民法典》第 982 条规定："管理人管理他人事务，能够通知受益人的，应当及时通知受益人。管理的事务不需要紧急处理的，应当等待受益人的指示。"本条是关于管理人通知义务的规定。在医疗活动中，经常遇见昏迷的患者或者被遗弃的人，此时很难联系到家属。此处的通知，并不要求通知到，而是要求具有通知的动作，并在可能的范围内穷尽通知手段，比如寻求公安部门、街道居委会的帮助。

（3）管理人的结算义务

《民法典》第 983 条规定："管理结束后，管理人应当向受益人报告管理事务的情况。管理人管理事务取得的财产，应当及时转交给受益人。"本条对管理人完成管理行为后的义务进行了规定。首先，管理人应向受益人报告管理的情况包括进展、获益、支出、结果等信息，便于受益人了解他人所管理事务的信息。其次，管理终止后，管理人应及时向受益人交付财产。本条的规定具体到医疗活动中，医务人员应履行告知义务及患者享有知情权相衔接。尤其是涉及手术、特殊治疗、特殊检查的情况还要经过患者或其近亲属的明确同意。一经同意，此时就不属于医疗上的无因管理，而是经追认的自始建立医疗服务合同关系。

4. 管理人的事后追认

《民法典》第 984 条规定："管理人管理事务经受益人事后追认的，从管理事务开始时起，适用委托合同的有关规定，但是管理人另有意思表示的除外。"本条是无因管理与委托合同的衔接。下文将结合对医疗行业的影响进行分析，此处不予赘述。

（二）无因管理制度的立法历史沿革

无因管理作为一项重要的法律制度，在《民法典》颁布之前，《民法总则》和《民法通则》中仅各设一个条文对其进行规定，另还零星存在相关司法解释。

《民法总则》第 121 条规定："没有法定的或者约定的义务，为避免他人利益受损失而进行管理的人，有权请求受益人偿还由此支出的必要费用。"《民法通则》第 93 条规定："没有法定的或者约定的义务，为避免他人利益受损失进行管理或者服务的，有权要求受益人偿付由此而支付的必要费用。"1988 年通过的《最高人民法院关于贯彻执行〈中华人民共和国民法通则〉若干问题的意见（试行）》第 132 条规定："民法通则第九十三条规定的管理人或者服务人可以要求受益人偿付的必要费用，包括在管理或者服务活动中直接支出的费用，以及在该活动中受到的实际损失。"第 142 条规定："为了维护国家、集体或者他人合法权益而使自己受到损害，在侵害人无力赔偿或者没有侵害人的情况下，如果受害人提出请求的，人民法院可以根据受益人受益的多少及其经济状况，责令受益人给予适当补偿。"2003 年发布的《最高人民法院关于审理人身损害赔偿案件适用法律若干问题的解释》第 15 条规定："为维护国家、集体或者他人的合法权益而使自己受到人身损害，因没有侵权人、不能确定侵权人或者侵权人没有赔偿能力，赔偿权利人请求受益人在受益范围内予以适当补偿的，人民法院应予支持。"《民法典》设了六个条文规定无因管理制度，较为完善系统地规范了无因管理法律关系的构成要件及无因管理之债的内容。

（三）无因管理制度的比较法分析

无因管理作为一项民事法律制度可追溯至罗马法。古罗马时期，有法律曾规定凡因出差或作战被俘，如果他的财物被盗，所有市民均可以被害人之名义对窃贼提起盗窃之诉。大陆法系的主要代表国家德国和法国，其无因管理法律制度继受了罗马法。1804 年颁布实施的《法国民法典》，沿用罗马法的叫法，依然将无因管理称为"事务管理"，并且遵循罗马法的处理方式，从准契约的角度来处理无因管理。[1]1900 年《德国民法典》在继承罗马法的基础上，摒弃了从准契约的角度处理无因管理，将其单独规定在委任之后，称之为"无委任的事务管理"，并创设了准无因管理制度，包括误信管理和不法管理等，将其作为特殊债的发生原因单独规定，但又不完全承认其独立地位，将之置于委任契约之后，表明与委任契约之债关系密切。[2]

《法国民法典》和《德国民法典》是大陆法系民法的代表，对其他国家和地区民法典的修订与实施产生了深远的影响。我国台湾地区就深受德国民法典的影响。我国台湾地区"民法"对无因管理的表述在其第 172 条，条文表述为"未受委任，并无义务，而为他人管理事务者，其管理应依本人明示或可得推知之意思，以有利于本人的方法为之"。2000 年我国台湾地区"民法"债编修订时在第 177 条创立了准无因管理制度，规定"管理人明知为他人之事务，而为自己之利益管理者，本人仍可主张适用无因管理"。[3]

在英美法系高度崇尚个人自由的法律氛围下，无因管理属于对他人事务的不正当干涉，英国学者巴里·尼古拉斯指出普通法坚持个人主义的原则，认为不能让一个人为他没有要求得到的服务实行给付，并且认为鼓励提供这样的服务就是在鼓励"多管闲事"。[4]

从英美法系的主流观点看，任何人不得因干涉他人事务而受益，即使这种干涉给该他人带来利益。[5]当然，若干涉他人事务造成他人损失的，应当

---

〔1〕　黄风：《罗马私法导论》，中国政法大学出版社 2003 年版，第 323 页。此处的"无因管理"这一概念在罗马法中并未真正地出现，罗马法中的表述为"事务管理"。

〔2〕　周枏：《罗马法原论》，商务印书馆 2014 年版，第 834 页。

〔3〕　洪学军："无因管理制度研究"，载《池州师专学报》2003 年第 1 期。

〔4〕　"好撒玛利亚人"是基督教文化中一个著名成语和口头语，意为好心人、见义勇为者。它源于《新约圣经》"路加福音"中耶稣基督讲的寓言：一个犹太人被强盗打劫，受了重伤，躺在路边。有祭司和利未人路过但不闻不问。唯有一个好撒玛利亚人路过，不顾教派隔阂善意照应他，还自己出钱把他送进旅店。

〔5〕　沈达明编著：《准合同法与返还法》，对外经济贸易大学出版社 1999 年版，第 269 页。

负担损害赔偿责任。由此可见，在英美法系的传统观念中，并无无因管理存在的基础。

我国作为大陆法系国家，以罗马法为基础并借鉴其他国家及地区的立法经验，建立无因管理制度，同时《民法典》结合我国国情，从法律、经济、道德等多方面，对无因管理制度进行完整系统的规范。

二、典型案例及分析

曾某某、周某某与四川省某妇幼保健院无因管理纠纷[1]
——家长无故将新生儿滞留医院构成无因管理

【基本案情】

2005 年 5 月 15 日，曾某某在四川省的一家医院顺产一男婴。两天后，曾某某与孩子即出院。同月 23 日，曾某某与其丈夫发现孩子颈部有一包块，便带孩子回到该院就诊，经诊断为左锁骨骨折。当日，夫妻二人认为孩子的锁骨骨折系院方在接生过程中造成的，便将其孩子放在该院治疗，半个月后孩子治愈。此后二人要求院方承担其孩子因锁骨骨折而造成的一切后果，但未与院方达成协议，没有交纳任何费用，将其孩子滞留在医院就悄然离院，达一年半之久，医院多次与该夫妻沟通，但该夫妻一直拒绝领孩子回家。孩子滞留医院期间，医院一直负责看护、照顾。夫妻二人称将婴儿滞留在医院，是为了向医院讨一个说法而非遗弃行为，他们并无过错。医院无奈，于 2006 年诉至四川省成都市武侯区人民法院，请求依法判令曾某某和周某某领回孩子自行抚养，并支付无因管理费用 3.5 万余元。

【法院审判】

2006 年 11 月 9 日，四川省成都市武侯区人民法院对这一在当地造成一定影响的无因管理纠纷案件进行一审宣判，医院的诉讼请求法院予以支持。

---

〔1〕 王鑫、陈畅：“因医疗纠纷将婴儿滞留医院被告夫妇被判带回并支付管理费”，载成都法院网，http://cdfy. chinacourt. gov. cn/article/detail/2006/11/id/556379. shtml，最后访问日期：2006 年 1 月 10 日。

法院认为，医院无抚养婴儿的法定或约定义务，而对该夫妻二人的孩子实施了看管，其行为属于无因管理，夫妻二人作为受益人，医院有权要求二人偿付由此而支付的必要费用。而且依照法律规定，未成年人的父母是未成年人的监护人，依法履行对未成年人的监护职责和抚养义务，非因法定的理由，不能由他人代为行使。夫妻二人是孩子的生父母，且具有监护能力，应该将孩子领回自行抚养。

【案例评析】

医院将婴儿的利益放在首位，在没有监护、治疗义务的前提下，对婴儿进行了看管、照顾，充分体现了医疗行业及医务人员珍爱生命、大爱无疆的职业信仰。医院在面对这类问题时，往往处于进退维谷的境地——医院是医疗机构而不是社会福利机构，被遗弃或滞留人员给医院造成了难以负担的经济压力。

本案的焦点在于，医院的行为是否构成无因管理，是否产生相应的法律效果。

本案发生在 2005 年，《民法典》尚未实施，根据当时的法律——《民法通则》第 93 条规定："没有法定的或者约定的义务，为避免他人利益受损失进行管理或者服务的，有权要求受益人偿付由此而支付的必要费用。"医院在没有法定的或者约定义务的情况下，对长期滞留医院的健康婴儿进行适当的看护照顾，符合无因管理的构成要件，因此法院支持医院要求夫妻二人偿付因管理行为而支付的必要费用符合立法本意。该案例维护了医院合法权益，有利于维护正常的医疗秩序，对遗弃被扶养人或通过滞留的方式要挟医院的行为予以警示。

本案中，无因管理的法律效果，体现在管理人的偿还费用请求权。医务人员（或医疗机构）作为特殊的社会群体，没有给患者支付医疗费用或者为健康的婴儿提供看护、照顾的义务。医生对患者进行救治，或者对弃婴进行照顾，维护了患方的生命健康权，这是符合无因管理法律规定的，两者之间形成无因管理之债。根据《民法典》对无因管理制度的规定，在医疗机构及医务人员与患者（被看护、照顾者）之间形成无因管理之债的情形下，支持医疗机构在进行适当的管理后可以向患者（被看护、照顾者）主张合法权利。

三、无因管理制度对医疗行业的影响

（一）《民法典》明确无因管理的构成要件及法律效果，为医疗机构的非义务行为提供法律保障

一种观点认为，在医疗服务过程中，医疗机构与患者之间是一种医疗契约关系，即患者提出就诊的要约，医疗机构根据要约加以承诺。另一种观点认为，医院开业公布治疗范围，视为要约，患者选择医院就诊，视为承诺。此时医疗机构对患者的管理是基于医疗服务合同，应履行相应的义务。医疗服务中对无因管理的认定，要求医疗机构或医务人员没有法定的救治义务或者医疗服务合同中的诊疗义务，为避免患者的生命健康权益受到损害，自愿为患者提供适当的帮助，此时医患之间产生的是无因管理之债，这是一种准契约关系。医疗机构作为管理人具有向受益人主张必要费用的偿还请求权及损失补偿请求权。

由于医疗行为具有保障自然人生命权、身体权、健康权的特殊性，除了医疗服务合同关系，法律规定了医疗机构及医务人员危急情况下的救治义务。《医疗机构管理条例》第 30 条规定"医疗机构对危重病人应当立即抢救。对限于设备或者技术条件不能诊治的病人，应当及时转诊"，《执业医师法》第 24 条规定"对急危患者，医师应当采取紧急措施进行诊治；不得拒绝急救处置"，此时医疗机构对于患者的处置是履行法定义务。

由此，在医疗行业中可以有两种无因管理关系。一种是一般意义上的无因管理关系。例如，无名病人无人支付医药费、部分遗弃在医院的婴幼儿，医院承担了照顾治疗的相关费用等。一种是基于自愿提供诊疗行为形成的医疗无因管理关系。医疗场所外的无因管理，如高铁、飞机等公共场所救治病人的，应该属于无因管理的范畴。

当医患之间产生无因管理之债时，患者应承担以下义务。

第一，偿还必要费用的义务。我国无因管理制度中，"有权请求受益人偿还由此支出的必要费用"的表述在《民法总则》中就有规定。《民法典》

第 979 条第 1 款 "可以请求受益人偿还因管理事务而支出的必要费用" 的规定，具体到医疗行业，体现在患者有义务偿还医疗机构或医务人员因管理患者生命及身体健康而支出的必要费用。支出的费用是否必要，应以支出时的客观情况及医院是否恰当履行管理义务来综合判断，不能依事后的情况确定。即当时的医疗行为是否有利于受益人及是否是适当的管理。若必要费用超出收益，超出部分可看作是管理人的损失。

第二，补偿损失的义务。在损失补偿请求写入《民法典》之前，此规定存在于 1988 年通过的《最高人民法院关于贯彻执行〈中华人民共和国民法通则〉若干问题的意见（试行）》中。这里的 "损失" 是指超出必要费用之外的损失且不包括可得利益，同时必须与管理事务存在因果关系，比如医务人员因救治患者而感染疾病。该补偿责任不是基于患者侵权或债务不履行，债的发生不受患者对该损失有无过错或主观意思的影响。

无因管理制度的立法本意，一方面是弥补个体意思表示缺失，另一方面在于兼顾社会公共利益，弘扬良好的道德风尚，传递社会正能量。在医疗服务中，无因管理的发生一定是为了保障患者的生命或身体健康，医疗机构及医务人员的管理往往有利于本人。由受益人支付救治（包括看护、照顾等非医疗行为）所发生的必要费用，补偿管理人因救治患者造成的损失，符合权利义务相一致原则。

（二）《民法典》明确管理人的义务，有利于评价医疗机构及医务人员的管理行为，体现了公平正义的法律精神

1. 受益人真实意思的判断

在医疗服务中，无因管理是对人的生命及身体健康的管理，一般不违反本人的真实意思。除基于法定的紧急救治义务或患者明确的就医意思表示，如医疗机构或医务人员对因迷信不愿进医院的患者进行治疗，对自杀的人进行救治等违反本人意思的管理行为；或者对本人的真实意思违反法律或者公序良俗的事务进行管理，如医院照顾被父母遗弃在医院的婴儿，管理行为保护患者生命身体健康权使本人受益，因此构成无因管理，从而产生无因管理的法律效果。

如患者因宗教信仰而拒绝输血，且当医务人员可明确推知患者有拒绝输血的意思表示时，非紧急情况（危及生命），违反患者真实意思造成患者损害的，医务人员应承担相应责任。而紧急情况下输血，可适用《民法典》第1005条法定救助义务的规定。

2. 正确理解医疗机构及医务人员尽到适当管理的义务

这里仅论述医疗行为的适当性，看护、照顾等非医疗行为，按一般情况下的无因管理认定。一般情况下，从注意义务及管理结果两方面认定"适当"。但在诊疗活动中，是否尽到注意义务，往往着眼于医疗机构或医务人员的诊疗行为是否符合相关法律法规及诊疗常规，及是否与当时的医疗水平相适应。关于管理结果的判断标准，医疗行业具有特殊性。在诊疗活动中，强调的是过程义务而不是结果义务，因此关于"管理结果"不能以疾病治愈或伤情的结果来判断，而是以"诊疗行为的完成"作为"管理结果"。同时，医疗机构及医务人员无正当理由不能中断管理，尤其是对需要持续治疗的患者，随意中断治疗可能造成其身体损害或危及其生命。

在诊疗活动中，医生具有医疗决策权，决定具体采取什么样的方法才是"有利于受益人的方法"。根据《民法典》第1219条第1款的规定，医务人员在诊疗活动中应当向患者说明病情和医疗措施。需要实施手术、特殊检查、特殊治疗的，医务人员应当及时向患者具体说明医疗风险、替代医疗方案等情况，并取得其明确同意；不能或者不宜向患者说明的，应当向患者的近亲属说明，并取得其明确同意。该条是指在实施手术、特殊检查、特殊治疗时，患方享有知情同意权。没有取得明确同意，医务人员无权实施上述医疗行为，生命垂危等紧急情况除外，不在此章节论述。因此，进行常规检查、常规治疗，是符合"有利于受益人的方法"的规定的，但实施手术、特殊检查、特殊治疗时，未取得患者或近亲属的明确同意，除紧急情况外，不能认定为是有利于受益人的方法。

3. 医疗机构及医务人员应尽到通知、报告义务

管理人开始管理时，在可能和必要的情形下，应履行通知受益人的法定义务。同时由于医疗行为的特殊性，患者接受治疗时享有知情权，尤其是接

受手术、特殊检查、特殊治疗等有创或治疗风险较高的非常规诊疗，患者属于自甘风险，此时为了充分保障患者的知情同意权，医疗机构履行通知义务显得尤为必要。

医疗服务中发生的无因管理，多数情况是由于患者本人昏迷，无法作出意思表示或者患者是未成年人、精神病人等无民事行为能力人或限制民事行为能力人，医方无法与患者之间建立正常的医疗服务合同。此时，医疗机构及医务人员及时通知患者的近亲属（包括配偶、父母、子女）或监护人，应理解为已经尽到了通知义务。

同时，在完成管理行为后，医疗机构及医务人员有必要及时、详尽地向患者说明病情及已经或需要采取的医疗措施；对进行看护管理的受益人报告其身体情况。

（三）无因管理制度中的事后追认与医疗服务合同规则的衔接

《民法典》第 984 条对事后追认的规定，很好地将准契约关系与契约关系进行了衔接。在医疗行业中，当医疗机构及医务人员对被遗弃的老人婴儿实施看护、照顾等非医疗行为，有赡养义务的人或监护人进行事后追认的，可以适用委托合同的有关规定。当医疗机构及医务人员自愿对失去意识或不具备意思表示能力的人实施医疗行为，患者及其近亲属事后追认的，成立医疗服务合同关系。医疗服务合同在本书中另外章节进行了详细的论述，此处不再赘述。

综上所述，立法总是寻求公正的行为秩序，以合理地平衡各参与人的利益。《民法典》系我国首次专章详设无因管理制度，其意义不容低估。无因管理制度对人的意思自治和社会公益、道德进行权衡，内含道德、经济、法律等多方面考量。着眼于医疗行业，《民法典》对无因管理制度的系统性规范也有重要意义，为医务人员坚守珍爱生命、大爱无疆的高尚情操提供了法律保障，为培养医务人员的社会责任感和使命感提供了坚实后盾。可见，《民法典》尊重生命、关爱健康，充分体现了我国以人为本、立法为民的立法理念及人文主义的立法思想。

（作者：邓利强、苗玉敏）

第八章
人格权编对医疗卫生健康领域的回应

人格权编是《民法典》的最大亮点和最重要创新，不仅弥补了世界民法典体例的不足，而且弘扬了现代私法的人文精神。人格权编积极回应医疗卫生健康领域的新情况、新矛盾，新增关于生命尊严权、自主决定权、身体自由权、健康维护权、个人信息保护权的规定，旨在理性解决医学技术进步对人的尊严和自由的冲击，为医疗卫生健康事业和产业的高质量发展指明了前进方向，提供了制度保障。

一、人格权编回应医疗卫生健康领域的时代之问

第一，人格权编的基本制度回应了保护人格尊严和人格自由的时代关切。人格权立法最根本的是使人之为人，尊重和保护人的权利。人格权编通过积极确权模式保护人格权，是适应网络社会、信息社会、科技社会、风险社会和商业社会发展的需要，[1]将社会主义核心价值观融入《民法典》，用社会主义核心价值观弘扬传统美德、倡导契约精神、增强规则意识，为我国的民事法律制度注入了强大的精神动力。[2]在医疗卫生健康领域，人格权编回应了医学科技创新对维护健康带来的挑战。

第二，人格权编升华和凝练了中华人民共和国成立以来人格权保护的司

---

〔1〕 王利明："人格权的积极确权模式探讨——兼论人格权法与侵权法之关系"，载《法学家》2016 年第 2 期。

〔2〕 张荣顺："具有鲜明中国特色的民法总则"，载《中国人大》2017 年第 19 期。

法经验。[1]《民法通则》实施以来，司法机关积极对既有人格权法律规范进行创造性地适用，积累了丰富的典型案例和鲜活的中国经验，颁布了一系列切实可行的关于人格权益的司法解释，加强了物质性人格权和精神性人格权的保护力度，对人格权内容确认和保护的法律适用规则形成了完整的体系，为我国人格权保护、我国民事主体人格权的全面实现作出了重要贡献，突出表现在生命权、健康权和身体权保护方面，确定非法侵害生命权、健康权、身体权，造成精神痛苦损害的可以请求精神损害赔偿，尤其是对身体权的非法侵害可以请求精神损害赔偿，对物质性人格权保护很有意义，实现了精神损害赔偿范围从精神性人格权向物质性人格权的发展，是人格权司法保护的重要进步。[2]司法解释将姓名、肖像、荣誉、隐私以及死者的遗体等人格要素进行保护的规范延续和汇集于人格权编，对维护死者的人格利益、保护生者的人格尊严，对合理解决医疗场所发生的死者人格权纠纷和切实维护医疗秩序都具有重要意义。

　　第三，人格权编总结和传承了我国改革开放以来人格权立法的经验。1986 年通过的《民法通则》第五章第四节专门规定了"人身权"，其基本内容就是人格权（不含身份权），只有 8 个条文，人格权种类也有限，但体现了对人格权立法价值的高度重视。《民法总则》初步构建了我国《民法典》人格权编的内在体系。首先，《民法总则》第 2 条关于民法调整对象的规定将人身关系置于财产关系之前，凸显了对人身权的重视，也为人格权独立成编提供了充分的依据。其次，《民法总则》第 109 条"自然人的人身自由、人格尊严受法律保护"的规定为一般人格权类型化提供了法律依据；第 110 条对具体人格权的列举为回应社会发展变化留下了更多法律空间；第 111 条对个人信息保护规则作出了规定，顺应了互联网、大数据时代的需要。[3]这些规定都突出了对人格尊严和人格权的保护，也提出了编纂《民法典》人

---

　　〔1〕 王利明："人格权的积极确权模式探讨——兼论人格权法与侵权法之关系"，载《法学家》2016 年第 2 期。

　　〔2〕 陈现杰："人格权司法保护的重大进步和发展"，载《人民法院报》2001 年 3 月 28 日，第 3 版。

　　〔3〕 王利明："论我国《民法总则》的颁行与民法典人格权编的设立"，载《政治与法律》2017 年第 8 期。

格权编的现实要求，从而实质性地揭开了我国《民法典》分则编纂和通过人格权编完善与细化《民法总则》的进程。[1]这些具有鲜明中国特色的人格权确认和保护的立法经验，既改变了我国司法实践只保护生命权、健康权等物质性人格权的现状，丰富了具有中国特色的人格权法理论体系，也为在立法中进一步提炼和升华为稳定的人格权法律规范奠定了立法基础，使生老病死涉及的人格尊严问题有法可依。

第四，借鉴了域外民法典立改废在医疗卫生健康领域的成果。国外人格权两百年流变的历史经验表明，人格权保护一直是法制变革和创新的重要原动力。从比较法来看，不同立法体例的民法典都在积极尝试在人的生老病死问题上的立法突破。如《法国民法典》1970年和1994年修正案关于"尊重私生活"和"尊重身体完整性"的规定适应和体现了医学技术和遗传学研究成果的立法需求。《瑞士民法典》1982年修正案关于"患者处分"和"关于医疗措施的代表权"的规定满足了患者自主决定医疗事务的需要，充分反映了民法对患者人格权的特殊关怀。《意大利民法典》也在总则中规定了人格权，并在第5条特别规定了身体权支配权的限制。[2]1960年《埃塞俄比亚民法典》首次确立"人身的完整性""处分人身行为的可撤回性"和"医疗检查与治疗"问题，积极回应了医疗卫生健康方面的新问题新现象。《巴西新民法典》总则部分人编中对"自然人"做了大幅调整，并在第13条至第15条规定了器官移植、医学研究和紧急治疗规则。[3]显然，这些规定都源自医学进步的挑战和健康权保护的需求。

总之，《民法典》人格权编立足中国国情，坚持问题导向，及时总结改革开放40多年来的立法成就和司法经验，不断提高相关人格权保护的针对性、有效性和适应性，以法典化方式巩固、确认和发展法治建设成果，并努力发挥引领、推动、保障健康中国建设的积极作用。

---

[1] 王叶刚："民法典人格权编的规则设计"，载《政治与法律》2017年第8期。
[2] 费安玲、丁玫、张宓译：《意大利民法典》，中国政法大学出版社2004年版，第11页。
[3] 齐云译：《巴西新民法典》，中国法制出版社2009年版，第4~5页。

二、主要法条与创新制度及其现实意义

人格权是民事主体最基本的权利，是民事主体对其特定人格利益享有的权利，关系到每个人的人身自由和人格尊严。人格尊严彰显人的主体性，以人为本，使之为人，不以人为手段或被支配的对象。人格自由在于根据意思自治原则使人依据自我意愿实现自我、形塑自我和发展自我。[1] 人格权编触及领域深、涉及范围广，主要内容和制度创新为六个方面。

第一章是一般人格权制度（共计 13 条）。一是明确人格权的定义（第 989 条）、内容和类型（第 990 条）。二是规定民事主体的人格权受法律保护，任何组织或者个人不得侵害（第 991 条），人格权不得放弃、转让或者继承（第 992 条）。三是规定死者人格利益的民法保护（第 994 条）。四是明确规定侵害人格权的特别保护和救济方式，包括人格权请求权、诉前禁令、利益衡量和精神损害赔偿等特色制度（第 995 条至第 1000 条），努力与侵权责任编妥实衔接，紧密配合。

第二章是生命权、身体权和健康权制度，并对社会广为关注的热点难点实践问题作了有针对性的规定（共计 10 条）。一是为促进医疗卫生健康事业的发展，吸收《人体器官移植条例》等相关行政法规的经验，确立了器官捐献的基本规则，鼓励遗体和人体器官捐献的善行义举（第 1006 条和第 1007 条）。二是为规范与人体基因、人体胚胎等相关医学和科研活动，明确规定开展此类活动应当遵守的规则（第 1008 条和第 1009 条）。三是在总结既有立法和司法实践经验的基础上，规定了近年来引起社会关注较多的性骚扰问题，明确了性骚扰的认定标准以及相关单位（机关、企业、学校等）防止和制止性骚扰的义务（第 1010 条）。总之，人格权编定义了生命权，增设了身体权，拓展了健康权，这些人格权制度在一定程度上为医疗机构实施医疗行为划定了行为的边界，也为关系生命权、身体权和健康权的法定救助义务、人体组织捐献、药物临床试验、医学研究活动、医疗场所性骚扰等问题给予立法回应，体现了人格权编的人文关怀品质。

---

〔1〕 申卫星："社会进步、人的发展与中国民法典"，载《中国人大》2020 年第 9 期。

第三章是姓名权和名称权制度，并规定了民事主体尊重和保护他人姓名权、名称权的基本义务（共计6条）。一是明确规定自然人决定和选取姓氏的规则（第1015条），法人、非法人组织决定、变更、转让名称的规则（第1016条）。二是明确规定，具有一定社会知名度，被他人使用足以造成公众混淆的笔名、艺名、网名等，参照适用姓名权和名称权保护的有关规定（第1017条）。

第四章是肖像权制度（共计6条），规定了肖像权的权利内容以及肖像许可使用规则，明确禁止侵害他人肖像权。一是针对利用信息技术手段伪造他人肖像，侵害他人人格权益，甚至危害社会公共利益等问题，规定任何组织或者个人不得利用信息技术手段伪造等方式侵害他人的肖像权（第1019条第1款）；并明确对自然人声音的保护，参照适用肖像权保护的有关规定（第1023条第2款）。二是为了平衡肖像权保护与公共利益维护之间的关系，规定了肖像权合理使用的规则（第1020条）。三是从有利于肖像权人利益保护的角度，规定了肖像许可使用合同的解释、解除等规则（第1021条、第1022条）。

第五章是名誉权和荣誉权制度（共计8条）。一是为了平衡个人名誉权保护与新闻报道、舆论监督之间的关系，规定了行为人实施新闻报道、舆论监督等行为涉及的民事责任承担，以及行为人是否尽到合理核实义务的认定等（第1025条、第1026条）。二是规定民事主体有证据证明报刊、网络等媒体报道的内容失实，侵害其名誉权的，有权请求更正或者删除（第1028条）。

第六章是隐私权和个人信息保护制度（共计8条），是在现行有关法律规定的基础上，进一步强化对隐私权和个人信息的保护。一是规定了隐私和隐私权的定义（第1032条），列举了侵害他人隐私权的六种具体行为（第1033条）。二是明确了个人信息的定义，规定了处理个人信息应遵循的原则和条件（第1034条、第1035条）。三是构建自然人与信息处理者之间的基本权利义务框架，明确了处理个人信息不承担责任的特定情形，合理平衡保护个人信息与维护公共利益之间的关系（第1036条至第1038条）。四是规定了国家机关及其工作人员保护自然人隐私和个人信息的法律义务（第1039条）。

以上规定和制度作为人格权编的最重要创新，彰显了人格权编在《民法典》体系中的独特价值和重要地位,对医疗卫生健康事业的重点关注和制度创新意义重大。第一,在七编制体例中,将人格权提升到与物权等量齐观的高度,而且将既往人格权制度进行了系统的整合,不仅拓宽人格权保护的广度和深度,完善了人格权保护和救济的手段,而且为保护患者人格尊严提供了制度依据和发展空间。第二,在体系结构上,完善了《民法典》的逻辑体系,使《民法典》的逻辑结构更为周延与完备。人格权独立成编,自成一体,规定了一般人格、具体人格和其他人格利益保护三个部分,构筑了"总则—分则—兜底"的三段式体系,坚持了人格权立法的系统性和开放性的严谨态度,满足了人格权保护的稳定性和前瞻性的动态发展需要,为尚未取得法定权利名称的胎儿和死者人格利益等提供了合理的救济与保护,使得我国人格权编具有既逻辑自洽又兼容并蓄的与时俱进品格。第三,在规范设计上,作为一般人格权和具体人格权的权利宣示,人格权编为民事主体提供了行为规范,规定了权利人行使权利的边界(比如生命权和身体权原则上不得抛弃、转让和继承)和义务人的具体法律义务(如不得泄露或者篡改其收集、存储的患者个人信息),同时也大量吸收最高人民法院相关司法解释中被司法实践证明行之有效的裁判规则(如尸体器官的归属和处分规则),使法官适用法律更加便利、准确。第四,在权利构造上,按照权利法定模式,既列举了成熟的、典型的具体人格权,包括生命权、身体权、健康权、姓名权、名称权、肖像权、名誉权、隐私权等,又根据《宪法》第 37 条和第 38 条关于人身自由和人格尊严的规定,《民法典》第 990 条第 2 款确立了我国的一般人格权制度,明确了自然人享有"基于人身自由、人格尊严产生的其他人格权益",实现了以法典的方式规范保障人格尊严的制度构建,顺应了当前世界范围内普遍重视和依法保障人权的历史趋势,符合党的十九大报告提出的保护人格权与人身权、财产权的执政理念,对落实宪法人格尊严条款民法化具体化,具有重要的里程碑意义。第五,《民法典》人格权制度把权利宣示、行为规范和裁判规则三者合而为一,不仅为民事主体在民事活动中尊重和保护人格权提供了严密的行为规范,为人民法院审理涉及人格权益纠纷案件提供了具体的裁判规则,而且为国家治理体系与治理能力现代化奠定了制度基础，[1]有利于唤起各类主体在国家治理中"规范公权、保障私权"的法治自觉，自觉践行以人格自由和人格尊严为中心的价值观，包括以人民健康为中心的物质性人格权立法观。

总之，人格权编的主要创新制度不仅规定了明确的人格权利和行为规范，也提供了完备的救济规则和裁判指引，使人格权编兼具权利保护和权利救济的双重功能，从而保证了人格权编内部的周延性及整个民法典的系统性。这些新制度作为"社会生活的百科全书"的重要组成部分，为更好地实现人的全面发展以及护航人民的美好生活提供了坚实的制度保障，也将在实现全民健康中推动健康中国建设。就医疗卫生健康领域而言，人格权编从各个层面或多或少地解决了人体器官捐献和医学研究活动等焦点问题，为满足人民群众对美好健康生活的需要提供了强有力的法治保障，将对医疗卫生事业和健康产业的发展产生深远影响。

三、典型案例及分析

李某、冉某等诉北京某医学研究公司、北京某大学、广州某三甲医院药物临床试验合同损害责任纠纷案

【基本案情】

2012年8月18日，患者冉某某因"言语不清1小时，伴左侧肢体乏力"入广州某医科大学附属医院内科，诊断为"脑血栓形成（右侧颈内动脉系统），高血压病2级，极高危，高脂血症"，家属李某表示理解并签字同意溶栓治疗。经反复沟通说明，患者及家属签署《受试者知情同意书》及《受试者代理人知情同意书》，自愿参加由北京某医学研究公司资助、北京某大学生物医学伦理委员会审查通过，并在广州某三甲医院实施的"改进高血压管理和溶栓治疗的卒中研究"药物临床试验项目，进行静脉溶栓治疗。同年8月25日，患者治疗无效死亡，经尸检鉴定死因为大面积脑梗塞和脑疝形成。

---

〔1〕 孙宪忠："民法典是对国家治理体系和治理能力现代化的重要提升"，载《中国法律评论》2020年第3期。

死者家属李某、冉某已就同一诊疗事实以医疗损害责任纠纷为由向法院起诉广州某三甲医院，要求该院承担医疗损害责任并胜诉。生效判决认定该医院未履行充分告知说明义务，延误患者接受溶栓治疗。《受试者知情同意书》载明："……如果由于参与本研究导致您受到损伤或者出现了并发症，您应该尽快和研究医生取得联系，他们将帮您安排合适的医学治疗。除此之外，本研究资助方已提供保险。当发生研究相关的伤害时，将由研究资助方和相应的保险公司，依据相关保险和赔偿条款，提供相应的免费医疗和补偿……本知情同意介绍和知情同意书已经由北京某大学生物医学伦理委员会批准，该研究在本医院的实施已经由伦理委员会批准。"北京某医学研究公司没有以患者为被保险人或受益人购买保险，但其海外母公司以北京某医学研究公司为被保险人购买了责任保险。李某、冉某根据该条款起诉，请求北京某医学研究公司承担违约责任 150 000 元；北京某大学和广州某三甲医院承担连带责任。

【法院审判】

一审判决驳回李某、冉某的诉讼请求。李某、冉某不服，提起上诉。二审判决认为，受试者冉某某与北京某医学研究公司之间成立药物临床试验合同关系。申办者提供给受试者的知情同意书等文件属于格式条款应当适用格式条款的解释规则。申办者没有依照 2003 年《药物临床试验质量管理规范》第 43 条与知情同意书等文件为受试者购买保险用于补偿的，违约事实足以认定。受试者在临床试验过程中发生伤残、死亡后果而不能得到保险补偿的，应当由申办者承担未购买保险所致的违约责任。申办者的违约责任的赔偿范围以受试者固有权利所受损害为限。据此判决：李某、冉某诉北京某医学研究公司承担赔偿责任的上诉理由成立，北京某医学研究公司向李某、冉某赔偿292 765.75元，同时驳回李某、冉某请求北京某大学、广州某三甲医院承担连带责任的上诉请求。

【案例评析】

本案是关于上市药物临床试验的典型案件，对《民法典》实施后准确界定人体临床试验中的权利义务关系和正确适用法律具有一定的参考意义。人体临床试验所涉关系复杂，既有基础性的医疗服务合同关系又有药物临床试验合同关系，第一个法律关系重点评判医疗机构是否存在医疗过错；第二个法律关系重点评判受试者（患者）所受损害是否与临床试验有关。纠纷发生后既有侵权责任又有违约责任，会产生侵权责任和违约责任的竞合问题。本案尤其复杂，仅在涉及药物临床试验合同关系的认定问题上就牵涉多个复杂的法律关系。在这个多中心的研究中，涉及资助者（海外资助者与国内代表机构）、申办者、实施者、医学伦理委员会、研究者以及受试者等多个权利义务关系的认定。二审判决详细阐述了药物临床试验法律关系的复杂性和风险性，对指导人体临床试验受试者权益保护以及防范人体临床试验法律风险具有重要的参考价值。[1]

（作者：申卫星、杨芳）

---

[1] 杨立新主编：《中华人民共和国民法典释义与案例评注·人格权编》，中国法制出版社 2020 年版，第 108 页。

第九章
身体权制度及其影响

　　自然人人体组成部分捐献直接关乎自然人的生命身体健康以及人格尊严，是关涉公民基本权利和生命伦理的重大命题，应由具有基本法律效力位阶的《民法典》进行规定。《民法典》施行前，我国有关自然人捐献人体组成部分主要由《人体器官移植条例》等相关行政法规、规章规定。《民法典》施行后，其第1006条、第1007条为此类案件提供了直接法律渊源，标志着我国对人体器官捐献与移植的立法，已经取得了很大的进展，对民事司法实践具有极大的指导意义。

一、法律规定与理论解析

（一）法条解读

　　古人云："死生亦大矣。"器官移植，是为救治器官损坏、病变及功能衰竭的患者，从自愿捐献器官的供体身上分离所需器官后植入患者体内的医疗行为，其中所涉及的问题十分广泛和复杂，并不仅仅局限在移植技术等医学领域，更牵涉法律、道德伦理等问题。《民法典》第1006条、第1007条从自然人捐献人体组成部分的基本规则、禁止买卖人体组成部分两方面为人体器官捐献与移植提供了法律指引。

　　1. 自然人捐献人体组成部分的基本规则

　　《民法典》第1006条规定："完全民事行为能力人有权依法自主决定无

偿捐献其人体细胞、人体组织、人体器官、遗体。任何组织或者个人不得强迫、欺骗、利诱其捐献。完全民事行为能力人依据前款规定同意捐献的，应当采用书面形式，也可以订立遗嘱。自然人生前未表示不同意捐献的，该自然人死亡后，其配偶、成年子女、父母可以共同决定捐献，决定捐献应当采用书面形式。"本条是对自然人捐献人体组成部分基本规则的规定。捐献人体细胞、人体组织、人体器官、遗体是关涉自然人生命身体健康和人格尊严的重大决定，应当遵循自愿、无偿的原则。行为人应当年满 18 周岁且具有完全民事行为能力，任何组织或者个人不得摘取未满 18 周岁公民的活体器官用于移植。自然人享有捐献或者不捐献其人体组成部分的权利；任何组织或者个人不得强迫、欺骗或者利诱他人捐献人体组成部分。自然人捐献其人体组成部分应当有书面形式的捐献意愿，对已经表示捐献其人体组成部分的意愿，有权予以撤销。自然人生前表示不同意捐献其人体组成部分的，任何组织或者个人不得捐献、摘取该公民的人体组成部分；自然人生前未表示不同意捐献的，该自然人死亡后，其配偶、成年子女、父母可以以书面形式共同表示同意捐献的意愿。[1]

2. 禁止买卖人体组成部分

《民法典》第 1007 条规定："禁止以任何形式买卖人体细胞、人体组织、人体器官、遗体。违反前款规定的买卖行为无效。"任何人体细胞、人体组织、人体器官以及遗体，都是人的身体组成部分，都不是交易的对象。对于人体器官、人体细胞等人体组成部分的捐献体现了当事人对自己身体权、健康权的处分权能，即自我决定权的体现；对于买卖人体细胞、人体组织、人体器官、遗体的禁止即法律对于以上人格利益商业化利用的限制。

（二）身体权制度的立法历史沿革

我国既往有关涉及器官捐献和移植的立法主要集中于刑法和行政管理法的层面。2006 年，卫生部出台了《人体器官移植技术临床应用管理暂行规

---

〔1〕 杨立新主编：《中华人民共和国民法典释义与案例评注》，中国法制出版社 2020 年版，第156 页。

定》，确立了器官移植机构实行技术准入制度；2007 年，国务院颁布了《人体器官移植条例》并在全国范围内实施。该条例重申了我国器官移植必须遵循世界卫生组织关于人体器官移植的指导原则，借鉴了国际上其他国家及地区的人体器官移植法律法规，对涉及人体器官移植过程的行政管理事项作出了规定。该条例的颁布和实施，标志着我国器官移植进入法制化、规范化的发展阶段。2011 年，我国又公布了《刑法修正案（八）》，将器官买卖列入刑法的打击范围，增加"器官买卖罪"，加强了器官捐献和移植领域的法制化建设。2017 年 5 月，修订后的《红十字会法》开始实施，明确要推动器官捐献工作，探索了慈善机构等开展人道主义救助的机制。但是上述法律法规未在民事领域针对涉及人体器官捐献和移植的情形进行规范，未从民事平等主体的权利保护和救济视角作出明确规定。《民法典》第 1006 条及第 1007 条对自然人捐献人体器官的基本规则、禁止买卖人体组成部分的规则进行了规定，为我国人体器官捐献和移植提供了民事基本法依据，体现了《民法典》对人从生到死的终极人文关怀，是我国人体器官捐献与移植法治化进程中的一座里程碑。

（三）身体权制度的比较法分析

在美国，规制人体器官捐献和移植的主要有两套法律体系，一是 1968 年颁布的《美国统一遗体捐献法》（Uniform Anatomical Gift Act，UAGA），二是 1984 年出台的《美国国家器官移植法》（National Organ Transplant Act，NOTA）。上述两部法律是美国进行器官捐献和移植的主要依据，调控着整个美国器官捐献和移植运行系统并为其提供法律保障。《美国统一遗体捐献法》规定了捐献者范围、捐献条件、捐献原则、有权决定遗体器官捐献的近亲属范围、近亲属在行使决定权时的具体规则、捐献形式（遗嘱、书面材料以及捐献卡等）、死者遗体的保护、补偿机制等一系列内容。[1]《美国国家器官移植法》则侧重于对整个美国器官捐献和移植运行系统及管理机构的调控。

欧洲于 20 世纪中期就认识到了人体器官移植供求之间的不平衡，意识

---

〔1〕 Siegel, Laurel R, "Re-Engineering the Laws of Organ Transplantation", Emory Law Journal, Vol. 49, No. 3, 2000, pp. 917, 919-921.

到人体器官移植供需不平衡的问题不能仅靠一国来解决，而需要国际关注和适当合作。1987 年，欧洲理事会成员卫生部长会议提出合作发展器官移植手术，以拯救成千上万人的生命，会议指出，应大力开展器官移植重要性的宣传，让人们懂得"将能成活的器官带进坟墓是一种社会犯罪"。

欧洲一些国家立法特别规定禁止未成年人活体捐赠器官，如葡萄牙、希腊、罗马尼亚和俄罗斯。欧洲也有一些国家允许未成年人在满足预设的条件时捐赠器官。如在挪威，18 岁以下的未成年人可以同意捐赠器官，但要有特别的理由，同时要得到监护人、对未成年人行使亲权与照顾责任的人以及卫生事务局（the Directorate of Health Services）的准许或批准。在法国，未成年人的器官捐赠对象仅限于兄弟姐妹之间，未成年人的法定代理人必须同意，同时，要得到三名专家组成的委员会授权准许捐赠，还要尽可能地尊重未成年人的意愿，如果未成年人反对，捐赠不能进行。在丹麦，一个无同意行为能力的未成年人捐赠器官只要父母同意即可。在荷兰，12~18 岁的未成年捐赠者只能捐赠器官给其一亲等或二亲等血亲。英国法律将无民事行为能力未成年人的捐赠限制在亲近的基因相关的亲属，同时捐赠者需要理解医疗手术的性质和风险，且同意捐赠器官。

日本的器官捐献和移植工作的历史发展过程与欧美等西方国家相比较为缓慢，可以说是步履维艰。日本国内捐献率较低的主要原因之一是日本国民对待器官移植方面的伦理观，这些关于生死的伦理观念直接影响着日本器官捐献的同意模式。无论是 1997 年颁布的《日本器官移植法》还是 2009 年修订的《日本器官移植法》，都赋予捐献者家属决定捐献死者器官的权利，摘取捐献者遗体器官必须要得到家属的同意。在采用何种标准判定捐献者死亡的问题上，日本法律同样十分尊重家属的意见，若采用"脑死亡"判定标准，需要家属的书面同意，或者至少家属没有拒绝。日本的器官捐献同意模式明显属于"告知同意"模式，但是此种"告知同意"赋予捐献者家属极大的决定权。

二、典型案例及分析

范某甲等诉某医院等医疗服务合同纠纷上诉案[1]
——器官捐献合理补偿原则

【基本案情】

范某甲系范某某之妻，范某乙系范某某之女，范某丙、范某丁系范某某之子。范某某于 2016 年 3 月 5 日因尿毒症至某医院进行同种异体肾移植手术，术后出现移植肾功能延迟恢复情况，范某某于 2016 年 11 月 7 日至某医院住院 33 天，后于 2016 年 12 月 11 日死亡。

范某甲等称，范某某在进行肾移植前向某医院支付了肾源费 35 万元，后某医院退回 14 万元，起诉请求：（1）判令某医院、医生王某返还肾源费 21 万元；（2）判令某医院、医生王某支付自 2016 年 3 月 7 日开始至肾源费全部返还之日止的利息（以 21 万元为基数，按照同期贷款利率计算）；（3）诉讼费由某医院、医生王某负担。

【法院审判】

一审法院认为，依法成立的合同，对当事人具有法律约束力，当事人应当按照合同约定履行自己的义务。王某系某医院医生，事发时系履行职务行为，故相应的责任应由某医院承担。我国现行的器官移植法律制度倡导自愿、无偿的器官捐献原则，明令禁止器官买卖，但并未禁止接受器官一方对供体家属自行进行补助。一审法院驳回范某甲等全部诉讼请求。二审法院认为，民事主体从事民事活动，应当遵循诚信原则，恪守承诺，不得违反法律，不得违背公序良俗。范某甲等自愿申请做肾移植手术，并且某医院已经向范某某家属告知要获得肾源进行肾脏移植需向供体提供部分经济补偿，范某甲等同意并自愿缴纳 35 万元，此笔款项系范某甲等对供体的经济补偿，某医院在找到供体完成手术后已履行了应尽义务。范某甲等要求返还肾源费

---

[1]　北京市海淀区人民法院（2017）京 0108 民初 33106 号民事判决书。

并支付相应利息的诉讼请求于法无据，二审法院维持原判。

【案件评析】

根据《民法典》第 1006 条，我国对于人体细胞、人体组织、人体器官、遗体的利用只允许通过无偿捐献的方式进行。《民法典》第 1007 条则明文规定，"禁止以任何形式买卖人体细胞、人体组织、人体器官、遗体"。但是，我国器官移植的供需矛盾十分尖锐。根据国家卫健委统计，我国每年因器官衰竭而需要接受器官移植的患者大概在 30 万人，而实际能够接受移植的患者仅为 1 万人左右。实际上，无偿原则与合理补偿原则并不矛盾。所谓合理补偿原则，是建立在无偿自愿基础上，是对无偿自愿捐献原则的合理有益的补充，其目的旨在通过为供者提供一定的物质、名誉或精神嘉奖，让其充分感受到社会对其行为的认可，合理补偿是对供者捐献行为的进一步肯定，与追求利润的器官交易是截然不同的。本案裁判以尊重现实社会习惯的开放心态，直面我国在人体组成部分医疗资源短缺方面的问题，支持了受体一方对供体家属自行进行补助的做法，值得肯定。[1]

三、身体权制度对医疗行业的影响

《民法典》对人体器官捐献作出明确规定，顺应了社会观念的变化，在一定程度上有利于弥补目前器官捐献和器官需求之间的巨大缺口，从而拯救更多的生命。但是，就具体制度而言，《民法典》的规定尚有完善的余地。从人体器官捐献的主体资格、人体器官捐献和移植的激励机制和监督机制来看，未来还需要在制定相关司法解释、单行法、行政法规、规章的过程中，进一步细化相关规定，落实和完善人体器官捐献和移植的相关规则。目前，对于《民法典》的现行规定，在法律适用的过程中应当注意以下几点。

---

〔1〕 杨立新主编：《中华人民共和国民法典释义与案例评注》，中国法制出版社 2020 年版，第 156 页。

（一）《民法典》明确了我国人体器官捐献的"告知同意"模式

根据人体器官捐献是否需要本人表达同意，世界上有人体器官捐献和移植法规的国家基本可以划分为两种同意模式，一种是"告知同意模式"（又称为表达同意或知情同意，express or informed consent），在法学术语上，表达的同意在器官获取程序中被称为"选择进入"（opt-in）模式。在此模式下，个人必须在生前自愿地选择是否捐献器官，如果个人生前没有自愿表达捐献器官（未进行捐献书面登记），就不能在其死后摘取其器官用于移植手术。[1]与"告知同意模式"相对应的是"推定同意模式"，也称为"选择退出模式"（opt-out）。在选择退出模式中，个人被推定为愿意在其死后捐献遗体器官，除非其肯定地表示拒绝捐献器官，医生可以在其死后摘取其遗体器官。在这种立法模式下，个人自出生时起便被预先推定为潜在的器官捐献者。[2]从法理上考量，"推定同意"显得有些偏激甚至极端，因为"推定同意"强加给所有公民一个登记退出的义务，否则便视为同意捐献器官，这种立法是对"私人自治"这一法律原则的侵犯。

我国《民法典》第1006条规定："完全民事行为能力人有权依法自主决定无偿捐献其人体细胞、人体组织、人体器官、遗体。任何组织或者个人不得强迫、欺骗、利诱其捐献。完全民事行为能力人依据前款规定同意捐献的，应当采用书面形式，也可以订立遗嘱。自然人生前未表示不同意捐献的，该自然人死亡后，其配偶、成年子女、父母可以共同决定捐献，决定捐献应当采用书面形式。"这意味着我国的器官捐献采用"告知同意模式"。具体来说，对于捐献者的捐献意愿，在其死后部分亲属有权否决死者生前的捐献意愿，因此中国的同意模式属于"柔性选择进入模式"（soft opt-in system）。主要体现在：（1）捐献者本人生前明知且自愿表达捐献器官的意愿，须经书面登记，并且在生前的任何时候均可自由撤销其捐献意愿；（2）若本

---

〔1〕　Ricky T. Munoz, Mark D. Fox, "Ethical Issues in Organ Donation from Brain-Dead Donors", in Dimitri Novitzky, David K. C. Cooper ed. The Brain-Dead Organ Donor: Pathophysiology and Management, Springer, 2013, pp. 37-55.

〔2〕　Miranda B, Fernández Lucas M, de Felipe C, Naya M, Gonzálex-Posada J, Matesanz R, "Organ donation in Spain", Nephrology Dialysis Transplantation Vol. 14, No. Suppl. 3, 1999, pp. 15-21.

人生前无否定的意思表示，则一定范围内的近亲属可以同意捐献死者器官，赋予近亲属捐献器官的选择权；（3）即使本人生前同意器官捐献，其近亲属也可以否决捐献者生前本人的意愿；（4）由于缺乏明确的"脑死亡"立法，实践中，若采用"脑死亡"医学标准作为公民死亡判断依据的，须本人生前或近亲属书面同意采用"脑死亡"标准来判定死亡，并且书面登记同意器官捐献。

（二）区分活体器官捐献和遗体器官捐献，准确把握器官捐献条件

《民法典》第1006条规定了人体器官捐献的规则。其中，活体器官捐献和遗体器官捐献的条件有所区别，实践中应当区分这两种不同的情况，把握它们各自的条件。

活体器官捐献，应当满足以下条件：第一，供体须为完全民事行为能力人。自愿原则是人体器官捐献的基本原则，活体器官捐献者捐献其自身器官或者其组成部分，涉及其对自身身体的重大处分，能够行使器官捐献决定权的人必须是具有完全民事行为能力的人，能够认知器官摘除或者组织捐献后可能导致的生命健康损害的风险以及造成的负面影响。具有独立判断能力的人，才具有是否摘取其器官的决定权。供体作出的意思表示必须是合法有效的，且出自其自身的真实意愿，故供体必须为完全民事行为能力人。第二，供体与受体存在特殊关系，活体器官的接受人限于提供活体器官捐献者的配偶、直系血亲或者三代以内旁系血亲，或者有证据证明与活体器官捐献人存在因帮扶关系而形成亲情关系的人员。[1]第三，捐献者本人及其相关近亲属共同书面同意。原卫生部《关于规范活体器官移植的若干规定》第3条第1款第1项规定，"从事活体器官移植的医疗机构应当要求申请活体器官移植的捐献人与接受人提交以下相关材料：由活体器官捐献人及其具有完全民事行为能力的父母、成年子女（已结婚的捐献人还应当包括其配偶）共同签署的捐献人自愿、无偿捐献器官的书面意愿和活体器官接受人同意接受捐献人器官的书面意愿"。由该条可知，活体器官捐献者对其自身器官的处分，

---

〔1〕《人体器官移植条例》第10条。

必须经过其相关近亲属的共同同意，这是因为在器官捐献过程中，特别是涉及摘取活体器官的，由于受体是与捐献者具有特殊亲情关系的人，所以在涉及活体器官捐献过程中，不但须考虑捐献者本人的意愿，同时为了避免捐献者本人心理不成熟或受到道德压力而贸然作出同意捐献的意思表示，会同时考虑其他成年近亲属（配偶、父母、成年子女）的意见，相关近亲属协商一致后才符合捐献活体器官的主观要求。第四，供体身体适宜进行器官捐献。由于活体器官捐献是从捐献者体内摘取人体器官，捐献者身体健康存在较大的医疗风险，为了确保捐献者在摘取器官之后不影响其以后正常的社会生活，并且为了预防供体自身的传染疾病传播给受体，有必要确保捐献者身体健康。对于供体身体健康的保护应加以重视，在摘取供体器官前，就应从医学角度评估器官摘取后会对其身体、心理产生的影响。供体身体状况符合器官移植的条件是活体器官移植活动顺利进行的前提和必要条件，我们决不能为了挽救一个人的生命健康而牺牲另一个人的生命健康，这不是活体器官移植的目的，也有违医疗机构救死扶伤的初衷。

遗体器官捐献，应当满足以下条件：第一，遗体器官捐献者主体适格。自然人死后，若其生前未作否定捐献的意思表示，能作出死者器官捐献决定的死者近亲属也必须是完全民事行为能力人。第二，获取捐献者本人或者其家属的共同书面同意。这里存在两种情况，第一种情况是，有完全民事行为能力的自然人通过书面形式自愿申请器官捐献登记，并且没有撤销该登记，待其死亡后进行的器官捐献。自然人生前表示不同意捐献其人体器官的，任何组织或者个人不得摘取、捐献该自然人的人体器官。第二种情况是，自然人本人生前未明确拒绝捐献器官的，在其死后，其一定范围内的近亲属同意死者器官捐献。自然人生前未表示不同意捐献其人体器官的，该自然人死亡后，其配偶、成年子女、父母可以以书面形式共同表示同意捐献该自然人人体器官的意愿。第三，捐献者须经过死亡判定。死亡判定是一个十分关键的环节，遗体器官捐献中的一个关键问题就在于死亡判定的标准问题。我国法律界一直将"传统心肺死亡"作为判定自然人死亡的标准，现代医学科学的发展深化了人们对死亡的认识。传统法制采用"心肺死亡说"，随着器官移植技术的发展，医学界又提出了"脑死亡说"。对于此类具有革命性、根本性和广泛性的问题应当持非常审慎的态度，进行必要和严密的论证，充分考虑各种可能出现的问题与困难，考虑社会和民众的接受程度等。但也不必因噎废食，而应从推动科学技术进步、社会发展和观念更新的角度来提出和回答问题。如果科学的力量最终将会战胜一切障碍为其实现铺平道路，我们何不更自觉地去迎接和推动它？第四，死者遗体器官适宜捐献。自然人捐献的器官必须是功能完好、组织完整、不会带来传染病风险，才具有移植器官的实际效用。

（三）厘清人体器官捐献无偿原则和合理补偿原则的关系，发展器官捐献激励机制

我国人口基数庞大，等待移植的患者人数较多，医疗实践中的捐献率极低。对此，需要根据《民法典》第1006条和第1007条，正确把握人体器官捐献无偿原则和合理补偿原则的关系。根据《民法典》第1006条，人体细胞、人体组织、人体器官、遗体的利用只允许通过无偿捐献的方式进行。《民法典》第1007条则禁止以任何形式买卖人体细胞、人体组织、人体器官、遗体。上述规定意味着我国人体器官捐献秉持无偿原则，禁止人体器官买卖。与无偿原则相近似的，是人体器官捐献的合理补偿原则。虽然补偿器官捐赠者的成本已经成为很多国家的做法，但是以何种形式进行成本补偿和如何防止过度激励引发器官买卖等问题，尚存在很大争议，有的国家和地区甚至严格禁止捐赠者获得任何形式的补偿。很明显这样的禁止有失公允，更吓阻了许多原本希望捐献器官的潜在供体。人体器官买卖与器官供体从捐献中获得合理补偿是不同的，前者是非法获利，后者是合理预期。禁止人体器官买卖早已被世界各国立法采纳，合理补偿则是最近才被人们逐渐认同的，属于人体器官捐献的激励机制的一部分。在功能上，该原则成为保障器官移植这种高尚的道德行为不致向物欲化的畸形方向发展的一道立法屏障。

人体器官捐献激励机制正是在合理补偿原则指导下建构的一整套激励器官捐献的制度，并不违背器官捐献无偿原则，未来，我国应当从构建人体器官捐献表彰机制、建立人体器官捐献困难救助机制、设立人体器官捐献救助基金等方面入手，鼓励和赞赏人体器官捐献行为，这不仅可以缓解医疗实践

中人体器官短缺的困境，同时可以作为隔离机制的载体，改变过去器官买卖中存在的一对一性质，而以多对一的帮助机制存在，也可从另一方面割断器官捐献过程中可能存在的变相器官买卖联系。

（作者：申卫星、傅雪婷）

第十章
紧急救助制度及其影响

"救助"一般属于道德规制的范畴，将道德上升到法律，需要恰当平衡其与人的行为自由的关系。《民法典》第 1005 条规定了对生命权、身体权、健康权的法定救助义务，凸显了法律对人的尊重，很好地平衡了保护更重大的利益（生命健康权）与适当限制个人自由之间的关系，该条的设定符合我国国情，是一项进步性的规定。该条文的设立体现了我国尊重和保障人权的方略，把人民群众的生命安全和身体健康放在第一位的要求，符合人文主义精神。也是对医疗行业中，医务人员应当树立敬业精神，遵守职业道德，尽职尽责为患者服务，履行法定救治义务的概括性规定。

一、法律规定与理论解析

（一）法条解读

生命权是一切权利的基础，也是一个人从事其他一切活动的前提。[1]我国一向十分重视人民的生命健康。1986 年《民法通则》第 98 条规定："公民享有生命健康权。"这是我国民法自 1949 年以来，第一次规定自然人享有生命健康权。我国《民法典》将人格权独立成编，对生命权、身体权和健康权从 1 个条文，增加到独立成章用 10 个条文进行规范，体现了我国对人民群众生命健康的尊重。

---

〔1〕 李大平主编：《医事法学》，华南理工大学出版社 2007 年版，第 40 页。

《民法典》第 1005 条规定："自然人的生命权、身体权、健康权受到侵害或者处于其他危难情形的，负有法定救助义务的组织或者个人应当及时施救。"这是关于法定救助义务的规定。对于本条主要从以下几个方面进行理解。

第一，本条的使用情形不仅包括受到侵害，还适用于其他危难情形，如疾病、意外等。

第二，本条的保护对象限于生命权、身体权、健康权，不包括其他人格权，财产权也不在此限。

第三，将施救主体限制在负有法定救助义务的组织或者个人，并未规定一般人的救助义务，也没有明确规定哪些属于负有法定救助义务的组织或者个人。我们从散见的法律法规中，梳理法定救助义务的具体情况：（1）特殊职业人群有法定救助义务。根据《人民警察法》第 21 条、《人民武装警察法》第 18 条、《医师法》第 27 条、《消防法》第 44 条等规定，人民警察、武装警察、医师、消防队具有法定救助义务。（2）合同附随的救助义务。与人身安全密切相关的合同，合同当事人需要承担相应的救助义务，这类救助义务有时会在法律中明确规定，体现了意定性和法定性的结合。如，《民法典》第 822 条、第 823 条规定了客运合同承运人的救助义务。（3）法定安全保障义务。公共场所的管理人或者群众性活动的组织者，未尽到安全保障义务，造成他人损害的，应当承担侵权责任。（4）先行行为的救助义务。先行行为导致行为人承担作为义务，这为民法和刑法所共同承认。如结伴野外探险的参与者负有互相照顾、救助的义务。共同饮酒发生致人损害后果，共饮人没有尽到合理注意义务的，应当承担损害赔偿责任。（5）特殊身份关系人的救助义务。特殊身份关系衍生了承担扶持、救助等义务，一是监护人的救助义务，二是亲属的救助义务。

（二）紧急救助制度的立法历史沿革

《民法典》第 1005 条是我国首次概括性地将法定救助义务写入立法，但是其他法律法规对于特定人员和组织的具体法定救助义务已有相关规定。

着眼于医疗行业，早在 1994 年颁布的《医疗机构管理条例》第 31 条规定："医疗机构对危重病人应当立即抢救。对限于设备或者技术条件不能诊治的病人，应当及时转诊。"这是我国法律首次提及医疗紧急救助制度。在此之后，最新出台的《医师法》也对该项制度作出了规定，医师对于需要紧急救治的患者不得拒绝急救处置，应当采取紧急措施进行诊疗。

上述法律法规，对医疗机构及医务人员的紧急救助的措辞表述为"应当"，表示一种强制性的义务，即法律为医疗机构及医务人员创设了一项紧急救助义务。在患者急危重的情况下，医疗机构及医务人员有义务采取相应的救助措施，不得拒绝诊疗。

本次《民法典》对法定救助义务的规定更加强化了医疗紧急救助义务，要求医务人员在面对急危重症患者时，应当立即对其进行救助，该救助行为不受是否缴纳了医疗费用、是否签署了知情同意书、是否有近亲属到场等因素的影响。[1]

（三）紧急救助制度的比较法分析

考察两大法系相关立法，在欧洲，救助义务最早规定在刑法中。具体体现在关于不作为犯罪的规定，2002 年修订的《德国刑法典》第 323 条 c 款规定："意外事故公共危险或困境发生时，根据行为人当时的情况救助有可能，尤其对自己无重大危险且又不违背其他重要义务而不进行救助的，处一年以下自由刑或罚金刑。"但《德国民法典》却没有规定一般人的不作为侵权。德国民法学界主流观点认为，除事先存在作为义务外，不得对一般人强加作为义务，其原理在于私法主体具有自由选择权，民事主体在法律许可范围内的行为出于意思自治原则。若对一般人要求强制救助义务有违《德国基本法》第 2 条第 1 款关于人格自由发展权的规定。有学说认为，《德国民法典》第 823 条第 2 款可视为不作为侵权的依据，根据该项规定违反以保护他人为目的之法律者负有损害赔偿义务。[2]

受传统判例法原则的限制，英美法一直坚持法律与道德相区别的原则，

---

〔1〕 刘鑫、王岳、李大平：《医事法学》，中国人民大学出版社 2009 年版，第 104 页。

〔2〕 郭栋："侵权法中的作为义务探究"，载《北京航空航天大学学报（社会科学版）》2012 年第 3 期。

一般不承认道德义务中的救助他人是法律义务，并不认可不作为需承担相应责任。但救助者与被救助者之间存在如监护人与被监护人、医生与患者、夫妻等特殊关系时，才会产生法律上的救助义务。[1]

因此，比较两大法系关于民事救助义务的规定可知，二者存在共同特点：法律规定、特殊关系等先期条件。在细节上，各国对于法定的或者约定的救助义务还是存在差异的。

就医师的救助义务而言，以日本为例，《日本医师法》第 19 条第 1 款规定，"从事诊疗的医师，当被要求诊察治疗时，若无正当理由不得拒绝"。[2]对比我国《医师法》第 27 条的规定，存在以下不同：

首先，对于救助义务的主体，我国负有救助义务的医师，是指《医师法》第 2 条规定的，依法取得执业医师资格或者执业助理医师资格，经注册在医疗、预防、保健机构中执业的专业医务人员，包括执业医师和执业助理医师。而日本负有救助义务的医师仅指"从事诊疗的医师"。

其次，对于诊疗义务的适用情形，我国的救助义务（强制诊疗义务）仅限于"需要紧急救治的患者"，而日本的强制诊疗义务，未区分病情，以"当被要求诊察治疗时"为适用条件。

《民法典》第 1005 条主要强调了对生命权、健康权、身体权的尊重，虽然没有细化但仍为医疗机构及医务人员履行法定救助义务提供了概括性依据。

二、典型案例及分析

李某某与某医院医疗损害责任纠纷[3]
——医方的紧急救助义务与患方的知情同意权的冲突

【基本案情】

2007 年，患者李某某怀孕九个多月，在丈夫肖某某的陪同下到某医院

---

[1] 关涛："救助他人行为的私法构造"，载《法学》2017 年第 9 期。
[2] 张忆红："译注日本《医师法》"，载《东南法学》2014 年第 6 期。
[3] （2010）二中民终字 05230 号民事判决书。

就诊，经过相关检查医生诊断患者李某某感染了重症肺炎，导致患者通气功能障碍，容易使患者和胎儿的脏器出现缺氧状态，具有很高的风险性，需要立刻行剖宫产术。按照当前我国医院管理方面的规定，对患者采取手术治疗手段必须要获取患者本人或其家属的知情同意，当时患者已经陷入昏迷，无法作出有效的意思表示，需要征求患者近亲属的同意，但不论医务人员如何向肖某某解释患者李某某病情的危重性，肖某某都不同意采取剖宫产术。最终，医院因无法取得肖某某同意而没有采取手术，患者本人及胎儿也因此失去了生命。患者的父母认为医院在没有核对肖某某身份的情况下就听从其意见拒绝手术导致其女儿死亡，故诉至法院要求医院承担侵权责任。

【法院审判】

本案经法院判决认为医疗机构的行为是合法的，本案不适用"因抢救生命垂危的患者等紧急情况，不能取得患者或者其近亲属意见的，经医疗机构负责人或者授权的负责人批准，可以立即实施相应的医疗措施"的法律规定。本案经委托鉴定认为，医院对患者李某某的诊疗过程中存在一定不足，但患者李某某的死亡主要与其病情危重、病情进展快、综合情况复杂有关，医方的不足与患者的死亡无明确因果关系。需要说明的是，患者李某某神志清醒时，并未对陪同其就医的肖某某的关系人（丈夫）身份表示异议，医院无法也没有能力对肖某某作为患者李某某家属的身份进行核实。故医院的做法符合 2009 年《侵权责任法》第 55 条中"……不宜向患者说明的，应向其近亲属说明，并取得其书面同意"的规定。故法院认为，患者入院时自身病情危重，患方依从性又较差，医院履行了医疗相关法律法规要求的充分告知义务，而患方却不予配合，拒绝手术，这些因素均是造成患者最终死亡的原因。医院的医疗行为与患者的死亡后果之间没有因果关系，医院不予手术的行为不存在过错，不构成侵权，医院不应承担赔偿责任，故依法驳回原告的诉讼请求。

【案例评析】

本案凸显了一个问题，即在紧急情况下，医方的紧急救助义务与患方的知情同意权发生冲突时，该如何处理。

医疗行为本身具有侵入性的特点，尤其是手术或特殊检查、治疗，对患者身体会有一定损害，且医学科学需要不断探索，接受治疗存在一定风险，此时充分保障患者的知情同意权显得尤为重要。《民法典》第1219条第1款明确规定，"医务人员在诊疗活动中应当向患者说明病情和医疗措施。需要实施手术、特殊检查、特殊治疗的，医务人员应当及时向患者具体说明医疗风险、替代医疗方案等情况，并取得其明确同意；不能或者不宜向患者说明的，应当向患者的近亲属说明，并取得其明确同意"。第1220条规定，"因抢救生命垂危的患者等紧急情况，不能取得患者或者其近亲属意见的，经医疗机构负责人或者授权的负责人批准，可以立即实施相应的医疗措施"。根据上述规定，在诊疗活动中，医务人员应当充分向患者说明病情及医疗措施，需要实施手术、特殊检查、特殊治疗的，医务人员应当及时向患者具体说明医疗风险、替代医疗方案等情况并取得其明确同意。在紧急情况下，患者处于无意识状态又无法取得其近亲属意见时，抢救生命是医疗机构及医务人员的义务。此时患方的知情同意权无法保障，但出于对生命的负责及医疗专业性、公益性的信任，鼓励和维护医疗机构及医务人员逾越患者的知情同意权，在危重情况下实施紧急救助。

结合本案，患者病情危重且昏迷，家属坚决拒绝手术，此时医方没有实施救助。医疗机构及医务人员紧急情况下知情同意豁免的适用前提是"不能取得患者或者其近亲属意见的"，此处"意见"包括同意或者拒绝，本案在获得家属明确拒绝手术抢救的意见时，医院的紧急救助义务不能对抗患方的自主选择权，据此法院作出了上述判决。

三、紧急救助制度对医疗行业的影响

随着社会的发展，人的生命价值越来越受到重视和尊重。医疗机构及医务人员作为保障人民生命及身体健康的主力军，对生命垂危的患者实施紧急救助是医疗机构履行救死扶伤职责的要求。通过立法明确在患者无法行使自主决定权时，涉及患者生命健康，要求医疗机构及医务人员慎重、严谨地实施紧急救助行为，为人民的生命健康提供法律保障，也使医疗机构及医务人员紧急治病救人有法可依，这一规定十分必要。

（一）法定救助义务在诊疗活动中的具体适用

着眼于医疗行业，一般来说，医患之间的医疗法律关系主要为契约关系，即医疗服务合同关系。但不同于一般的基于自愿平等、协商一致达成的合同关系，为了更好地保障患者的生命健康，法律规定了特定的情况下医疗机构、院前急救机构、医务人员等的紧急救助义务。

《医疗机构管理条例》第 30 条规定，"医疗机构对危重病人应当立即抢救。对限于设备或者技术条件不能诊治的病人，应当及时转诊"。《医师法》第 27 条第 1 款规定，"对需要紧急救治的患者，医师应当采取紧急措施进行诊治；不得拒绝急救处置"。此时医疗机构及医务人员对于患者的处置是出于履行法定的紧急救助义务。《基本医疗卫生与健康促进法》第 27 条第 3 款规定，"急救中心（站）不得以未付费为由拒绝或者拖延为急危重症患者提供急救服务"。《国际医学伦理规范》也明确规定，"医师对于急症，必须施以所需之治疗，除非确知他医必能为之处理"，上述法律将伦理道德法律化，更强调对人的生命健康的保障。

就医疗领域而言，《民法典》第 1005 条对"负有法定救助义务的组织或者个人应当及时施救"的规定，具体包括如下内容。

首先，"负有法定救助义务的组织或者个人"包括医疗机构、急救中心（站）和医务人员。其中，根据《基本医疗卫生与健康促进法》第 27 条第 1 款的规定，国家建立健全院前急救体系，为急危重症患者提供及时、规范、有效的急救服务。院前急救，是指由急救中心（站）和承担院前医疗急救任务的网络医院按照统一指挥调度，在患者送达医疗机构救治前，在医疗机构外开展的以现场抢救、转运途中紧急救治以及监护为主的医疗活动。因此，除了普遍认为的医疗机构及医务人员为我们提供医疗服务，急救中心（站）也是保障患者生命健康的重要角色。实践中有的急救中心（站）要求患者必须先交费才提供急救服务，耽误了患者的抢救时间，因此在我国首部医疗卫生健康领域的法律，即《基本医疗卫生与健康促进法》中，将急救中心（站）的紧急救助义务予以明确规定。

其次，关于"应当及时施救"的情形，《民法典》第 1005 条规定，"自然人的生命权、身体权、健康权受到侵害或者处于其他危难情形的，负有法定救助义务的组织或个人应当及时施救"。危难情形体现在医疗关系中，主要指患者病情紧急、危重，随时会危及生命，需要及时治疗。此时需注意将"应当及时施救"与无因管理制度及《民法典》第 184 条自愿施救免责相区分，无因管理制度成立的前提是，施救人没有法定的或者约定的义务；《民法典》第 184 条规定的，"因自愿实施紧急救助行为造成受助人损害的，救助人不承担民事责任"。这两项规定强调的是救助人主观上的自愿状态，与本条强制性、义务性的规定有明显区别。

（二）怠于履行法定救助义务要承担赔偿责任

紧急情况下实施救助，对于医疗机构及其医务人员而言是一种法定义务；另外诊疗行为本身具有公益性的特点，医疗本身是为了救死扶伤，保障患者的生命及身体健康。对于病情危重的患者予以救助是医疗机构及医务人员应遵守的职业道德。紧急救治需要医学专门技术对病情的急危性及救助手段进行专业的判断，此时强调的是医务人员对于患者病情或伤情治疗的自主决策，这种专业决策在事后也应当得到必要的尊重。根据《民法典》第 1224 条第 1 款的规定，患者在诊疗活动中受到损害，医疗机构不承担赔偿责任的情形包括：医务人员在抢救生命垂危的患者等紧急情况下已经尽到合理诊疗义务。该条明确，即使患者受到损害，但医疗机构是否承担责任以其是否尽到"合理"的诊疗义务为限。

同时，从保护患者生命权的角度对医疗机构的责任承担进行了明确。《最高人民法院关于审理医疗损害责任纠纷案件适用法律若干问题的解释》第 18 条规定，因抢救生命垂危的患者等紧急情况且不能取得患者意见时，医疗机构及其医务人员怠于实施相应医疗措施造成损害，患者请求医疗机构承担赔偿责任的，应予支持。由此明确了紧急情况下且不能取得患者意见的，必须及时施救；怠于履行法定救助义务，未及时实施医疗措施，造成患者损害的，医疗机构应当承担赔偿责任。但是在紧急情况下医疗机构的责任认定上，诊疗义务是否合理，"怠于"的判断标准应由专业人员进行评判。

（三）法定救助义务与知情同意豁免的平衡

《民法典》第 1219 条明确规定了医务人员的说明告知义务及患者的知情同意权，第 1220 条规定，"因抢救生命垂危的患者等紧急情况，不能取得患者或者其近亲属意见的，经医疗机构负责人或者授权的负责人批准，可以立即实施相应的医疗措施"。该条对紧急救助的情形赋予了知情同意豁免权。

事实上，生命健康权是患者独立拥有的人格权，在医疗行为中，患者有接受治疗的表示，尤其是对身体的有创处置是一种需要权衡的行为，此时尊重保障患者的知情同意权尤为重要。但当患者因为疾病或受伤出现认知障碍，不能恰当地行使自主决定权时，患者的生命价值应该是大于知情价值的。由此规定紧急情况下的知情同意豁免，体现了对生命的尊重，将人的生命健康放在首位的医疗原则，同时平衡保护患者利益，法律对知情同意豁免的适用情形进行了规范。

《最高人民法院关于审理医疗损害责任纠纷案件适用法律若干问题的解释》第 18 条对"不能取得"作出了具体规定，包括：（1）近亲属不明的；（2）不能及时联系到近亲属的；（3）近亲属拒绝发表意见的；（4）近亲属达不成一致意见的；（5）法律、法规规定的其他情形。近亲属不明或不能及时取得联系可以通过字面意思理解，医疗机构通过现有信息无法核实患者身份，或求助警方也得不到有效联系的，也要视危重情况具体判断。近亲属拒绝发表意见时的"拒绝"还是对医疗机构有进行告知说明义务的要求，但不需要取得明确同意；近亲属达不成一致意见的情况我们理解为是在场的近亲属而不是要求医疗机构要向未到场的近亲属进行告知说明，同时为了避免医患纠纷，在病情允许的情况下，医务人员应该给予患方思考衡量的时间，督促家属形成一致意见，实在无法达成的，条件允许的情况下可以要求在场的近亲属就各自的意见在病历上签字确认。从司法解释本意可以看出，积极对患者进行救治是这条司法解释所要传达的信息，这一信息与《民法典》第 1005 条的规定相呼应。

（四）紧急情况下适当简化程序性要求并合理降低注意义务

法律法规强调医疗中的法定救助义务，并赋予医疗机构紧急情况下知情同意豁免，其目的是避免知情告知时延误救治，让医方对急危重患者可以免去繁杂的沟通程序，医务人员享有充分的医学决策权，经医疗机构负责人或者授权的负责人批准，即可实施医疗抢救措施。在临床实践中，紧急情况下可对说明告知义务与知情同意程序方面进行最大的简化，以免对患者的生命健康不利。

从国家、行业方面来看，区分一般情况下的诊疗规范及注意义务，与紧急情况下的抢救规范及适当降低注意义务是具有适当性的。紧急情况下的"合理"诊疗义务应当有据可依，同时优化、细化院内批准流程，同时做到事前审批、事中事后监督相结合，确保院内评估时机及手段的合理性，做好经验总结，这有利于保障医患双方的合法权益。

（五）自愿施救与法定救助义务的区分适用

法定救助义务是针对特定的组织或个人，将救助的道德义务上升为其法定职责，以保障人民群众的生命健康利益。自愿实施紧急救助行为，是行为人针对紧急情势，及时对遭遇困难的受助人予以救助的情形，强调的是救助人非义务性的主观自愿。《民法总则》第184条规定，因自愿实施紧急救助行为造成受助人损害的，救助人不承担民事责任。《民法总则（草案）》曾规定："救助人因重大过失造成受助人不应有的重大损害的，承担适当的民事责任。"但本着鼓励见义勇为、助人为乐的精神，《民法总则》将重大过失承担责任的规定予以删除。本次《民法典》总则编保留了《民法总则》的规定，规定在《民法典》第184条。该条的适用主要从以下几点考虑：第一，救助情形的紧急性，如果不第一时间实施救助，可能造成难以弥补的损失；第二，救助行为一定出于自愿，此时的自愿不是指是否接受他人的建议，而是必须以不存在法定或者约定义务为前提；第三，救助人对受助人因该救助造成损害免责。满足上述条件，救助行为造成受助人损害的，救助人可免责。

具体到医疗行业，医务人员在医疗机构之外，不承担治病救人的法定职责。但作为专业人士，内心的信仰及职业操守已经刻骨铭心，该条为医务人员抢救生命免除了后顾之忧。由于院外的救治环境及设备不如专业的医疗机构，有时还存在专业不对口等问题，此时对于医务人员救治时的注意义务及治疗措施不能适用医疗服务合同中的标准。比如，医生在高铁上对昏倒的老人进行心肺复苏时压断了肋骨，如要求医生对该损害承担赔偿责任，这不符合我国以人为本的宗旨。

因此，自愿施救免责的规定，充分体现了《民法典》鼓励助人为乐的优良道德风尚，以及人文主义的立法思想。

综上所述，生命健康权作为人格权的基础，是其他一切权利的源泉。我国法律对于紧急救助义务的不断完善，是我国尊重和保障人权的体现。治病救人、保障患者的生命健康是医疗机构及医务人员的职责所在，要求医务人员负有紧急救助义务并赋予知情同意豁免权，秉承了生命至上的原则，也是伦理选择的必然结果。

（作者：邓利强、苗玉敏）

第十一章
医学临床研究法律和伦理制度及其影响

《民法典》第 1008 条和第 1009 条立足于对涉及人的生物医学研究中的受试者保护，总结国内外医学临床研究伦理审查制度的成熟做法和先进经验，以人格权保护的视角将医学临床研究引发的法律问题纳入人格权编，这是我国民事立法中首次对人体基因研究作出的原则性规定，体现了《民法典》对涉及人的生物医学研究及其应用问题的高度关注，为这一领域的进一步立法奠定了上位法基础，也明确了受试者健康权损害救济的请求权基础，对民事司法实践中相关案件的裁判具有重大指导意义。

一、法律规定与理论解析

(一) 法条解读

人体临床试验和人体基因、人类胚胎研究属于伦理性很强的涉及人的生物医学研究范畴。涉及人的生物医学研究是现代医学技术进步不可或缺的阶段，任何新药物、新技术、新方法和新器械在经过基础研究和动物试验以后，都必须经过人体临床试验环节才能最终投入临床应用。人体试验或者人体临床试验具有探索性和高风险性，因此，如何保护人的自由与人的尊严就成为涉及人的生物医学研究的重要课题。《民法典》人格权编第二章"生命权、身体权和健康权"部分对涉及人的生物医学研究有两条明文规定，分别对人体临床试验（第 1008 条）和人体基因、人体胚胎等医学研究活动（第

1009 条）作出原则性的规定。

1. 人体临床试验规则

《民法典》第 1008 条规定："为研制新药、医疗器械或者发展新的预防和治疗方法，需要进行临床试验的，应当依法经相关主管部门批准并经伦理委员会审查同意，向受试者或者受试者的监护人告知试验目的、用途和可能产生的风险等详细情况，并经其书面同意。进行临床试验的，不得向受试者收取试验费用。"

该条是对人体临床试验的规定，明确要求人体临床试验应当经过相关主管部门批准并经伦理委员会审查同意和受试者知情同意。本条需要从以下几个方面理解：（1）依法经过相关主管部门的批准，如开展疫苗临床试验应当经国务院药品监督管理部门依法批准。（2）经过机构伦理委员会审查同意。（3）向接受试验者或者其监护人履行告知义务，告知试验目的、用途和可能发生的风险等。（4）受试者签署书面同意。根据《涉及人的生物医学研究伦理审查办法》，开展研究应当获得受试者自愿签署的知情同意书；受试者不能以书面方式表示同意时，项目研究者应当获得其口头知情同意，并提交过程记录和证明材料。对无民事行为能力、限制民事行为能力的受试者，项目研究者应当获得其监护人或者法定代理人的书面知情同意。知情同意书应当包含必要、完整的信息，并以受试者能够理解的语言文字表达。在知情同意书的获取过程中，项目研究者应当按照知情同意书的内容向受试者逐项说明。研究者应当给予受试者充分的时间理解知情同意书的内容，由受试者作出是否同意参加研究的决定并签署知情同意书。必要的时候，研究者应当再次获取受试者签署的知情同意书。《药物临床试验伦理审查工作指导原则》和《药物临床试验质量管理规范》对此也有相关要求。

2. 人体基因、人类胚胎等医学研究规则

《民法典》第 1009 条规定："从事与人体基因、人体胚胎等有关的医学和科研活动，应当遵守法律、行政法规和国家有关规定，不得危害人体健康，不得违背伦理道德，不得损害公共利益。"

该条是对从事与人体基因、人体胚胎等有关的医学和科研活动进行的特殊规定，是一般人格权的延伸，旨在维护人的主体性以及人格尊严。人格权法律制度的根本目的在于保护人的人格尊严，各项人格权都体现了人格尊严的保护要求。[1]作为人格权保护的兜底条款，一般人格权条款宣示了人格权立法的基本宗旨和根本价值，即尊重和保护人的人身自由、人格尊严，体现了现代民法的人文情怀，[2]具有补充具体人格权立法之不足的重要作用，可以为未来新型人格利益的保护提供法律依据。人类基因编辑不仅可能损害个体生命和健康，还可能危及人格尊严。因而，《民法典》第1009条设立人类基因和人体胚胎的特殊保护制度，规范人类基因新技术的临床研究与转化应用，促进医学进步，保障医疗质量安全，维护人的尊严和生命健康。根据该条，从事人体临床试验和人体基因、人体胚胎等有关的医学和科研活动时，应当遵循以下四项规则：（1）遵守我国现行法律、行政法规和国家有关规定；（2）不得危害人体健康；（3）不得违背伦理道德；（4）不得损害公共利益。

（二）人体临床试验、人体基因、人体胚胎研究的立法历史沿革

我国既往有关涉及人的生物医学研究的立法主要集中于行政管理法层面。例如，《基本医疗卫生与健康促进法》第32条第3款规定："开展药物、医疗器械临床试验和其他医学研究应当遵守医学伦理规范，依法通过伦理审查，取得知情同意。"《疫苗管理法》第二章"疫苗研制和注册"第16条至第18条明确规定了疫苗临床试验的审批、组织实施、制定临床试验方案和知情同意过程。《药品管理法》第二章"药品研制和注册"第19条至第23条也对药物临床试验作出明确规定。此外，相关行政法规和部门规章对此也有大量涉及，散见于《人类遗传资源管理条例》《人的体细胞治疗及基因治疗临床研究质控要点》《基因工程安全管理办法》《人类辅助生殖技术管理办法》《人类精子库管理办法》《人类辅助生殖技术规范》《人类精子库基本标准和技术规范》《药物临床试验伦理审查工作指导原则》《涉及人的生物医学研究伦理审查办法》和《药物临床试验质量管理规范》等，上述法规

---

〔1〕 朱晓峰："民法一般人格权的价值基础与表达方式"，载《比较法研究》2019年第2期。

〔2〕 王利明："论人格权独立成编的理由"，载《法学评论》2017年第6期。

规章主要侧重于从行政监管和行业监督的角度加强涉及人的生物医学研究的规范和管理，未在民事领域进行针对涉及人的生物医学研究及其应用方面的立法，未从民事平等主体的权利保护和救济视角作出明确规定，难以为受试者提供明确的民事权利保护规范基础。《民法典》第 1008 条和第 1009 条首次在民法领域内回应了生物医学研究及其应用产生的人格权问题，在民事立法中规范了人体临床试验和人体基因、人体胚胎研究等的权利保护、风险防范和责任承担问题，弥补了民事立法的缺憾，体现了《民法典》的人文关怀和制度创新。

（三）人体临床试验、人体基因、人体胚胎研究规则的比较法分析

接受涉及人的生物医学研究在民法上属于支配健康权的行为，民法尊重并保护个人的自主决定权和健康权有其坚实的伦理基础。以"健康权"为中心确立人体临床试验和人体基因、人体胚胎研究及其应用的人格权保护途径。根据《世界医学大会赫尔辛基宣言》，生物医学研究应符合的伦理标准是，促进并确保对所有人类受试者的尊重，并保护他们的健康和权利。若医学研究的根本目的是产生新的知识，则此目的不能凌驾于受试者个体的权利和利益之上。参与生物医学研究的医务人员有责任保护受试者的生命、健康、尊严、公正、自主决定权、隐私和个人信息。保护受试者的责任必须由医务人员或其他卫生保健专业人员承担，决不能由受试者本人承担，即使他们给予同意的承诺。医务人员在开展涉及人类受试者的研究时，必须考虑本国伦理、法律、法规所制定的规范和标准，以及可适用的国际规范和标准。一些国家的民法典对涉及人的生物医学研究也进行了划界，如《法国民法典》1994 年修正案第 16-6 条规定，"对同意在其身体上进行实验，同意摘取其身体之一部分或者采集其身体所生之物的人，不得给予任何报酬"。该法第三章"对人之特征的遗传学研究以及通过遗传特征对人进行鉴别"第 16-10 条规定，"对人之特征进行遗传学研究，仅限于医疗与科学研究之目的。在实施此种研究之前，应当征得当事人的同意"。第 16-11 条规定，"通过遗传特征对人进行鉴别，仅以司法程序中规定进行的调查或预审范围为限，或者仅限于医疗与科学研究之目的。民事案件中，仅在法官受理旨在

确认亲子关系或对亲子关系提出异议的诉讼，或者在其受理有关取得或者放弃抚养费的诉讼，执行所命令的审前准备措施时，始能进行此种鉴别。进行鉴别之前，应征得当事人的同意。在为医疗或科学研究之目的进行前述鉴别时，事先应征得当事人的同意"。第 16-12 条规定，"只有按照最高行政法院提出资政意见后颁布的法令规定的条件得到认可的人，才有资格通过遗传特征对人进行鉴别；在司法程序中，前述之人还应当是在司法鉴定人名册上登记的人"。[1] 此外，有些国家还制定了专门性的人体试验法，如《法国人体试验受试者权利保护法》，《立陶宛生物医学试验伦理法》等，这些立法例对我国涉及人的生物医学研究都有一定的借鉴意义。

二、典型案例及分析

基因编辑婴儿案
——人体胚胎基因编辑的法律规制

【基本案情】

2016 年以来，某科技大学原副教授贺某某得知人体胚胎基因编辑技术可获得商业利益，即与广东省某医疗机构张某某、深圳市某医疗机构覃某某共谋，在明知违反国家有关规定和医学伦理的情况下，仍以通过编辑人体胚胎 CCR5 基因可以生育免疫艾滋病的婴儿为名，将安全性、有效性未经严格验证的人体胚胎基因编辑技术用于辅助生殖医疗。贺某某等人伪造伦理审查材料，招募男方为艾滋病病毒感染者的多对夫妻实施基因编辑及辅助生殖，以冒名顶替、隐瞒真相的方式，由不知情的医生将基因编辑过的胚胎通过辅助生殖技术移植入人体内，致使 2 人怀孕，先后生下 3 名基因编辑婴儿。

【法院审判】

2019 年 12 月 30 日，深圳市南山区人民法院对此案一审公开审理。法院

---

〔1〕《法国民法典》，罗结珍译，中国法制出版社 1999 年版，第 6 页。

认为，3 名被告人未取得医生执业资格，为追名逐利，故意违反国家有关科研和医疗管理规定，逾越科研和医学伦理道德底线，贸然将基因编辑技术应用于人类辅助生殖医疗，扰乱医疗管理秩序，情节严重，其行为已构成非法行医罪。根据 3 名被告人的犯罪事实、性质、情节和对社会的危害程度，依法判处被告人贺某某有期徒刑 3 年，并处罚金人民币 300 万元；判处张某某有期徒刑 2 年，并处罚金人民币 100 万元；判处覃某某有期徒刑 1 年 6 个月，缓刑 2 年，并处罚金人民币 50 万元。

【案例评析】

本案虽然是刑事案件，但对人体基因、人体胚胎研究涉及的人格权损害纠纷问题具有一定的指导意义，也与刑法上的非法行医罪彼此呼应，能够在一定程度上控制社会不稳定因素。

本案焦点是人体基因编辑研究合同是否侵犯人格尊严。

研究人员与受试者之间因艾滋病疫苗开发项目而存在一个人体基因编辑研究合同，即便当前公开披露的信息并不全面具体，但双方签订的所谓知情同意书其实是合同成立的证明，只是就其内容来看，因其违反了《医疗技术临床应用管理办法》《人胚胎干细胞研究伦理指导原则》《人类辅助生殖技术和人类精子库伦理原则》和《人类辅助生殖技术规范》等行政法规的强制性规范和伦理道德，并以隐瞒真相的方式进行，侵犯了"个人自由与尊严"，特别是威胁了个体健康权，因此该人体基因编辑研究合同无效。

三、医学研究伦理制度对医学科研活动的影响

《民法典》人格权编对人体基因、人类胚胎研究的创新性规定填补了民事立法的空白，完善了生命科学时代的人格权体系，体现了《民法典》立法的创新性与时代特色，也标志着我国对生物医学研究活动的规制从行政规制时代迈入基本法规制时代，既从民事基本法的高度提供了相关立法基础，对细化立法和规范研究行为、预防不良事件的发生以及保护和救济受试者人格权都是必要的；也为涉及人的生物医学研究提供了行为规范和权利救济依据，对指导我国的生物医学研究具有重要的现实意义。同时，有助于解决医

学和医疗实践中出现的人格权纠纷，包括人体基因、生殖细胞、人体胚胎和胎儿的法律地位认定，还对弱势受试者和儿童受试者提供了特殊保护措施。但是，由于《民法典》第 1008 条和第 1009 条属于不完全法条，加之《民法典》侵权责任编第六章"医疗损害责任"的相关条款（如《民法典》第 1219 条）仅规定了常规诊疗中不履行解释说明义务的侵权责任，而未明确规定临床研究中侵害知情同意权的法律责任问题，未来还需要在修订《民法典》或修订《涉及人的医学研究伦理审查办法》时进一步细化相关规定。当前，医疗实践和司法实践中应当注意把握以下几个方面的问题。

（一）《民法典》明确了人体临床试验的审批审查义务及其法律效力

《民法典（草案）》审议期间，关于人体临床试验是否需要设置相关的行政许可，存在两种不同观点。一种观点主张，人体试验的具体类型很多，情况复杂，难以作出统一规定，只要个人同意即可，并不需要相关的行政许可。另一种观点认为，有关科研机构开发新药或开发新的治疗方法，需要在人体上进行试验的，依法经相关主管部门批准后，还应当向接受试验的本人或者其他监护人告知可能产生的损害等详细情况，并经其书面同意，但本人或监护人可随时撤销该同意。王利明教授认为，由于医学试验是对个人生命权、身体权、健康权的一种处分，对个人利益影响重大，为防止个人出于其他目的而作出不利于其生命权、身体权、健康权的不当处分，应当设置相关的行政许可程序。[1] 本书认为，根据《民法典》第 1008 条，人体临床试验最终必须依法经主管部门批准后方可开展。这一条规定是非常必要的。由于《基本医疗卫生与健康促进法》《药品管理法》等相关行政管理法都已经明确了涉及人的生物医学研究的监督管理主体的审批、审查和监督职责，这有助于预防医疗机构、医学研究机构作出侵害受试者权益的行为，一旦发生，主管部门还将对医疗机构、医学研究机构和直接责任人作出相应的行政处罚，重者甚至可以吊销执业许可证或证书。相比民事赔偿，这种行政处罚更具震慑力。如此规定，意味着纠纷的解决就多了一个裁判依据，总之，这一

---

[1]　王利明：《人格权重大疑难问题研究》，法律出版社 2019 年版，第 400 页。

规定实现了关口前移，有助于通过加强医疗质量安全管理，从源头上预防和减少临床研究相关的不良事件发生。

（二）《民法典》明确规定研究者的解释说明义务，固化、细化知情同意制度

涉及人的生物医学研究以人或人体为研究对象，试验比常规诊疗程序具有更大的不确定性和高风险性，关系到个体的生命健康等，这就要求研究者或试验实施者对受试者承担更高的注意义务，切实督促研究者履行告知义务。现有行政管理法对知情同意制度有明确具体的规定，但是法律层级较低，而《民法典》第 1008 条总结过去立法和实践的成熟做法和经验，在后段明确规定，人体试验要向受试者或者受试者的监护人告知试验的目的、用途和可能产生的风险等详细情况，并经其书面同意。这一规定固化并细化了人体试验的知情同意制度。据此规定，在进行人体试验前必须做到两个方面：一是知情同意书告知的信息必须完备，包括向受试者详细告知试验目的、试验步骤（包括所有侵入性操作）、试验期限、潜在的风险、预期的受益、可行的备选治疗、是否获得报酬和承担费用、可识别受试者身份的有关记录的保密程度、试验相关的损害补偿和治疗，并说明参加试验是自愿的，可以拒绝参加或有权在试验的任何阶段随时退出试验而不会遭到歧视或报复，其医疗待遇与权益不会受到影响。二是知情同意过程应当真实有效，申言之，应当符合完全告知、充分理解、自主选择的原则；知情同意的表述应通俗易懂，适合该受试者群体理解的水平；对如何获得知情同意有详细的描述，包括明确由谁负责获取知情同意，以及签署知情同意书的规定；计划纳入不能表达知情同意者作为受试者时，理由应充分正当，对如何获得知情同意或授权同意有详细说明；在研究过程中听取并答复受试者或其代表的疑问和意见等。

（三）实践中应注意给予受试者必要的补偿/赔偿，并明确补偿/赔偿的标准和范围

《民法典》第 1008 条第 2 款虽然明确规定，进行临床试验不得向受试者

收取试验费用，但是没有明确规定是否应当给予补偿和赔偿，实践中应当如何理解和操作呢？

首先，临床研究给予受试者合理的补偿和赔偿都是必要的。根据国际医学伦理规范和医学伦理审查惯例，临床研究中应当以受试者人身安全和健康权益为优先考量因素，之后才是科学和社会利益。基于此，《涉及人的生物医学研究伦理审查办法》和《药物临床试验质量管理规范》都确立了医学临床研究的免费和补偿、赔偿原则，并且规定生命科学和医学研究不得使用欺骗、利诱、胁迫等手段使受试者同意参加研究；同时要求对受试者参加研究不得收取任何研究相关的费用，对于受试者在研究过程中支出的合理费用应当给予适当补偿；受试者受到研究相关损害时，应当得到及时、免费治疗，并依据法律法规及双方约定得到补偿或者赔偿。

其次，知情同意书应当专设和载明研究者合理补偿和赔偿条款。研制新药、医疗器械或者发展新的预防和治疗方法，进行的临床试验风险较大，难以预见，自愿参加临床研究属于民法上的"自甘风险"，从比较法上来看，研究者无须承担侵权责任，除非有过错（比较法例可参考荷兰）。[1]但是，从尊重和保护个体生命权出发，为了防范可能的风险和损害，临床研究应当尊重个体的自主决定，应当经过受试者的书面知情同意。采用书面知情同意形式可以给予受试者深思熟虑的机会，让其充分考虑是否参加人体临床试验。[2]同时，一些风险比较大的研究还需要未成年受试者的监护人知情同意。经过受试者书面知情同意意味着受试者对其身体享有支配权和自决权，这种自决权的行使也就意味着受试者自愿接受研究和试验带来的合理风险和人身损害。然而，参加临床研究毕竟不同于普通的自甘风险行为，是高尚无私的人道主义行为，受试者参加研究的合理支出应当得到适当补偿，受试者参加研究受到损害时，应当依法给予合理、合法的治疗、补偿或赔偿。总之，为了确保受试者权益和避免发生纠纷，特别是对健康人群进行人体试验

---

〔1〕 满洪杰："论医学人体试验中的侵权责任——以比较法为视角"，载《法学论坛》2012年第5期。

〔2〕 刘士国主编：《中华人民共和国人格权法律条文建议附理由》，中国法制出版社2017年版，第80页。

应当给予必要的补偿和赔偿，并在知情同意书里载明补偿或赔偿的标准和范围。

最后，人体基因、人体胚胎研究者未尽到合理注意义务，违反"三不"规则，即不得危害人体健康，不得违背伦理道德，不得损害公共利益，造成受试者损害的，研究者所在医疗机构或医学研究机构应当承担赔偿责任。这里需要明确两点：一是研究者存在违反"三不"规则中任何一种有违公序良俗的情况。涉及人的生物医学研究不仅涉及个体的生命和健康，也涉及医学技术进步和公共利益，因而，研究过程不仅要尊重受试者的自主权而且还需要严格遵守相关强制性法律规范。根据《民法典》第153条，违反法律、行政法规的强制性规定或违背公序良俗的民事法律行为无效，所以涉及人的生物医学研究的知情同意以及受试者自主权的行使也应当符合法律、行政法规的强制性规定和公序良俗，否则即使受试者作出承诺，该承诺也是无效的。另外，研究者应当履行保密义务。涉及人的生物医学研究如接触到受试者的个人信息，应当恪守保密义务。〔1〕二是试验者未尽到相关的说明义务，则受试者的同意并不能产生相应的法律效力，在试验行为造成受试者损害的情形下，受试者有权请求试验者承担侵权责任。在试验期间，受试者有权随时了解与其有关的信息资料。因为人体医学试验的风险较大，很可能造成受试者身体的严重损害，因此，在医学试验开始前，应当告知受试者该试验可能带来的不利后果，在试验过程中，应当及时向受试者告知试验的进展情况，如果试验过程中产生了新的风险，也应当及时向受试者告知并由受试者决定是否继续参加该医学试验。如果试验者故意隐瞒相关信息，造成受试者损害的，受试者应当有权请求赔偿。〔2〕

综上所述，《民法典》人格权编第1008条和第1009条对受试者的保护起到了革命性的作用，不仅明确了受试者的人格权利，更确立了人体临床试验中保护受试者权益的核心制度，尤其是伦理审查制度和知情同意制度，对涉及人的生物医学研究的影响无疑是深远和深刻的。从此，受试者的权利保

〔1〕 王利明：《人格权重大疑难问题研究》，法律出版社2019年版，第401页。
〔2〕 王利明：《人格权重大疑难问题研究》，法律出版社2019年版，第401页。

护有了切实可行的制度支撑和机制保障，涉及人的生物医学研究的规范化开展也将在《民法典》的指引下推动医学科技创新稳健发展，成为医疗卫生健康事业产业发展的重要引领力和支撑力。

（作者：申卫星、杨芳）

第十二章
肖像权制度及其影响

　　《民法典》第 1018 条至第 1023 条着重规定了公民人格权之肖像权的法律保护，本章在《民法通则》基础上，对肖像权保护进行了细化与完善。这是对互联网时代引发的肖像权新兴问题所作的查漏补缺性规定。在新媒体突飞猛进的背景下，《民法典》对此问题专章规定体现出我国民事主体对肖像权焦点问题的密切关注。对肖像权的细化规定，不仅传递出我国立法机关加强对包括肖像权在内的人格权保护的信号，也厘清了新媒体时代肖像权侵权的界限，为新兴热点问题的相关司法实践提供了坚实清晰的裁判依据。医疗法律关系中，经常会涉及患者肖像的使用，如何在医疗行为中尊重、保护患者的肖像权，也是广大医务工作者需重点关注的问题。

一、法律规定与理论解析

（一）法条解读

　　肖像权是公民人格权中最基本、最重要的权利之一，关于肖像权的认定，肖像权侵权的认定，不认定为肖像权侵权的行为如合理使用、许可使用等，是肖像权保护的核心内容。《民法典》关于肖像权保护的规定集中于人格权编第四章第 1018 条至第 1023 条，分别对肖像权的定义、肖像权的消极权能、肖像权的合理使用、肖像权许可使用合同、肖像权的参照适用进行了规定。该章对肖像权的规定相比以往还有大量创新和亮点，如对姓名许可和声音保护都创新性地规定参照适用肖像权保护的有关规定。

1. 肖像权的认定

《民法典》第 1018 条规定："自然人享有肖像权，有权依法制作、使用、公开或者许可他人使用自己的肖像。肖像是通过影像、雕塑、绘画等方式在一定载体上所反映的特定自然人可以被识别的外部形象。"

该条是对自然人享有的肖像权及其客体的规定，明确界定了肖像为一定载体上反映的特定自然人可被识别的外部形象。该条有以下三个亮点。

（1）增加了对肖像内涵的界定。认定为肖像需具备艺术手段的表现方法、固定在一定载体上、可识别性以及特定自然人的外部形象四个要素。《民法典》此次将肖像界定为"外部形象"，顺利解决了背影、侧脸、手等非传统意义上的肖像能否适用"肖像权"进行保护的争议。

（2）增加了肖像权的权能认定。肖像权的权能包括：①制作权，权利人可依照自己的意愿，通过多种艺术表现形式制作自己的肖像，如自拍。②使用权，权利人对于自己的肖像，依照自己的意愿决定如何使用，如自我欣赏。③公开权，权利人有权依照自己的意愿决定自己的肖像是否可以公开，怎样进行公开。④许可他人使用权，权利人可以与他人协商，签订肖像许可使用合同，准许他人使用自己的肖像，即肖像使用权的部分转让。[1]该条特别强调了肖像权的权能需"依法"之前提，行使肖像权不得违反法律法规的有关规定，例如，不得利用（或许可他人使用）自己的肖像制作黄色、淫秽影像，或对前述影像予以公开等。

（3）将肖像权主体由"公民"扩大至"自然人"。公民，多为政治概念或宪法概念，与国家相对应。自然人即为普通意义上的人，与法人相对应。民法上的自然人，不仅包括中国公民，还包括我国领域内的外国人和无国籍人。因此，该表述更为科学及严谨。

2. 肖像权的消极权能

《民法典》第 1019 条规定："任何组织或者个人不得以丑化、污损，或

---

〔1〕 杨立新主编：《中华人民共和国民法典释义与案例评注：人格权编》，中国法制出版社 2020 年版，第 229 页。

者利用信息技术手段伪造等方式侵害他人的肖像权。未经肖像权人同意，不得制作、使用、公开肖像权人的肖像，但是法律另有规定的除外。未经肖像权人同意，肖像作品权利人不得以发表、复制、发行、出租、展览等方式使用或者公开肖像权人的肖像。"

该条是对不得非法使用肖像权人肖像的规定，也即肖像权的消极权能。根据该条第 1 款规定，医学实践中，医患双方都需要注意对对方或第三方肖像权的保护，否则涉嫌侵权。一方面，医务人员在进行商业宣传、参加学术论坛等公共活动时，未经患者同意，不得擅自使用或公开患者肖像；另一方面，未经医务人员或第三方同意，患者不得私自对诊疗过程进行录音录像，对外公开、使用医务人员的肖像。

如果肖像作品具备著作权的客体特征，受到著作权保护，肖像作品上即体现了两种权利，一种是肖像权，另一种是作品的著作权，当肖像权人和著作权人不是同一人时，两种权利可能存在冲突。该条第 2 款对这种情形进行了规定。从原则上说，肖像作品的权利人享有肖像作品的著作权需受到肖像权的约束，肖像权相对于著作权而言属于在先权利，未经肖像权人同意，肖像作品权利人不得以发表、复制、发行、出租、展览等方式使用或者公开肖像权人的肖像，即人格权优先于财产权。

另外，该条在《民法通则》等相关规定的基础上对肖像权作出了进一步的保护性规定。一方面，对侵害他人肖像权的行为进行了扩充，除"使用"外，还增加了"制作、公开"的行为方式；另一方面，取消了"以营利为目的"这一前提。这一修改是考虑到，司法实践中对以营利性目的的主观要件的认定存在一定难度。并且，以非营利性目的而制作、使用、公开他人肖像的行为，也同样侵害他人的肖像权。例如，偷拍他人、擅自公开他人前往性病门诊就诊的肖像等，显然对肖像权人的侵害程度不亚于以营利为目的的侵权行为。因此，《民法典》第 1019 条的规定是符合社会发展与司法实践的顺势之举。

3. 肖像权的合理使用

《民法典》第 1020 条是对肖像权合理使用的规定，列举了多种合理使用情形，在实施所列举的行为时，可以不经过肖像权人的同意，此类行为不构成侵权。

值得注意的有两点，其一，行为主体如医疗机构即便为学习、艺术欣赏、教学或科研使用患者肖像时，也应当在必要的范围内使用，且应使用肖像权人已公开的肖像，因此使用患者肖像时仍然需要考虑"必要范围内""已经公开"的限定。其二，行为主体如医疗机构应仅应在实施新闻报道或为展示特定公共环境而不可避免的情况下制作、使用、公开肖像权人的肖像。如果医疗机构为了展示自己新投入使用的门诊大楼、住院部，或者新开设的有关科室而进行宣传，这种情况下患者肖像的制作、使用和公开对于展示并不是不可避免的，因此，这种情况不构成合理使用。

4. 肖像权的许可使用

（1）《民法典》第 1021 条规定："当事人对肖像许可使用合同中关于肖像使用条款的理解有争议的，应当作出有利于肖像权人的解释。"肖像许可使用合同是支配人格利益的合同，而该条争议条款解释原则对人格权益作出倾向性保护，能够在一定程度上规避超出许可使用范围引起的纠纷，从而减少对肖像权的侵害，体现了现代民法的人文情怀，符合《民法典》的立法目的。

（2）《民法典》第 1022 条规定："当事人对肖像许可使用期限没有约定或者约定不明确的，任何一方当事人可以随时解除肖像许可使用合同，但是应当在合理期限之前通知对方。当事人对肖像许可使用期限有明确约定，肖像权人有正当理由的，可以解除肖像许可使用合同，但是应当在合理期限之前通知对方。因解除合同造成对方损失的，除不可归责于肖像权人的事由外，应当赔偿损失。"

该条是对肖像许可使用合同解除权的规定。该条第 1 款为肖像许可使用合同的解除赋予了极大的自由空间。在合同没有约定许可使用期限或有约定但约定不明确时，合同的双方当事人均可以在合理通知对方后解除合同。该条在强化肖像权保护的同时，鼓励肖像权的许可使用交易，属于互联网新时代经济快速发展的必然之举。

（3）《民法典》第 1023 条规定："对姓名等的许可使用，参照适用肖像许可使用的有关规定。对自然人声音的保护，参照适用肖像权保护的有关规定。"

该条创新性地对自然人的姓名、声音等作出了保护性规定，要求对自然人姓名等许可使用和对自然人声音的保护，参照适用肖像权的有关规定。该条中"姓名"的后面有一个"等"字，这就给《民法典》的适用带来了一定的弹性空间。随着社会经济生活的不断发展而衍生出来一系列与"姓名"有关的权利，均可以按照该条予以保护和规范，如网名、QQ 号码、游戏账号、微信名等。就医疗卫生领域而言，医疗机构应注意不能贸然使用患者姓名，否则可能涉嫌侵害患者姓名权。

《民法典》将对声音的保护纳入人格权编，使得恶意伪造、污损他人声音将或构成侵权行为，促进了对自然人人格权利保护的体系化、完善化。据此，医美等医疗机构在使用成功患者讲述诊疗经历，以进行商业宣传时，不但需注意保护患者的肖像权，亦需进行变声等技术处理，以全面保护患者的人格权益，合理规避法律风险。

（二）肖像权制度的立法历史沿革

我国既往对于肖像权的规定主要见于《民法通则》《民法总则》《侵权责任法》及相关司法解释。《民法通则》第 100 条规定："公民享有肖像权，未经本人同意，不得以营利为目的使用公民的肖像。"1988 年《最高人民法院关于贯彻执行〈中华人民共和国民法通则〉若干问题的意见（试行）》第 139 条规定："以营利为目的，未经公民同意利用其肖像做广告、商标、装饰橱窗等，应当认定为侵犯公民肖像权的行为。"《妇女权益保障法》第 42 条规定："妇女的名誉权、荣誉权、隐私权、肖像权等人格权受法律保护……未经本人同意，不得以营利为目的，通过广告、商标、展览橱窗、报纸、期刊、图书、音像制品、电子出版物、网络等形式使用妇女肖像。"《侵权责任法》第 2 条规定："侵害民事权益，应当依照本法承担侵权责任。本法所称民事权益，包括生命权、健康权、姓名权、名誉权、荣誉权、肖像权、隐私权、婚姻自主权、监护权、所有权、用益物权、担保物权、著作权、专利权、商标专用权、发现权、股权、继承权等人身、财产权益。"《最高人民法院关于审理利用信息网络侵害人身权益民事纠纷案件适用法律若干问题的规定》第 1 条规定："本规定所称的利用信息网络侵害人身权益民事纠纷案件，是指利用信息网络侵害他人姓名权、名称权、名誉权、荣誉权、肖像权、隐私权等人身权益引起的纠纷案件。"

上述法律、司法解释等对于肖像权的规定尚有不完备之处，如《民法通则》未对肖像或肖像权进行定义，缺少对肖像或肖像权内涵、外延的限定；将肖像权的主体限定为公民。《侵权责任法》未对侵害肖像权的责任界定与承担作出细化规定等，难以为司法机关提供清晰明确的界定肖像权侵权行为的法律准据。《民法典》第 1018 条至第 1023 条，对以往关于肖像权的保护性规定进行了整合、新增与完善，对姓名权的许可使用与自然人声音的保护进行了新增规定，明晰了司法实践的边界，使得我国法律对人格权的保护更加全面具体。

（三）肖像权制度的比较法分析

肖像权作为人格权的基本权利之一，具有独特性、绝对性等特点。随着社会发展与社会主体权利意识的提高，各国相继将肖像权纳入法律体系予以保护。然而是否将肖像权视为独立的人格权益并进行单独的列举和描述，各国立法则大不相同。

例如，英美的法律体系不承认肖像权为独立的人格权益。英国的判例是通过认定"诽谤""欺诈"等对肖像权提供间接的保护。通常，侵害肖像权的行为被纳入名誉权侵权行为之下予以追责。[1]而美国的司法实践，则是将肖像权归入隐私权的范围加以保护，其判定隐私权侵权行为的四个要件之一即为"盗用他人姓名或肖像"，且美国司法实践认定"因商业目的盗用他人姓名或类似物""发表错误暴露他人隐私的资料"两种隐私权侵权行为均涉及保护肖像权益。[2]1903 年，美国纽约州颁布的《纽约民权法》规定，"任何人不得在未得到本人同意的情况下将他人的姓名、画像或照片用于广告或

---

〔1〕　［德］克雷斯蒂安·冯·巴尔：《欧洲比较侵权行为法》（上卷），焦美华译，法律出版社 2001 年版，第 124 页。

〔2〕　洪伟：《大众传媒与人格权保护》，上海三联书店、华东师范大学出版社 2005 年版，第 240 页。

贸易的用途"。随后，美国其他州也陆续颁布了有关保护肖像权益的法律。英美在司法实践中，均意识到了保护肖像权益的重要性。但一项侵害肖像权益的行为能否被认定为侵权行为，尚取决于其是否同时具备名誉权或隐私权等的侵权行为要件，此类立法对肖像权侵权行为的认定标准要求较高。

德日的法律体系则将肖像权归于一般人格权的范畴。《德国民法典》制定之初，肖像权相关规定被转移到《德国艺术与摄影作品著作权法》中加以保护。随后，肖像权作为一项基本民事权利而被纳入《德国民法典》予以全面保护。同样，在日本，当肖像权受到损害时，常以人格权受到损害为诉因提起诉讼。日本的判例中规定，"作为个人社会生活的一部分，任何人均有不经本人同意不许对其容貌、姿态进行摄影的权利"，但"目的为正当报道采访、正当证据保存、司法权力行使需保存证据的"拍摄行为除外。[1]德日的立法例中，均对肖像权作出了特别法律保护，相比英美的法律规定，一方面强化了对侵害肖像权益行为的惩处力度，另一方面，亦将民事主体的肖像权益从名誉权或著作权等人格或财产权益中抽离出来，视为独立的人格权益。

借鉴前述立法法律体系，我国法律自1986年《民法通则》即提出肖像权的概念，给予肖像权独立的法律保护。《民法典》亦将肖像权纳入人格权编，对其进行建章立制与补充修订，较之于各国立法例更为清晰准确，也符合中国社会实践。

二、典型案例及分析

朋友圈擅自发送患者图片案[2]
——肖像权侵权认定

【基本案情】

张某带其子张小某至北京某口腔诊所修整牙齿，该口腔诊所的医务人员

---

〔1〕 参见刘正民："论肖像权的民法保护"，河南大学2009年硕士学位论文。
〔2〕 （2017）京03民终10407号判决。

夏某将张小某眼部有马赛克的正面全身照片发至朋友圈，配有"脂肪缺乏症，该病大部分是由于基因缺失导致，它会引起机体营养缺失，并使脑细胞受损严重"等文字。后又在行业内部研讨会上授课介绍"脂肪缺乏症"时使用张小某的口腔牙齿照片。

【法院审判】

法院认为，关于夏某在其朋友圈发布张小某眼部有马赛克的正面全身照片问题，该照片虽有一定遮掩效果且并非用于营利目的，但未征得监护人同意确有失当，事后夏某将照片和信息删除并进行口头道歉。关于夏某在行业内部研讨会授课提及脂肪缺乏症并配有张小某照片问题，夏某使用的图片为张小某的口腔牙齿照片，而非正面照片，且夏某使用的文字不能使照片与张小某相关联。综上，法院未支持张某主张夏某与北京某口腔诊所承担侵犯张小某肖像权、名誉权造成的经济损失、精神损害赔偿及其他损失的诉讼请求。

【案例评析】

本案中，法院未支持原告的诉讼请求，但《民法典》颁布实施后，类似案例的判决或有所不同。本案焦点是不以营利为目的的公开肖像权人肖像的行为是否侵犯肖像权益。

有学者认为，对"以营利为目的"这一表述的理解，不能作直接解释。如在某知名运动员与某报社的肖像权纠纷案[1]中，审理法院将肖像权纳入人格权的范畴加以考量，认为即使行为人未以营利为目的使用他人肖像，但对他人人格权造成侵害的行为本身，即为有过错的人格权侵权行为。亦有学者认为，《民法典》第1019条取消了"以营利为目的"的表述，该修订属于对肖像权侵权行为的要件性修订，未有法律另行规定的擅自制作、使用、公开肖像权人肖像的行为，一经作出则肖像权侵权行为成立。

《民法典》颁布施行之后，对肖像权的保护更为严格。医疗机构及医务人员应着力避免在肖像权的合理使用范围之外，擅自制作、使用或公开他人的肖像。

---

〔1〕 （2005）海民初字第 2938 号判决；（2005）一中民中字第 8144 号判决。

三、肖像权保护制度对医疗工作的影响

《民法典》人格权编对于肖像权的建章立制完善了我国肖像权保护的法律体系，满足了互联网医疗及医美整形快速发展时期对肖像权保护日益增长的需求，符合《民法典》注重人格权保护的特色。自此，医疗机构及医务人员在从事各项活动时，均需注意避免肖像权内容、取得肖像权人的知情同意与保护既有肖像信息"三管齐下"。同时，医疗机构在日常运营管理中也需注重完善有关肖像权保护的常态化机制，为规避法律风险提供制度保障。具体来看，医疗机构及医务人员在工作中需着重注意把握以下几个方面。

（一）《民法典》扩充了肖像权侵权行为的范围，医疗工作中需注意加强肖像权保护意识

《民法典》第 1019 条在《民法通则》等法律规定的基础上，将肖像权的侵权行为由单一的"使用"行为扩充为"制作、使用、公开"等行为，同时，删去了"以营利为目的"的主观前提要件，从主观及客观两方面加强了对肖像权的保护力度，降低了肖像权侵权行为的认定门槛。该项修订为司法实践认定肖像权侵权行为提供了更为明确的标准，同时为医疗机构及医务人员保护患者、工作人员及其他人员的肖像权提出了更高的要求。例如，既往的司法判例中，单纯制作、留存患者的身体部位底片的行为，不以营利为目的而使用患者肖像进行举例展示的学术性行为，或互联网医疗平台注册信息泄露行为等，均难以被认定为肖像权侵权行为。《民法典》实施后，如未经肖像权人同意，前述行为均涉嫌侵权责任。因此，取得肖像权人的知情同意并留存有关书面或视频证据至关重要。医疗机构及医务人员在从事有关工作时，需全程具备肖像权的法律保护意识，以严格的保护意识指导工作中的各项环节，提前规避肖像信息泄露导致的不良影响或争端、诉讼等法律风险。《民法典》的该项修订无疑强调了在互联网医疗快速发展的当下，医疗机构及医务人员对患者及其他肖像权人的肖像信息之更高位阶、更为严格、更为全面的法律保护责任。

（二）各项医疗工作均应注重事前预防、事中管理、事后监管，避免侵害肖像权人合法权益

《民法典》第 1018 条及第 1019 条界定了肖像及肖像权的内涵，并对肖像权的消极权能予以明确规定，强化了对医疗机构及医务人员，特别是医美整形机构及互联网医疗平台的限制性要求，推动了对医务人员、患者、其他来院人员、网络平台注册人员等集群的肖像信息保护。在各项工作中，医疗机构及医务人员应严格做好防范及监管措施，建立完善的追责制度，从事前、事中、事后，各环节全方位保护肖像权人的肖像信息，避免造成肖像权人的合法权益受到损害的法律后果。具体来看，医疗工作中的肖像权保护措施需着重注意以下七个方面。

1. 诊疗工作中的肖像权保护问题

诊疗活动中，医务人员出于对诊疗信息，特别是整形外科、特殊伤情等诊疗过程或检查结果进行记录、存档等原因，需留存身体部位影像时，需考虑是否符合《民法典》第 1018 条对于肖像的界定，并尽量规避将可识别性特征等肖像权内容纳入病历的情形。如无法规避或肖像信息必不可少时，则需有肖像权人的书面授权。医疗机构，特别是互联网医疗平台亟须制定具体的肖像信息存档保护机制，避免肖像信息的不正当公开，规避相关法律风险。

2. 学术交流活动中的肖像权保护问题

医学科研人员、医务人员出于学术交流研讨等原因，需要引用患者或其他人员案例信息时，在学术或科研交流前需对肖像权及隐私权信息做好合法性审查工作，避免拍摄、使用患者或其他人员的肖像信息，且非必要不公开保护性信息。如无法避免使用、公开肖像信息时，则需提前取得肖像权人的同意，充分告知肖像权人肖像公开的内容、范围、目的及对肖像的保护措施等相关信息，留存肖像权人知情同意的书面或数字化证据。同时，医务人员在使用、公开他人肖像时，如果不是医疗必须——如整容医疗等，需对肖像进行模糊、遮挡等技术处理，最大程度地去除肖像的可识别性特征。

3. 安保管理工作中的肖像权保护问题

目前部分医疗机构及互联网医疗平台出于安全管理的需要，设置了配备拍照、摄像、照片上传等采集患者及其他人员肖像信息功能的安全保护系统，如安检系统、登录系统、人脸识别系统等。在设置监控位置、采集肖像信息时，医疗机构及互联网医疗平台需严格依照有关法律法规、政策文件的规定，并定期就肖像权内容向有关部门进行合法性报告。另外，医疗机构应建立完善的监控视频资料复制管理制度，对监控视频资料的复制等进行严格的限制与管理，避免监控视频内容违法外泄，侵犯肖像权人的合法权益。

4. 日常管理工作中的肖像权保护问题

医疗机构特别是整形医院等医美机构及互联网医疗平台，均保存了大量来访人员的肖像信息，信息泄露将对肖像权人的生活及名誉等造成无法挽回的影响。因此，医疗机构在日常管理中需注意对患者、其他来院人员、网络平台注册人员等的肖像信息保护，对肖像信息的接收、提取、保存、留档等工作予以科学详尽的规制及管理。同时，医疗机构对机构内部工作人员的肖像权也需给予同等的尊重及保护。

5. 对外宣传中的肖像权保护问题

医疗机构，特别是医美或皮肤病等私密性较强的医疗机构，在对外宣传的照片或音频、视频中，需注重保护出镜人员，包括患者、机构内部工作人员及其他入院或注册人员的姓名及肖像信息，严格限定涉及肖像等信息内容的使用，设置完善的肖像权侵权责任制度。在上传或发布宣传信息前，医疗机构及互联网医疗平台需对宣传内容进行严格的合法性审查，征求涉及的肖像权人的书面同意，向其详细阐释公开范围及使用方式，留存权利人知情同意的书面证据。根据《民法典》第 1019 条的规定，医疗机构及互联网医疗平台在取得肖像权人的同意后使用肖像信息时，不得伪造或丑化肖像的内容，不得擅自改变肖像的使用方式或使用目的，否则行为人需承担侵权责任。

6. 网络风险防范中的肖像权保护问题

为防范互联网风险，医疗机构亟须建立一套数字化风险防范系统，指定专业人员对该防范系统进行定期的检查、维护，并根据互联网及新媒体等的发展及时进行系统更新及漏洞修补，以满足保护电子信息免遭侵袭的数字安全需求。

7. 声音、姓名等的法律保护

考虑到《民法典》对自然人的声音、姓名等做了参照适用肖像权保护的一些规定，医疗机构及医务人员还需要特别注意对患者声音、姓名等权利的尊重和保护。如在有关论文的写作出版过程中，要注意对患者真实姓名的保护。另外在举行一些疑难病例研讨时，也要注意隐去患者的真实姓名，避免引发争议。

综上所述，《民法典》人格权编第 1018 条至第 1023 条强化了对民事主体肖像权益的立法保护，不仅厘清了肖像权的内涵，从积极权能与消极权能两方面确立了民事主体的肖像权益，更通过明确合理使用与许可使用等肖像权制度核心内容的方式，平衡了对人格权的保护与社会发展中对于肖像日益高涨的使用需求。在新媒体快速发展的时代，司法机关对于肖像权侵权行为的界定有了更为系统明晰的审判依据，广大医疗机构也应在《民法典》的指引下规范开展诊疗活动和管理活动，进一步保障患者等相关群体的肖像权益。

（本章作者：万欣、杨季宇、周琴）

第十三章
名誉权制度及其影响

《民法典》第 1024 条至第 1030 条从法律层面对名誉权的定义、名誉权的保护、名誉权侵权行为的认定、媒体报道内容失实的补救规则等情形作出了详细的规定，弥补了我国既往法律层面对于名誉权相关规定过于抽象以及缺乏对新型名誉权侵权行为的法律认定等不足。新媒体及互联网医疗快速发展，加之医疗行业较高的社会敏感性，与之相关的行业新闻传播迅速，医疗机构及医务人员如何利用明确细化的名誉权保护制度维护自身合法权益，为医疗事业健康发展营造良好舆论氛围，积极维护医疗行业名誉权，是本章的重点研究内容。

一、法律规定与理论解析

（一）法条解读

名誉权是民事主体重要的人格权之一，直接涉及民事主体在社会活动中所得到的社会评价，关系到人格尊严的实现以及民事活动的正常进行，因此，保护民事主体的名誉权是其得以在群体中生存的根本权利保障，也是社会平稳有序运行的"压舱石"，具有重要的意义。而何为名誉权、何种行为可以认定为名誉侵权行为等问题的解决，对于名誉权的保护至关重要。《民法典》人格权编第五章"名誉权和荣誉权"部分对民事主体的名誉权保护作出了相应的规定。

1. 名誉权的基本内涵

《民法典》第 1024 条规定："民事主体享有名誉权。任何组织或者个人不得以侮辱、诽谤等方式侵害他人的名誉权。名誉是对民事主体的品德、声望、才能、信用等的社会评价。"

本条是对名誉权及其客体的规定，明确将"名誉"界定为一种社会评价，评价内容为民事主体的品德、声望、才能、信用等。名誉权保护的是民事主体的社会评价不因他人的任意行为而降低的权利。侵害名誉权的行为包括侮辱、诽谤等方式。侮辱，是指通过谩骂等方式贬损特定民事主体的名誉，与所描述的事实真伪无关。诽谤为侵犯名誉权的主要方式，分为直接诽谤与间接诽谤。直接诽谤是行为人故意或过失公开虚假事实，损害他人名誉；间接诽谤一般是行为人叙述的为正向的虚假事实，通过夸赞等方式造成权利人名誉的损害。

2. 名誉权侵权行为的认定

（1）《民法典》第 1025 条规定："行为人为公共利益实施新闻报道、舆论监督等行为，影响他人名誉的，不承担民事责任，但是有下列情形之一的除外：（一）捏造、歪曲事实；（二）对他人提供的严重失实内容未尽到合理核实义务；（三）使用侮辱性言辞等贬损他人名誉。"

本条是对新闻报道、舆论监督等影响他人名誉的免责以及除外条款的规定。本条规定了名誉权侵权的免责事由，即为了公共利益实施新闻报道、舆论监督等行为。同时该免责事由具备除外情形，即新闻报道或舆论监督行为属于捏造、歪曲事实的；对他人提供的严重失实内容未尽到合理核实义务的；或使用侮辱性言辞等贬损他人名誉的。在实际生活中，医疗纠纷有关报道容易引发争议，如实、客观的报道对于构建和谐医患关系具有重要的影响。本条除外规定对新闻报道、舆论监督的合理限制，势必对医疗事业的健康发展起到有益的作用。

（2）《民法典》第 1026 条规定："认定行为人是否尽到前条第二项规定的合理核实义务，应当考虑下列因素：（一）内容来源的可信度；（二）对明显可能引发争议的内容是否进行了必要的调查；（三）内容的时限性；

（四）内容与公序良俗的关联性；（五）受害人名誉受贬损的可能性；（六）核实能力和核实成本。"

本条是对第 1025 条第 2 项内容中关于"合理核实义务"的进一步解释。本条列举了认定合理核实义务的考虑要素，是《民法典》新增的衡量标准，将抽象的概念具化为司法审判实践中明确且具有可操作性的指导方向。第一，合理核实义务首先应考虑的是消息来源是否具有可信度，可以从提供信息之人的学术背景、工作岗位、社会地位、对所提供信息是否容易接触了解等方面进行判定，如信息内容由企事业单位发布，可从发布机关或部门的规模、性质、社会影响力、声誉等方面进行判定。第二，是否履行了调查核实义务，对明显可能引发争议的内容是否进行了必要的调查。第三，考虑内容的时限性。第四，考虑内容与公序良俗的关联性，包括所报道的内容是否违反公序良俗等问题。第五，在审查信息时，应考虑被报道人名誉受损的可能性，并慎重报道可能导致被报道人名誉受损的内容。第六，新闻报道特别是舆论监督是每个公民的合法权利，舆论监督人的核实能力和成本存在巨大差别，因此对所有人的核实义务要求不应泛泛等同，需根据不同的核实能力和所需成本具体判定。本条明确了行为人在新闻报道或舆论监督时需履行的合理核实义务的判定因素，加强了对报道内容的监管，在医疗行业这一社会敏感度极高的领域，对正面树立医疗行业从业人员的形象、正面引导医患关系可以发挥重要的作用。

（3）《民法典》第 1027 条规定："行为人发表的文学、艺术作品以真人真事或者特定人为描述对象，含有侮辱、诽谤内容，侵害他人名誉权的，受害人有权依法请求该行为人承担民事责任。行为人发表的文学、艺术作品不以特定人为描述对象，仅其中的情节与该特定人的情况相似的，不承担民事责任。"

本条是对文学、艺术作品侵害名誉权的规定。文学、艺术作品因其创作通常建立在一定的生活场景或人物原型的基础上而易引发名誉权侵权纠纷。认定文学、艺术作品的发表人侵犯名誉权需同时具备以下两个要件，一是发表的文学、艺术作品以真人真事或特定人为描述对象；二是发表的文学、艺术作品含有侮辱、诽谤内容。受害人名誉权被侵犯的，可以要求发表人承担

民事责任。值得注意的是，在司法实践中，对第一个要件的判定一般采用
"纵横交错法"等判定标准，以比较文学、艺术作品与现实人物、事件的相
关程度。如果司法机关认为文学、艺术作品不以特定人为描述对象，则发表
人无须承担民事责任。因此，实践中，若医务人员或者患者发现网络平台上
发表的文学或艺术作品是以自己为描述对象，且含有侮辱、诽谤等内容，侵
害了自己名誉权的，有权请求该作品的发表人承担删除作品、赔礼道歉或赔
偿损失等民事责任。

3. 媒体报道内容失实侵害名誉权的补救规则

《民法典》第 1028 条规定："民事主体有证据证明报刊、网络等媒体报
道的内容失实，侵害其名誉权的，有权请求该媒体及时采取更正或者删除等
必要措施。"

本条是关于受害人在有证据证明媒体报道内容失实导致其名誉权受到侵
害的情况下可以采取的维权措施的规定，在这种情况下，受害人有权请求媒
体及时更正或删除。相较于《英国媒体法》中规定的更正道歉义务，我国
《民法典》这一条款新增了网络媒体等新媒体作为侵权行为人。在实践中，
如果某媒体报道某医疗机构严重不负责任造成医疗事故，导致重大社会不良
影响，需承担医疗过错责任等。但是该案早已被法院判决认定医疗机构无过
错的，若医疗机构认为该报道侵害了其名誉权，对其造成不良影响，则有权
请求该媒体及时采取更正或删除等必要措施。

4. 信用评价的规定

《民法典》第 1029 条规定："民事主体可以依法查询自己的信用评价；
发现信用评价不当的，有权提出异议并请求采取更正、删除等必要措施。信
用评价人应当及时核查，经核查属实的，应当及时采取必要措施。"

本条是对信用评价的变通规定，主要针对的是为征集民事主体信用信
息，通过整理信用信息进行信用评估评价的征信机构。信用评价是民事主体
名誉的一种体现，本条赋予民事主体依法查询自己信用评价的权利，同时赋
予民事主体维护自己获得准确的信用评价的权利，在发现信用评价不当的情
况下，有权提出异议并请求采取更正、删除等必要措施，此外，信用评价人

对于当事人的异议应及时核查，核查属实的应及时采取必要措施。通过对信用评价的监督和维护，避免因信用评价不当给民事主体造成名誉权侵害以及其他相关民事权利的侵害。

5. 信用信息处理者的规定

《民法典》第 1030 条规定："民事主体与征信机构等信用信息处理者之间的关系，适用本编有关个人信息保护的规定和其他法律、行政法规的有关规定。"

本条规定了民事主体与征信机构等信用信息处理者之间的关系的法律适用问题，应适用《民法典》的隐私权和个人信息保护章节有关信息保护的规定以及其他法律、行政法规的有关规定，如《网络安全法》《电子商务法》《最高人民法院、最高人民检察院关于办理侵犯公民个人信息刑事案件适用法律若干问题的解释》的有关规定。

（二）名誉权制度的立法历史沿革

我国以往法律体系对名誉权保护的有关规定主要立足于名誉权保护的概念层面。1979 年《刑法》第 145 条首次禁止"公然侮辱他人或者捏造事实诽谤他人"，标志着我国开始确立名誉权保护的法律体系，后《民法通则》《民法总则》《最高人民法院关于贯彻执行〈中华人民共和国民法通则〉若干问题的意见（试行）》《最高人民法院关于审理名誉权案件若干问题的解释》等法律、司法解释相继明确民事主体"享有名誉权"等有关规定。然而，上述法律文件主要侧重于强调民事主体享有名誉权这一基本民事权利，并未深入界定名誉的内涵或名誉权的各项权能。同时，以往法律仅明确禁止以侮辱、诽谤等方式侵害民事主体名誉，缺少对于免责情形等名誉权保护的制度性规定及具体细化的可操作性规定，难以在实践中为司法机关提供明确的审判依据。《民法典》第 1024 条至第 1030 条将既有被广泛引用和采纳的司法解释条款的主要指导思想纳入其中，从立法层面对名誉权的内涵、侵权行为的界定、免责及除外条款、补救规则等角度对名誉权保护的法律体系进行扩充及完善，填补了司法实践中名誉权侵权纠纷审判依据的空白，为后续类似纠纷的审理提供了明确的法律指引。

（三）名誉权制度的比较法分析

名誉能够表现民事主体在社会上的地位或价值，名誉权的侵害可能导致民事主体的社会评价降低、引发偏见，甚至造成民事主体难以正常生活或运行等损害后果，因此各国均对名誉权给予全面的法律保护。随着新媒体及互联网的快速发展，名誉权侵权行为可被以录音、视频等方式记录下来，并通过新闻媒介或网络平台进行广泛且瞬时流转，极大扩张了名誉权侵权行为的传播范围，进一步扩大了侵权行为的不良影响。对此，美国的法律体系要求公民在享受言论自由的宪法权利时，应同时尊重并避免侵害他人的人格权益。美国司法实践中，较为典型的冲突体现为对特殊群体的人格权保护与新闻自由的冲突，其立法机关亦最大化地维护言论自由与对名誉权保护的动态平衡。例如，在"《纽约时报》诉沙利文"案中，美国联邦最高法院确立的"真实恶意原则"（Actual Malice）与"言论自由对名誉权侵权行为的豁免无法必然免除一般性人格权的侵权责任"的判决，均体现了其对名誉权保护的努力。相似的，日本的法律体系要求媒体工作者在进行采访及报道时，需负有高度的注意义务。但为了保障新闻报道的自由性，亦不能只为片面保护个人的人格权而束缚新闻机构的报道权利，影响其社会职责的承担。对此，在以新闻报道为案由的诉讼中，诉讼双方通常围绕新闻报道的内容是否真实或具有"相当性"展开法庭辩论。"相当性"，即行为人所散布的言论内容为真实情况，或有相当理由证明通常理性人相信该言论内容的真实性。我国《民法典》第 1025 条及第 1026 条规定了新闻报道、舆论监督行为的免责事由、除外条款以及对合理核实义务的认定要素，与美日两国的立法及司法理念不谋而合。美日两国在司法实践中，注重协调社会价值与人格权益两方面的平衡，缓解价值冲突，其对保护名誉权等人格权的司法实践问题的处理和研究，及其从理论和社会宏观角度的双向研究，均对我国的司法实践具有一定的借鉴意义。

二、典型案例及分析

"走廊医生"名誉权侵权纠纷[1]
—— 强化媒体的审查核实义务

【基本案情】

兰某某，因对其工作单位——某医院分配的岗位职务不满，多次向媒体反映所在医院的医务人员"过度医疗、贪腐严重"而被大众熟知。后因坚持在所在医院的走廊"上班"，表明与医院两立的态度而被媒体称为"走廊医生"。随之部分媒体进行后续调研及报道，大众发现兰某某所"揭露"的医院相关情况并无相关证据支持。王某某及其团队还原了医院及兰某某双方的真实情况，并制作了新闻调查节目，以第三人的视角还原了事件经过。随后，兰某某诉请法院判决王某某侵犯其名誉权，主张王某某以捏造虚假言论等方式，造成对其人格的丑化，使其名誉受损，侵犯了其名誉权。

【法院审判】

2017 年 11 月 8 日，北京市第一中级人民法院作出判决，驳回兰某某全部上诉请求。法院认为，王某某发表的言论属于言论中的"意见表达"范畴，并非属于"事实陈述"范畴。因"走廊医生"事件为关系公共利益的公共事件，兰某某亦为公众人物，故王某某的评论是言论自由及舆论监督的表现。王某某的评论内容并不构成对兰某某的诽谤及侮辱。同时，王某某的"意见表达"是对公共事件中公众人物兰某某的"善意规劝"，并无诽谤或侮辱兰某某人格的主观恶意，系公民的正当批评监督行为。综上，王某某的言论并不构成对兰某某名誉权的侵犯。

【案例评析】

本案焦点在于王某某有关兰某某的评论内容是否属于"言论自由"的

---

[1] （2017）京 01 民终 5729 号判决。

保护范围。《民法典》在明确保护民事主体名誉权的同时，也规定了新闻报道、舆论监督的免责情形。本案中，王某某的言论均具备可信的事实及理论证据支持，不存在捏造歪曲事实或使用侮辱性言辞等情形，且其言论能够缓解医患双方的对立情绪，舒缓医患关系，符合为了公共利益而实施新闻报道、舆论监督的目的。因此，兰某某主张其名誉权受到侵害的请求并不成立。法院在判决中多次提及"意见表达""公共利益""舆论监督""言论自由"，及"善意规劝"等词汇，其判决理念与上文提及的美国、日本的立法理念相类似，在保护新闻媒体社会职能履行的同时，最大化地保护民事主体的人格权益，实现言论自由与人权保护的协调一致。

三、名誉权保护制度对医疗工作的影响

（一）医疗机构及医务人员应注重对抽象性人格权益的自我保护

自新闻媒体平台陆续曝光恶意伤医事件后，如何维护平衡医患双方的合法权益、缓和医患对立关系，逐渐成为社会焦点问题，并引发卫生行政主管部门的重视。各级卫生行政主管部门陆续出台规范性文件或管理办法，强化对医疗机构的监督管理，建立医务人员的生命健康保护机制。目前，行政管理办法等文件大多从推进建立和谐稳定的医患关系角度出发，进而保护医务人员免受医闹、恶意伤医事件可能造成的侵害生命健康权等后果。相对来看，关于医疗机构及医务人员名誉权等抽象性人格权益的保护方面，少有卫生行政主管部门印发具体的文件加以明确。医疗机构及医务人员也未对抽象性人格权益予以足够的重视。互联网进入飞速发展阶段，各大信息传播平台与自媒体平台触手可及，大数据持续吸引着公众的注意力。为了博取眼球、获取注意力，部分网民不分真伪，甚至故意上传、转发虚假信息，借以获取流量。在这种背景下，互联网传播、推送的信息良莠不齐、真假难辨。甚至在部分医疗纠纷发生以后，个别患者及家属肆意在网络上发表污蔑医方的不实之词也频频发生。

面对网络传播平台上发布的侵害医疗机构或医务人员名誉权的信息，相关权利人需要强化对自身合法权益的保护意识，第一时间在权威平台澄清事

实真相，疏导网络舆论，及时辟谣止谣，避免当事人受到虚假信息的不良影响。如在本章所述案例中，兰某某所在医疗机构可以第一时间澄清不实信息，如召开新闻发布会，公开相关凭证，或在本地权威新闻媒体平台上阐述事件经过等，以减弱该事件对自身造成的不良影响。另外，医疗机构需建立健全常态化医患关系管理制度及负面舆论应急机制，在突发网络舆情事件时，能够在第一时间作出应急反应，及时发布澄清信息，并留存信息发布人侵权行为的有关证据，从事前疏导、事中应对、事后追责三个阶段维护自身合法权益，深化对医疗机构及医务人员名誉权的保护。

（二）医疗机构及医务人员在进行文章发表等学术性活动或广告发布等宣传行为时应注意规避名誉权侵权行为

首先，医疗机构需确保机构自身或内部医务人员发表的文章或发布的视频广告等宣传内容客观真实。有学者认为，《民法典》第1025条对新闻报道、舆论监督的内容应保证客观真实的要求仅针对新闻媒体及新闻记者。但在司法实践中，为全面规避自身法律风险，保障患者等有关权利人的合法权益，医疗机构也应积极对标《民法典》的相关要求，做到在所发表的文章或发布的广告中，力求宣传反映、论述论证的情况内容客观真实。若医疗机构在公开发表的文章或媒体宣传中捏造或者歪曲事实，不仅不符合《民法典》规定的名誉权侵权免责事由的基本要求，可能造成有关权利人的名誉等人格权益受到侵害的法律后果，甚至可能导致涉嫌学术造假、虚假宣传等衍生法律风险。值得注意的是，患者等入院人员对医务人员提供的医疗产品的产品质量或医疗服务的服务质量进行批评、评论的，属于民事主体言论自由的保护范围，一般不宜认定为侵害医务人员名誉权的行为。但若借机诽谤、诋毁、损害医务人员名誉的，则其行为超出了正当批评监督的范畴，不属于言论自由的保护范围，应当承担侵权的法律后果。《民法典》此处关于人格权益的规定基本吸收了我国以往法律及司法解释的相关规定，与既往司法实践中的相关判例相符合。

其次，医疗机构及医务人员需避免使用侮辱性言辞等贬损他人名誉。医疗机构及医务人员在进行学术性文章发表或宣传广告发布等行为时，除保证内容客观真实外，评论亦需秉持客观公正的原则。在司法实践中，亦存在侵权行为人所反映的情况内容真实，但在进行陈述时使用了侮辱性言语，贬损了当事人名誉，最终需承担名誉权侵权责任等的情形。根据我国现行的司法解释及既有的判例准则，医疗机构及医务人员在进行文章发表等学术性活动或广告发布等宣传性行为时，如内容基本属实，没有侮辱性内容的，一般不认定为名誉权侵权行为；如有贬损他人名誉等侮辱性内容的，即便内容基本属实，亦需承担名誉权侵权的法律责任。

（三）医疗机构应注意规避损害死者名誉之情形

根据传统民法理论，自然人的民事权利能力始于出生终于死亡，自然人在死亡后不再具有民事权利能力，包括名誉权这一抽象的人格权益。但是，司法实践中存在大量侵害死者名誉的案例，不仅造成死者名誉受损，引发社会热议，也给其近亲属的心理及生活造成了巨大困扰。我国既往司法判例普遍认为，自然人死亡虽然丧失了民事权利能力，但其在生前已经取得的具体民事权利仍应受到法律保护。例如，引发社会广泛关注的"荷花女案"，《最高人民法院关于死亡人的名誉权应受法律保护的函》强调，吉某某（艺名荷花女）死后，其名誉权应依法保护，其母陈某某亦有权向人民法院提起诉讼。此次《民法典》吸收既有的司法实践有益经验，对死者的名誉权保护作出了明确的规定。首先，《民法典》第 185 条明确规定，侵害英雄烈士等的名誉，损害社会公共利益的，应当承担民事责任。该条有利于大力保护英雄烈士的名誉，弘扬积极的社会价值观，推进精神文明建设，提升国民的精神文化素质。其次，《民法典》第 994 条明确规定，死者的名誉等人格权益受到侵害的，其配偶、子女、父母等近亲属有权依法请求行为人承担民事责任。该条不仅明确规定了死者名誉权等人格权益受法律保护不可侵犯，也对可请求行为人承担名誉权侵权责任的诉讼主体及顺序进行了限定。有鉴于此，医疗机构及医务人员在面对患者去世的情形或协助处理死者后事时，需注意保护死者的名誉权等抽象人格权益。例如，医疗机构可以加大法治培训等宣传力度，提升机构内部医务人员关于患者名誉权保护的法律意识；医疗机构也可以建立健全监督管理制度，对医务人员发表文章或公开言论予以适当提醒，规避侵害死者名誉权等的内容，保护死者的合法人格权益。

（四）《民法典》明确了媒体的合理核实义务，对营造良好医患关系舆论氛围具有重要作用

良好医患关系的确立关系着医疗机构自身形象的树立，关系着患者个人生命健康权的实现，亦关系着社会的和谐稳定发展。科学的新媒体宣传能够对构建和谐的医患关系起到积极的推动作用。但部分新媒体为了博取眼球及吸引流量，不负责任地传播关于医患关系的负面、虚假新闻，对医患关系的构建造成了不良的负面影响。

此次《民法典》对于媒体"合理核实义务"的规定，呼应了新媒体蓬勃发展的现实情况。传统媒体的报道行为在近四十年的法律规制下已逐渐完善，但新媒体由于准入门槛和专业化要求低、信息发布随意性强、发布内容质量参差不齐等因素，形成了其制作、传播主体更为普遍，传播速度更为迅捷，受众更为广泛等情况，有关部门往往难以实施对新媒体及时有效地监管与规制。《民法典》强调了媒体的合理审核义务。新媒体在面向大众发表意见、传播信息时，需按照媒体行业的自律要求，尊重媒体传播规律，遵守媒体传播伦理，明确新媒体行为规范。同时，新媒体平台应加强对新媒体账号及内容的监管责任，严格新媒体准入，规范新媒体信息发布行为。对于发布不实、有违公序良俗信息的新媒体账号要及时处置。[1]新媒体也不是法外之地，其在评价医疗关系、热点医疗事件、医疗机构及医务人员时，也必须遵守合理核实义务，不可随意臧否，《民法典》此项规定为净化舆论氛围，避免侵害医疗机构及医务人员名誉权，起到了重要的规范作用。

综上所述，《民法典》人格权编第 1024 条至第 1030 条强化了对民事主体的名誉相关权益的立法保护，不仅明确界定了名誉的内涵，从正反两方面对名誉权侵权行为予以认定，更通过规定免责事由及其除外情形、媒体报道

---

〔1〕 万静："严格监管自媒体账号将成常态 自媒体应有明确法律边界"，载《法制日报》2018 年 11 月 16 日，第 6 版。

内容失实的名誉权侵权补救规则等，平衡对社会公共利益的维护与对个人人格权益的保护。在自媒体平台触手可及的当下，医疗机构及医务人员要注意强化管理，提升自我保护意识，规避不良的互联网传播内容，及时澄清，严格追究对医疗机构及医务人员的名誉权侵权责任。

（本章作者：万欣、杨季宇、周琴）

第十四章
隐私权和个人信息保护制度及其影响

《民法典》第 1032 条至第 1039 条首次将隐私权和个人信息保护独立成章，明确了隐私权是一项独立的人格权并对其内涵、具体类型等进行界定，将隐私权的保护范围由既有的侵权责任领域扩充至包括医疗服务合同等的民事合同领域，另外回应了隐私权是归入侵权责任编还是人格权编的争议，弥补了《侵权责任法》和《民法总则》对隐私权规定较为单一的缺憾。[1]《民法典》的规定体现了我国立法层面对民事主体隐私权及个人信息保护的高度重视，为司法机关的审判实践提供了明确具体的法律依据。医疗法律关系中，如何保护包括患者住院信息、检查报告、病历等在内的隐私或个人信息是本章的重点研究内容。

一、法律规定与理论解析

（一）法条解读

《民法典》第四编第六章共用 8 个法条对隐私权和个人信息保护进行了规定，其中第 1032 条和第 1033 条界定了隐私、隐私权的概念，并以列举的方式规定了禁止实施侵害隐私权的方式，其余 6 条均为关于个人信息保护的规定，包括个人信息的定义、处理个人信息的原则和条件、处理个人信息的

---

〔1〕 最高人民法院民法典贯彻实施工作领导小组主编：《中华人民共和国民法典人格权编理解与适用》，人民法院出版社 2020 年版，第 338~339 页。

免责事由、个人信息决定权、信息处理者的信息安全保障义务、国家机关及其工作人员对个人信息的保密义务等。特别是第 1034 条在规定个人信息的定义时亦界定了个人信息与隐私的关系。

1. 隐私权、隐私的概念

《民法典》第 1032 条规定了隐私权和隐私的概念。第一，该条明确规定了隐私权的权利主体仅限于自然人，法人和其他非法人组织不享有隐私权。隐私权属于精神性具体人格权，[1]法人和其他非法人组织并不具有自然人的精神属性和伦理属性，所以并不能享有隐私权等精神性人格权，法人和非法人组织的私密信息遭到泄露的时候更多是适用商业秘密保护方面的规定予以救济。第二，该条表明了隐私权是对世权，义务主体是除隐私权主体之外的所有自然人、法人和非法人组织。第三，该条对第 1033 条列举的禁止性义务进行了原则性概括，即不得以刺探、侵扰、泄露、公开等方式侵害他人隐私权。因此第 1033 条第 6 项规定的"其他方式"，一般也应涵盖在该条原则性概括的方式之中。

2. 侵害隐私权的方式

《民法典》第 1033 条对侵害隐私权的具体方式进行了规定，首先规定了两种行为不构成侵害隐私权：法律另有规定和权利人明确同意。此处"法律另有规定"主要是指国家机关依据法律规定或基于公共利益，违反隐私权保护的禁止性规定时不构成侵害隐私权。即隐私权仅保护与公共利益无关的个人活动、信息。另一个对抗侵害隐私权的抗辩事由为"当事人同意"。值得注意的是，此处的"同意"需为"明确同意"，而非"默示同意"。医务人员在诊疗等工作过程中，涉及对患者等入院人员的私密部位进行拍摄，或对私密信息进行处理的，均需取得隐私权人的明确同意。例如，在诊疗过程中，患者应医生要求而公开个人隐私部位、私密活动、私密信息的，属于获取当事人的明确同意。该条规定的各种侵害隐私权的类型的排列顺序与第 1032 条关于隐私权类型的规定基本一致。虽增加了

---

〔1〕　杨立新：《人格权法》，法律出版社 2011 年版，第 70 页、第 296 页，转引自刘保玉、周玉辉："论安宁生活权"，载《当代法学》2013 年第 2 期。

第 4 项私密部位以及第 6 项兜底条款的规定，总体上还是对第 1032 条的细化规定。

3. 个人信息的定义

《民法典》第 1034 条对个人信息的含义进行了规定，并规定了个人信息和私密信息的关系。个人信息既具有精神性人格利益，也具有财产性人格利益。记载有患者姓名、出生日期、身份证件号码、生物识别信息、住址、电话号码、电子邮箱、健康信息、行踪信息等内容的载体——病历，包括此前规定不允许患方复印、复制地记载的患者的健康信息，以及可能存在部分生物识别信息等的病程记录、会诊记录、死亡讨论记录等主观病历内容，都属于患者的个人信息。此外，患者的个人信息也具有经济性人格利益。例如，罕见病患者的基因信息对于研究新药有重要作用，具有重大的经济价值。同时，该条第 3 款规定了个人信息和私密信息发生重合时优先适用隐私权保护有关规定的法律适用原则。因此，《民法典》人格权编对个人信息进行法律保护，符合当下生物医学及基因工程学等学科快速发展的趋势，对人格权益予以更为全面的保护。

4. 处理个人信息的原则和条件

《民法典》第 1035 条规定，处理个人信息应遵循的原则包括：（1）合法原则，即处理个人信息时不得违反法律的规定。（2）正当性原则，处理个人信息时应当有正当的理由、采用正当的手段。（3）必要原则，处理个人信息必须是必要的，有其他可替代的手段时就不得采用处理个人信息的手段。（4）不得过度处理原则，处理个人信息不得超出必要的限度。医务人员仅应就患者诊疗有关的信息进行了解，医务人员就与患者诊疗无关的信息进行了解、暴露、触摸与诊疗无关的私密部位，即便患者当时基于配合诊疗的角度出发，提供了相应信息，同意暴露有关私密部位，也不能豁免医务人员不当行为侵害患者人格权益的责任。处理个人信息应符合的条件包括：（1）需征得有关权利人同意；（2）公开处理信息的规则；（3）保障有关权利人对信息处理的目的、方式、范围等信息的知情权；（4）信息处理行为不得违反法律、行政法规等的规定和双方的约定。[1]

5. 处理个人信息的免责事由

《民法典》第 1036 条规定了处理个人信息时的免责条款，主要包括以下方面内容。第一，获取权利人的知情同意并在其同意范围内合理实施信息处理行为。第二，合理处理权利人已经自行公开或合法公开的信息，但是权利人明确拒绝或者处理该信息侵害其重大利益的除外。第三，信息处理是为了维护公共利益或者该自然人的合法权益。此处的公共利益应当是满足为了国家安全、公共安全、公共卫生等条件的利益。而维护自然人的合法权益则应确保，与处理该自然人的信息后相比，若没有进行信息处理会导致该自然人遭受更重大的损失。

6. 个人信息决定权

《民法典》第 1037 条是对自然人享有有关权利的规定。第 1 款规定了自然人享有对个人信息的查阅权、复制权、异议权、更正权。如前所述，病历作为患者个人信息的载体之一，患者有权向医疗机构要求查阅、复制其完整的病历资料，为患者行使相关权利提供便利。错误的个人信息记载会损害权利人的社会形象甚至名誉荣誉等，在医疗领域甚者有可能影响患者的生命健康权。因此，若患者发现病历中的信息记载有误，有权向医疗机构提出异议并请求及时采取更正等必要措施。[2]第 2 款规定了自然人享有个人信息的删除权，权利人要求行为人删除其个人信息应符合如下条件：第一，信息处理者违反法律、行政法规的规定，例如，医疗机构擅自在网站上公布患者的病历等信息；第二，信息处理者违反了其与权利人的约定，例如，医疗机构超范围公开患者的信息等。

7. 信息处理者的信息安全保障义务

《民法典》第 1038 条规定的是信息处理者的信息安全保障义务。信息处

---

〔1〕　最高人民法院民法典贯彻实施工作领导小组主编：《中华人民共和国民法典人格权编理解与适用》，人民法院出版社 2020 年版，第 378 页。

〔2〕　最高人民法院民法典贯彻实施工作领导小组主编：《中华人民共和国民法典人格权编理解与适用》，人民法院出版社 2020 年版，第 391 页。

理者应承担不得泄露或者篡改权利人的信息的义务。在医疗领域中，医务人员篡改病历的行为也符合该条规定的信息处理者对其收集、存储的信息进行篡改的情形。但是，若医务人员处理的大数据或信息已经过"脱敏"等技术处理，该数据或信息无法被识别且无法被复原的，即可被视为公共信息，民事主体无法据此主张个人信息保护。该规定为医疗临床大数据研究提供了法律可行性，特别对流行病学等公共卫生领域予以有效支撑。本条也明确了信息处理者具有合理注意义务，涉及私密信息的则需尽到高度注意义务。值得注意的是，医疗机构经手的信息多为私密信息，因而对医疗机构的注意义务要求较高。

8. 国家机关、承担行政职能的法定机构及其工作人员对个人信息的保密义务

《民法典》第1039条明确了特殊主体即国家机关、承担行政职能的法定机构及其工作人员对个人信息的保密义务。本条虽未规定国家机关、承担行政职能的法定机构及其工作人员违反该条款是承担民事侵权责任还是适用有关国家赔偿责任的规定，但根据《民法典》第四编第一章"一般规定"第995条，人格权受到侵害的，受害人有权依照本法和其他法律的规定请求行为人承担民事责任。鉴于本编第一章具备总则的性质，因此，第1039条延续一般规定，对违反该条款的主体适用民事责任。

（二）隐私权和个人信息保护制度的立法历史沿革

1998年发布并实施的《最高人民法院关于审理名誉权案件若干问题的解释》第8条是我国最早关于医疗信息隐私保护的规定。不过该解释将医疗卫生单位公开患者隐私的行为归入名誉权纠纷。[1] 2021年发布的《医师法》

---

[1] 1998年《最高人民法院关于审理名誉权案件若干问题的解释》第8条规定："问：因医疗卫生单位公开患者患有淋病、梅毒、麻风病、艾滋病等病情引起的名誉权纠纷，如何认定是否构成侵权？答：医疗卫生单位的工作人员擅自公开患者患有淋病、麻风病、梅毒、艾滋病等病情，致使患者名誉受到损害的，应当认定为侵害患者名誉权。医疗卫生单位向患者或其家属通报病情，不应当认定为侵害患者名誉权。"

第 23 条[1]规定医师在执业活动中须保护患者的隐私；2008 年发布、2020 年修订的《护士条例》第 18 条规定护士应当保护患者的隐私，否则将受到相应的处罚；《传染病防治法》《精神卫生法》《乡村医生从业管理条例》等法律法规也有类似的规定。2010 年实施的《侵权责任法》将隐私权作为一项独立的人格权予以认可。2019 年出台的《基本医疗卫生与健康促进法》第 33 条以及第 92 条明确医疗卫生机构、医疗卫生人员应当保护患者隐私，国家保护公民个人健康信息，确保公民个人健康信息安全。任何组织或者个人不得非法收集、使用、加工、传输公民个人健康信息，不得非法买卖、提供或者公开公民个人健康信息。《民法典》将人格权独立成编，第 1032 条至第 1039 条规定了与隐私权相关的内容，第 1226 条规定医疗机构及其医务人员应当对患者的隐私和个人信息保密，泄露患者的隐私和个人信息，或者未经患者同意公开其病历资料的，应当承担侵权责任。

关于个人信息保护的规定最早见于 2016 年 11 月发布的《网络安全法》，而后就是 2017 年 3 月发布的《民法总则》第 111 条，二者虽然对个人信息保护进行了规定，但是相关规定过于模糊，对基本的个人信息的范围都没有界定。《民法典》的出台弥补了这一缺憾。由此看出，我国关于隐私权和个人信息保护的立法，从无到有，从模糊到详细，已经取得了很大的进展。

（三）隐私权和个人信息保护制度的比较法分析

民事主体对隐私及个人信息具有自主使用、处理及禁止他人侵害的权利。在医疗服务或生物医药等相关领域，注重对民事主体，包括患者的隐私信息保护，在各国立法例中亦存在相关规定。例如，美国在 1974 年通过了

---

[1]《医师法》第 23 条规定："医师在执业活动中履行下列义务：（一）树立敬业精神，恪守职业道德，履行医师职责，尽职尽责救治患者，执行疫情防控等公共卫生措施；（二）遵循临床诊疗指南，遵守临床技术操作规范和医学伦理规范等；（三）尊重、关心、爱护患者，依法保护患者隐私和个人信息；（四）努力钻研业务，更新知识，提高医学专业技术能力和水平，提升医疗卫生服务质量；（五）宣传推广与岗位相适应的健康科普知识，对患者及公众进行健康教育和健康指导；（六）法律、法规规定的其他义务。"

《美国隐私权法》，该部法律被视为是美国隐私保护的基本法，[1]明确禁止未经授权的个人记录泄露。在医疗信息保护方面，根据《美国健康保险携带与责任法》（HIPPA），美国制定了《个人可识别健康信息的隐私标准》。[2]随后，包括最小程度披露制度、知情同意制度、管理简化制度、病人医疗记录查看权制度[3]等保护患者隐私权的相关制度相继确立。至此，美国形成了一整套针对个人健康信息的隐私安全法律保护体系。[4]日本自 20 世纪 80年代开始陆续出台《日本关于对行政机关所持有之电子计算机处理的个人信息加以保护的法律》《日本个人信息保护法》等旨在对民事主体数据信息进行保护的法律，建立起包括信息利用目的限制、信息正当取得方式、通知义务、信息处理者的监督、订正修改权等[5]在内的隐私权及信息权保护制度，以保护民事主体的合法权利不受侵害。

二、典型案例及分析

患者病历外泄案[6]

——民事主体隐私权保护的法律规制

【基本案情】

患者存某某因患痔疮、肛裂于 2006 年 4 月 26 日入住某肛肠医院住院治疗。后存某某的家人发现存某某在该肛肠医院就医的部分病历信息被制作成光盘在网上出售。存某某及家人要求该肛肠医院联系网站删除相关信息，并给予一定经济补偿。主张无果后，存某某、某肛肠医院到公安机关报案，公

---

〔1〕 蒋言斌、李响："我国医疗大数据患者隐私权保护及其模式选择"，载《医学与法学》2018年第 1 期。

〔2〕 陈晓君："面向医疗信息的数据隐私保护技术"，载《电子技术与软件工程》2019 年第 1 期。

〔3〕 蒋言斌、李响："我国医疗大数据患者隐私权保护及其模式选择"，载《医学与法学》2018年第 1 期。

〔4〕 胡冉："保护个人健康医疗数据隐私安全，美国值得学习"，载亿欧网，https://www.iyiou.com/p/83250.html，最后访问日期：2020 年 7 月 24 日。

〔5〕 魏倩："日本法上的劳动者人格保护——以劳动者健康隐私为中心"，载《科技与法律》2014 年第 3 期。

〔6〕 根据（2014）二中民终字第 08046 号判决编写。

安机关将出售光盘人员抓获，但未能查清病历泄露的原因。在公安部门的协助下，部分涉案网页已被删除，但多家网站仍可搜寻到光盘的相关信息，多家网页上仍显示"存某某、痔裂"等内容。2013 年 3 月，存某某将该肛肠医院诉至法院，并称因该肛肠医院的侵权行为给其造成精神损害。

【法院审判】

法院认为，根据《医疗机构病历管理规定》，医疗机构应当严格进行病历管理，严禁任何人涂改、伪造、隐匿、销毁、抢夺、窃取病历；除涉及对患者实施医疗活动的医务人员及医疗服务质量监控人员外，其他任何机构和个人不得擅自查阅该患者的病历；因科研、教学需要查阅病历的，需经患者就诊的医疗机构有关部门同意后方可查阅。阅后应当立即归还；不得泄露患者隐私。某肛肠医院作为医疗机构，未严格执行上述管理规定，导致存某某就医病历外泄，对存某某的姓名权、隐私权造成一定损害，对此该肛肠医院负有过错，应对存某某承担一定的赔偿责任。

【案例评析】

法院依据《医疗机构病历管理规定》第 10 条第 2 款[1]、第 13 条第 3 款[2]、第 14 条[3]以及第四章"病历的借阅与复制"的规定，认为医疗机构未尽到对患者住院病历严格管理的义务，严重侵犯了患者的隐私权。《民法典》也对有关规定进行了延续和强化，《民法典》第 1038 条第 2 款规定，信息处理者应当采取技术措施和其他必要措施保障其收集存储的信息安全，不仅规定了医疗机构等信息处理者负有保障信息安全的义务，而且强调了其负有采取必要的技术等措施保障患者等自然人的信息安全的义务。由于医疗机构及医务人员凭借其专业知识和专家身份在医患关系中通常占据主动地位，同时患者的隐私权保护意识受到医疗关系中被动接受诊疗的限制，患者隐私权受到侵害的案件时有发生。因此，网络时代加强对信息的技术保护以

---

〔1〕《医疗机构病历管理规定》第 10 条第 2 款规定："住院病历由医疗机构负责保管。"

〔2〕《医疗机构病历管理规定》第 13 条第 3 款规定："患者出院后，住院病历由病案管理部门或者专（兼）职人员统一保存、管理。"

〔3〕《医疗机构病历管理规定》第 14 条规定："医疗机构应当严格病历管理，任何人不得随意涂改病历，严禁伪造、隐匿、销毁、抢夺、窃取病历。"

及采取其他必要措施加强对信息的保护，防止其被泄露、篡改等很有必要。

三、隐私权和个人信息保护制度对医疗工作的影响

《民法典》人格权编首次将隐私权和个人信息保护内容独立成章，通过具体列举隐私权及个人信息保护的内容明确了患者的隐私信息及个人信息，填补了我国以往法律对于医疗领域隐私权保护规定过于原则化的缺憾，为司法实践确定了隐私信息类型之客观标准。同时，医疗机构、医疗科研教学单位及有关人员也需强化对患者隐私权及个人信息的保护意识，尊重患者人格及私密信息，完善知情告知等信息对称制度，充分争取患者的理解与认可，确保患者隐私信息及个人信息安全。笔者认为，《民法典》隐私权和个人信息保护制度对医疗工作的影响主要体现在以下几个方面。

（一）《民法典》强化了医疗机构、医疗科研教学单位及有关人员对患者隐私权及个人信息的保护责任

《民法典》第 1032 条至第 1035 条明确界定了隐私、隐私权及个人信息的内涵，并对隐私权侵权行为及个人信息的处理原则予以详细列举。根据《民法典》的规定，在无法律免责事由或权利人明确同意时，医疗机构、医疗科研教学单位或有关人员不得拍摄、窥视患者身体的私密部位，不得擅自处理在诊疗活动或科研教学活动中获取的患者私密信息，否则，患者有权要求相关机构或人员承担相应的侵权责任。实践中，实习人员未经权利人同意擅自观摩患者的私密手术过程，部分医务人员借检查身体之名对患者身体的私密部位进行不必要的窥视、触摸等，部分医务人员泄露、公开患者个人信息等案件频频引发社会关注。《民法典》实施后，医务人员需进一步严格依法提供诊疗服务，尊重患者的隐私权及个人信息。如非诊疗必需或经权利人同意，不得擅自进入患者卫生间等私密空间或不必要地要求患者裸露身体部位，不得擅自处理或公开患者入院信息、身份证号码、检查结果等个人信息。实习人员观摩学习手术过程前需取得患者的明确同意，包括观摩人数、学习要点、医疗风险等信息均需对患者进行详细的阐释说明。尊重患者人格权益有助于患者在接受诊疗期间保持平和的心理状态，有助于推动建立互信

和谐的医患关系，契合医疗机构，特别是私立医疗机构与互联网医疗平台快速发展的社会环境，体现了《民法典》注重保护自然人人格权益的立法目的。

（二）医疗机构及医疗科研教学单位需建章立制，降低患者隐私信息及个人信息的公开程度

《民法典》明确规定，任何组织或者个人不得泄露、公开他人的隐私，不得擅自处理他人的私密信息。医疗机构、医疗科研教学单位及有关人员在日常医疗活动中频繁接触患者的隐私信息及个人信息，其中大部分信息属于权利人的私密信息。如这些信息泄露，轻则给权利人造成不必要的困扰，重则会伤害权利人的尊严、名誉，甚至造成权利人其他人格权益受损的法律后果，给医疗机构、医疗科研教学单位带来法律风险。为确保其收集、存储的患者隐私及个人信息安全，医疗机构、医疗科研教学单位应对处理患者信息的工作，做到建章立制，明确患者隐私信息及个人信息的范围及内容，对患者信息按照病情、私密级别、存储缘由等分类排序，并将信息类别与信息处理方式一一对应。例如，医疗机构、医疗科研教学单位可以根据科室、医师级别或职工工作内容的不同，对其查阅或访问患者信息的范围予以限制，做到患者信息能够根据诊疗、科研教学活动的需要或具体情况有选择性地呈送至各相关人员，而不泄露非必要的信息。另外，患者信息在医疗从业人员之间进行流转时，需要提前征得患者同意，充分向患者说明信息用途、信息使用方式及信息安全保障措施。患者亦可通过选择自行承担风险的方式拒绝个人私密信息的内部流转，最大化地保护自己的个人信息。该方式可极大降低患者信息的公开程度，抽薪止沸式地规避医疗机构、医疗科研教学单位损害患者隐私权及个人信息的法律风险。

（三）《民法典》强化了患者的隐私信息及个人信息决定权，保护患者查阅复制病历资料之权利

《民法典》第 1225 条规定，医疗机构及医务人员应当按照规定填写并妥善保管住院志、医嘱单、检验报告、手术及麻醉记录、病理资料、护理记录等病历资料。患者要求查阅、复制前款规定的病历资料的，医疗机构应当及

时提供。该条款规定的有关病历的内容，对照有关个人信息的规定，我们可以发现，这些病历资料，基本上都属于个人信息中的健康信息。从个人信息保护的有关规定可以得出患者有权复制、复印病历资料的权利基础。该条款从基本法的角度为患者提供了隐私信息及个人信息决定权的坚实的法律保障，对进一步细化医疗信息公开制度或强化患者的人格权保护及救济机制具有重要意义。《民法典》出台前，我国既有法律文件中已有关于患者查阅、复制病历资料的权利之规定，但是走过了一个漫长的演变过程。从《医疗事故处理条例》将病历分为主观病历和客观病历——患者除非进入诉讼程序，否则无法拿到完整病历开始，患方有无权利获得全部病历，就成为医疗纠纷的一个痛点。慢慢的，越来越多的专家、学者、医务工作者也逐渐认为，患方应当有权利获得自己的全部病历，这对于构建和谐医患关系来说也是有好处的。直至《医疗纠纷预防和处理条例》第 16 条第 1 款规定，"患者有权查阅、复制其门诊病历、住院志、体温单、医嘱单、化验单（检验报告）、医学影像检查资料、特殊检查同意书、手术同意书、手术及麻醉记录、病理资料、护理记录、医疗费用以及国务院卫生主管部门规定的其他属于病历的全部资料"，方才将患方有权复印、复制病历的范围扩展到全部病历资料，这一规定属于历史性进步。由于医疗行为的特殊性，医疗机构、医务人员与患者之间形成了较为悬殊的信息不对称性。此次《民法典》将患者查阅、复制病历资料的权利纳入基本民事权益范围，明确了患者对行使其查阅、复制病历资料等隐私及个人信息的决定权，为完善患者人格权益保护制度提供了上位法依据，方便患者在医疗纠纷中提交事实性证据，夯实了医患双方信息互通的权能基础。特别是对于国务院卫生主管部门规定的病历资料以外的、记载有患者个人信息的文件资料，如会诊讨论内容、死亡病例讨论内容、普通护理记录、手术视频等，其中按照病历管理规范规定不纳入病历资料范围内的信息，笔者认为仍然属于患者的个人健康信息，如果按照《民法典》有关个人信息的各项权能，患方仍有复印、复制的权利。对此，医疗机构需尊重和保护患者的隐私信息及个人信息决定权，对患者要求查阅、复制的病历资料或诊疗照片、手术视频等内容的，医疗机构及医务人员应依法配合，积极提供与患者要求有关的病历资料，帮助患者了解诊疗过程及内容，为患者接受后续诊疗、康复及权利救济提供有力的信息支撑。

（四）《民法典》明确了医疗机构侵害个人信息权的免责事由

为了明确对信息处理者的免责事由，全面保护信息处理者对个人信息的合法正当利用行为，《民法典》第1036条对个人信息利用行为的免责事由作出了细化规定。据此，若医疗机构取得权利人的同意（建议取得其书面同意），并在权利人同意的范围内开展信息处理行为，则该行为属于合法行为，医疗机构无须承担侵害个人信息的民事责任；若医疗机构处理的基因信息、病历资料、检查结果等个人信息为权利人自行公开的信息或其他已经合法公开的信息，且权利人未明确拒绝信息处理行为，处理该信息也不侵害其重大利益的，医疗机构也无须对该信息处理行为承担民事责任。

值得医疗机构特别注意的是处理个人信息的第三项免责事由：为维护公共利益或者该自然人合法权益而合理实施的其他行为。该免责事由所述"公共利益"包括国家利益、社会利益等情形。例如，新冠肺炎疫情暴发时，医疗机构因疫情防控的需要实施对私人活动等个人信息进行收集、整合、公开等合理行为的，无须承担个人信息侵害的民事责任。"该自然人合法权益"，即为维护该信息被处理者的合法权益而未经权利人同意对个人信息进行合理处理的行为。例如，某入院患者突发疾病，危在旦夕，急需医务人员根据其既往病史等个人信息对其开展治疗。该情况下，如医疗机构基于客观情形，无法取得其本人或其他权利人的同意，为了挽救病人生命，医疗机构及医务人员可以实施合理的个人信息处理行为。

值得注意的还有两个问题。一个问题是，根据上述规定的免责事由，医方为了该患者合法权益而进行的积极作为是免责的，但是如果是消极不作为，医方是否应当承担未履行注意义务的侵权责任呢？例如，患者到医院就诊需要做增强CT，注射造影剂需要了解患者是否是过敏体质。该患者在本次就诊前，有数次就诊敏性哮喘的经历，就记载在本次就诊病历前两页，但是医务人员仅仅是流程性地要求患者自行在增强CT的知情同意书上签字，而未去翻阅患者前面的病历。患者在进行增强CT时出现严重过敏反应而死亡。法院最终采信鉴定机构的意见，认定医疗机构未尽到注意义务，告知不充分而应承担侵权赔偿责任。这种情形就说明，医务人员在为患者进行诊疗时，应当主动了解该患者的有关病史——健康信息，否则就有可能承担侵权责任。

另一个问题是，当患者的隐私权与其他人员的生命健康权发生冲突时，医务人员应当如何处理？例如，医务人员发现自愿婚前体检的一方患有艾滋病，而显然其配偶尚不知情且尚未被感染时，如何处理？按照《艾滋病防治条例》第 39 条第 2 款的规定，"未经本人或者其监护人同意，任何单位或者个人不得公开艾滋病病毒感染者、艾滋病病人及其家属的姓名、住址、工作单位、肖像、病史资料以及其他可能推断出其具体身份的信息"，"对确诊的艾滋病病毒感染者和艾滋病病人，医疗卫生机构的工作人员应当将其感染或者发病的事实告知本人；本人为无民事行为能力人或者限制民事行为能力人的，应当告知其监护人"。医务人员似无权将其艾滋病病情告知其配偶，但是如果不告知其配偶，其配偶的生命健康权又面临迫在眉睫的威胁，医务人员此时如何处理是一个比较棘手的问题。特别是如果告知该患者后，该患者又拒绝履行法律规定的"将感染或者发病的事实及时告知与其有性关系者"的义务，医务人员这时候只能立即报警了。

（五）医疗机构、医疗科研教学单位及有关人员需确保患者隐私信息及个人信息安全

《民法典》第 1038 条第 2 款规定，信息处理者应当确保其收集、存储的个人信息安全。该条强调信息处理者，即医疗机构、医疗科研教学单位及有关人员需确保患者的个人信息免遭第三方的侵害。医疗机构、医疗科研教学单位及有关人员需切实履行隐私信息及个人信息的安全保障义务，除在医疗诊疗活动中注意保护患者信息，规避隐私权及个人信息保护权侵权责任外，医疗机构及医疗科研教学单位亦应建立常态化病历资料存档管理制度及完善有效的网络化数字风险防范系统。当下医疗大数据铺天盖地，医疗机构，尤其是整形医美机构及互联网医疗平台、医疗科研教学单位，需指定专业人员对数字风险防范系统进行定期监管与维护，确保患者的电子病历资料等电子隐私信息处于动态化、更新化的数字保护下。我国既有法律缺少对于信息处

理者，即医疗机构及医疗科研单位应当采取的技术措施及其他必要措施的安全标准，但根据《民法典》第 1038 条第 2 款之立法目的，医疗机构、医疗科研教学单位应当采取其能力范围内最严格的安全技术标准，从而确保其已收集且处于其管理范围内的患者个人信息的安全，防止因数字化风险造成患者信息的泄露、篡改或丢失等情形。

综上所述，《民法典》人格权编第 1032 条至第 1039 条强化了对患者等民事主体的隐私权保护，细化了隐私及隐私权的内涵，界定了多种隐私权侵权行为方式，亦将个人隐私予以系统化。医疗机构及医务人员在诊疗过程中，需强化对患者隐私权及个人信息的保护意识，合理尊重患者的人格权益，避免违法泄露或处理患者的隐私或个人信息，进而更好地保障患者的合法权益。

（本章作者：万欣、杨季宇、周琴）

第十五章
疾病婚的效力制度及其影响

《民法典》第 1048 条、第 1051 条、第 1053 条、第 1054 条出于对婚姻自由权的保护，并且适应时代发展，取消了禁婚疾病的规定，从法律层面，不再限制有疾病禁止结婚的情形，患有某些疾病也不再是导致婚姻无效的原因，而是在保障婚姻自由的同时，增加了患有重大疾病应在结婚登记前如实告知的义务，体现了我国民事立法层面对自然人权利的保障，也符合婚姻关系作为基本民事法律关系的实质。

一、法律规定与理论解析

（一）法条解读

在过去的婚姻法中，患医学上认为不应当结婚的疾病者是禁止结婚的，如果结婚，婚姻的效力也是无效的。此次《民法典》在这一问题上作出重大改变，不再限制有疾病禁止结婚的情形，患有某些疾病也不再是导致婚姻无效的原因，而是导致婚姻可撤销的原因，同时强调婚姻双方当事人的知情权利，规定了患有重大疾病一方的婚前告知义务。涉及修改的内容在《民法典》第五编"婚姻家庭"第二章，分别对禁止结婚的情形（第 1048 条）、婚姻无效的情形（第 1051 条）、婚前疾病告知义务与可撤销婚姻（第 1053 条）、婚姻无效或可撤销时无过错方损害赔偿请求权（第 1054 条第 2 款）作出了规定。

1. 禁止结婚和婚姻无效的情形不再包括患有医学上认为不应当结婚的疾病

《民法典》第 1048 条规定："直系血亲或者三代以内的旁系血亲禁止结婚。"第 1051 条规定："有下列情形之一的，婚姻无效：（一）重婚；（二）有禁止结婚的亲属关系；（三）未到法定婚龄。"根据上述规定，禁止结婚的情形是直系血亲或三代以内的旁系血亲，婚姻无效的情形有三种：重婚、有禁止结婚的亲属关系、未到法定婚龄。但在过去《婚姻法》中，禁止结婚和婚姻无效的情形包含"患有医学上认为不应当结婚的疾病"。过去《婚姻法》限制这一权利是基于防治传染病、保障婚姻双方健康、保障下一代健康以及保证社会公共利益和有序发展的考虑。在当时的社会主义发展初期，医疗技术水平有限，以及受计划生育政策、优生优育的影响，为保证每个家庭独生子女的健康以及家庭和睦，法律上作出了一些暂缓结婚的限制。随着时代发展，医学技术水平大幅提高，《民法典》出台时，我国医疗技术水平已经能够对一些传染病如艾滋病进行有效控制和阻断。在《民法典》立法修改时，全国人大常委会法制工作委员会咨询医学专家，医学专家们认为，从医学上来讲，目前没有什么影响结婚的疾病。在实践中，很难采取列举方式判断医学上认定的什么疾病不能结婚。强制婚检的取消也使医学上认为不应当结婚的疾病没有了依托。[1]因此，《民法典》编纂过程中大多意见是删除关于禁婚疾病的内容。从法律角度来讲，婚姻自由是公民的权利。《宪法》第 49 条规定："婚姻、家庭、母亲和儿童受国家的保护。……禁止破坏婚姻自由，禁止虐待老人、妇女和儿童。"婚姻自由是《宪法》明确规定的公民权利之一，是公民生活的重要部分，婚姻自由也是我国婚姻制度的基本原则。立法时经研究认为，结婚虽需国家认可，但结婚的行为是民事行为，[2]婚姻关系作为基本的民事生活关系，是私人关系。因患某种疾病而禁止结婚，是对婚姻自由权利的剥夺。如果一方明知对方患有很严重的疾病，仍然愿意与之结婚，哪怕对方生活不能自理，都愿意照顾其日常生活，互相陪

---

〔1〕　最高人民法院民法典贯彻实施工作领导小组主编：《中华人民共和国民法典婚姻家庭编继承编理解与适用》，人民法院出版社 2020 年版，第 97~102 页。

〔2〕　申晨："论婚姻无效的制度构建"，载《中外法学》2019 年第 2 期。

伴，不离不弃，患难与共，就算只能共度对方生命的最后几年甚至最后几天，也愿意奉献自己，给对方带来幸福感。如果法律不允许他们结婚，是与婚姻自愿、婚姻自由的原则相冲突的。婚姻是两个人爱的承诺，是否结婚的决定权应当属于婚姻双方当事人，在知晓对方身体状况时自主决定，法律不能和《宪法》的精神相违背，不能限制结婚的权利，而是要保障公民的基本权利，尊重他们的选择。随着时代发展，人们的文化素养也在提高，认知和自控能力有了很大提升，他们能够清醒地认识这种结合所造成的危害，社会对弱势群体的救治机制也在逐步完善。因此，在现阶段就可以不需要利用强制的法律手段限制结婚的权利。此次《民法典》不再规定患有某些疾病的人禁止结婚，这样的规定无疑是一种进步，充分保障了公民的婚姻自由权，与时代的发展相适应。

2. 婚前重大疾病告知制度与可撤销婚姻

《民法典》第1053条规定："一方患有重大疾病的，应当在结婚登记前如实告知另一方；不如实告知的，另一方可以向人民法院请求撤销婚姻。请求撤销婚姻的，应当自知道或者应当知道撤销事由之日起一年内提出。"虽然法律不限制结婚的权利，但规定了夫妻一方患有重大疾病的负有婚前告知义务，以此保障另一方的知情权，也保障双方的婚姻自由，维护婚姻家庭关系和谐。因为婚姻自由的本质是当事人作出是否缔结婚姻的意思表示是真实的，是建立在双方了解信任的基础上，如果一方患有重大疾病，可能会影响另一方作出是否结婚的决定。例如，某些疾病确实可能造成家庭生活上的不便、存在危害家庭成员身体健康的风险，可能造成经济负担和精神压力、破坏家庭的稳定与和谐，足以达到影响另一方是否愿意结婚的程度。并且，这项告知义务的履行必须要求如实，要将所患疾病及其严重程度如实告知，让另一方充分了解病情状况。如果患病方虽然告知了另一方其患有某种疾病，但隐瞒或未如实告知疾病的程度，仍应视为未履行婚前如实告知义务。不如实告知的，另一方可以向人民法院请求撤销婚姻。可撤销婚姻在依法撤销后，自始没有法律约束力。撤销婚姻和离婚不同。婚姻撤销后，当事人不具有夫妻的权利和义务，同居期间所得的财产，由当事人协议处理；协议不成的，由人民法院根据照顾无过错方的原则判决。当事人所生的子女，适用法律关于父母子女的规定。而离婚则是对合法婚姻关系的解除，按夫妻共同财产制分割夫妻共同财产。撤销婚姻只能通过诉讼途径处理，离婚可以通过民政部门协议离婚，也可以诉讼离婚。请求撤销婚姻的，应当自知道或者应当知道撤销事由之日起一年内提出。请求离婚，一般没有期限要求。

3. 婚姻无效或可撤销时无过错方的损害赔偿请求权

《民法典》第 1054 条第 2 款规定："婚姻无效或者被撤销的，无过错方有权请求损害赔偿。"过去《婚姻法》设立有无效婚姻、可撤销婚姻制度，但没有涉及婚姻无效或撤销后的相关损害赔偿，仅在关于离婚损害赔偿的规定中，列出了重婚的，有配偶的与他人同居的，实施家庭暴力的，虐待、遗弃家庭成员的四种情形。在立法过程中，很多专家学者建议，由一方过错导致婚姻无效，无过错一方应当有权提出损害赔偿，此举符合婚姻立法保护弱者利益、制裁违法或过错方的立法精神。现在的《民法典》中便增加了婚姻无效或者被撤销的，无过错方有权请求损害赔偿的规定。具体到婚前重大疾病告知义务中则是，患有重大疾病的一方没有在结婚登记前如实告知另一方，就视为有过错，另一方若无过错，就可以要求有过错的一方进行损害赔偿。

（二）禁止结婚的疾病、疾病婚效力的立法历史沿革

《婚姻法》自 1950 年发布，经历了 1980 年、2001 年两次修正。在禁止结婚的疾病规定上，1950 年《婚姻法》曾规定患花柳病、精神失常未经治愈、麻风病或其他医学上认为不应当结婚的疾病者禁止结婚。其中花柳病就是指性病。[1] 在 1950 年时，当时的医学水平和人们的认知水平难以良好地控制性病、麻风病、精神病的遗传和传播，法律规定患这些疾病者禁止结婚，是为了防治传染病、保障人民群众的生命健康、维护社会秩序。1980年修改《婚姻法》时，将"花柳病、精神失常未经治愈"删去，仅保留了

---

〔1〕 黄丹丹："无效婚姻转正的法治出路"，载《太原理工大学学报（社会科学版）》2016 年第 3 期。

麻风病未经治愈者或其他医学上认为不应当结婚的疾病者禁止结婚。即凡已经治愈者可以结婚。1980 年时，麻风病已非不治之症，性病通常也能得到有效控制。精神病的情况较为复杂，有轻有重，不是都不能结婚，因此法律作出了适当的调整。2001 年《婚姻法》再次进行修改，则没有列举任何一种疾病，仅规定了患医学上认为不应当结婚的疾病者禁止结婚。2001 年时，随着医学的发展，治愈麻风病已经不存在问题，麻风病在我国已基本消灭，不必在禁止结婚的疾病中再将其特别列举，因此将这种不具有普遍意义的疾病取消。法律规定禁止结婚的疾病，主要是出于保护配偶及其家庭成员的健康和实现优生优育，但随着医疗水平和现代社会生活的发展，这一规定已经不符合当前的社会形势。

1994 年《婚姻登记管理条例》规定了申请结婚登记必须进行婚前健康检查，即强制婚检。婚检能够检查出一些可能对婚姻有影响的疾病，可以认为是婚姻健康和优生优育的屏障，有利于双方的感情和健康，也有利于下一代的健康。但是随着科技发展，某些传染类疾病如果做好防护和治疗，不会影响家庭成员的健康，某些遗传性疾病也能通过有效的阻断方式保证下一代不患有该疾病。到 2003 年，《婚姻登记条例》出台，《婚姻登记管理条例》废止。《婚姻登记条例》则取消了强制婚检，内地居民办理结婚登记需要提交的有关证件中，不再包括"婚前医学检查证明"。但取消强制婚检并不意味着婚检不重要，而是把是否婚检的选择权交给当事人，体现了政府职能的转变，也是法律法规尊重和保护公民基本人权的具体体现。

《母婴保健法》自 1994 年发布，经历了 2009 年、2017 年两次修正，其中的第 8 条、第 9 条、第 10 条规定的婚前医学检查、暂缓结婚和不宜生育的疾病，第 12 条规定的结婚登记时应当持有婚检证明等内容都没有进行过修改。《母婴保健法》的立法目的是保障母亲和婴儿的健康，提高出生人口素质，和我国当时的计划生育、优生优育的政策也有关，因此从对下一代健康有利的优生角度规定了婚前检查、暂缓结婚和不宜生育的疾病。但随着人们观念的转变，婚姻并不一定与生育挂钩，生育并不是婚姻的义务，"丁克"家庭并不鲜见，有些夫妻结婚后自愿不生育下一代。就算从生育的角度来讲，目前我国对传染病的防控能力和对遗传病的阻断能力已达到了一定的水平，也使疾病不应成为限制公民婚姻自由的理由。[1]取消强制婚检制度是一种进步，在这项规定上，《母婴保健法》与《婚姻法》《婚姻登记条例》产生了冲突，因此有必要对《母婴保健法》进行修改，将法律规定进行统一。

2021 年实施的《民法典》在禁止结婚的情形中删去了"患有医学上认为不应当结婚的疾病"的条款，在婚姻无效的情形中删去了"婚前患有医学上认为不应当结婚的疾病，婚后尚未治愈的"条款，在可撤销婚姻中增加了"一方患有重大疾病的，应当在结婚登记前如实告知另一方；不如实告知的，另一方可以向人民法院请求撤销婚姻"的条款。疾病不再是缔结婚姻的法律障碍。《民法典》婚姻家庭编将《婚姻法》的部分内容并入。《民法典》对禁婚疾病的修改体现了对公民个人权利的尊重和保护，适应了社会生活发展的需要。

（三）禁止结婚的疾病、疾病婚效力的比较法分析

查找到的部分英美法系和大陆法系国家和地区的法律关于婚姻实质要件的禁止性规定中，均无禁止结婚的疾病的规定，而是将患有某些疾病作为婚姻可撤销的条件，与我国《民法典》的规定一致。

美国法上未见有关于禁止结婚的疾病的规定，当事人一方精神不健全，只是婚姻可撤销的原因之一。英国法将一方患有性病、精神不健全，作为婚姻可撤销的原因，并不是禁止结婚和婚姻无效的情形。[2]德国法并没有规定无效婚姻制度，只是把所有违反结婚要件所形成的婚姻视为可撤销婚姻，强调婚姻当事人的个人意愿。

世界各国的亲属立法中，并没有将患有传染性疾病或者遗传基因疾病列入禁止结婚的范围，也并没有赋予当事人主张疾病婚姻无效的请求权。各国亲属法普遍将结婚法定要件设置为年龄和一夫一妻上，大多没有强制婚检的法律要求，少数要求提交近期健康证明。如果结婚后发现一方患有严重传染病或恶性疾病，另一方可以请求离婚。我国《民法典》此次作出取消禁婚

---

[1]　孙若军："疾病不应是缔结婚姻的法定障碍：废除《婚姻法》第 7 条第 2 款的建议"，载《法律适用》2009 年第 2 期。

[2]　薛宁兰："婚姻无效制度论——从英美法到中国法"，载《环球法律评论》2001 年第 2 期。

疾病的规定能够保障公民的合法权益并且与国际相接轨。

二、典型案例及分析

唐某诉林某撤销婚姻纠纷案
——患有甲状腺癌已治愈未告知另一方，婚姻不可撤销

【基本案情】

唐某和林某经过一年多的恋爱，2020 年 8 月底在民政局登记结婚。2021 年，唐某意外发现丈夫林某背着她服用一种药物，经唐某多次询问，林某才坦白自己多年前曾患有甲状腺癌，但现已治愈，只需长期服药就不会影响生活和工作，也不影响生育。但唐某却认为，林某婚前故意隐瞒重大疾病，侵害了自己的知情权和婚姻自主选择权，于是向法院起诉，请求撤销婚姻。

【法院审判】

法院认为，因《民法典》对重大疾病没有明确界定，因此本案的争议焦点系甲状腺左叶乳头状癌是否属于重大疾病。一般来讲，重大疾病通常是指医治花费巨大且在较长一段时间内严重影响患者正常工作和生活的疾病。对于重大疾病，应当审慎认定。本案中，林某患有甲状腺左叶乳头状癌，该疾病不属于《母婴保健法》规定的三类不适宜结婚的疾病，且该疾病经过手术和药物治疗可以治愈，病情得到有效控制并不影响正常生活，故不属于重大疾病。因此，唐某以林某于婚前隐瞒重大疾病为由主张撤销婚姻，于法无据，法院不予支持，驳回了唐某的诉讼请求。

【案例评析】

本案发生时《民法典》已正式实施，法院正是依据《民法典》第 1053 条规定作出判决，非常具有代表性。案件的焦点集中在对于重大疾病的界定上。考虑到重大疾病的范围可能随着医疗技术的进步以及新型疾病的出现而发生变化，为了保障适用性和延续性，对于重大疾病的具体范围，《民法典》未作明确的规定。根据《母婴保健法》的规定，患有指定传染病（艾滋病、淋病、梅毒、麻风病等）、严重遗传性疾病（由于遗传因素先天形成，患者

全部或者部分丧失自主生活能力，后代再现风险高，医学上认为不宜生育的遗传性疾病）、有关精神病（精神分裂症、躁狂抑郁型精神病等重型精神病）的公民暂时不适宜结婚，根据举重以明轻的原则，将以上疾病视为符合《民法典》规定的重大疾病，患病一方应将患病信息告知另一方。但在本案中，甲状腺癌是人体较为常见的头颈部恶性肿瘤，如果发现及时并及时治疗，一期治愈率一般可以达到90%以上，该疾病也不属于《母婴保健法》中规定的三类不适宜结婚的疾病，且林某的该疾病经过治疗，病情已经得到有效控制，并不影响正常生活，故不属于重大疾病，法院最终没有支持唐某撤销婚姻的诉讼请求。

三、疾病婚的效力和婚前重大疾病告知制度对医疗行业的影响

（一）医疗机构应提醒婚检双方履行告知义务

法律并没有规定医疗机构在进行婚前检查时有义务告知婚检双方应向对方履行婚前疾病和检查结果的告知，但并不意味着医疗机构也不去提醒前来婚检的双方向对方了解婚检结果、健康状况。医疗机构要提醒患病一方向另一方告知实情，尤其在婚检中一方检出相应问题时，医疗机构应向另一方提示，可以去询问、了解对方的体检结果及身体状况，不能认为这是他们自己的事情，简单回答"正常"。虽然这不是医疗机构法定的义务，但此时提醒一下，可以避免双方因没有如实履行婚前告知义务而影响家庭和谐、影响婚姻的效力、增加司法诉累。因此医疗机构在提供婚前检查服务时要注意，如果检查出患者患有《母婴保健法》规定的指定传染病（艾滋病、淋病、梅毒、麻风病等）、严重遗传性疾病（由于遗传因素先天形成，患者全部或者部分丧失自主生活能力，后代再现风险高，医学上认为不宜生育的遗传性疾病）、有关精神病（精神分裂症、躁狂抑郁型精神病等重型精神病），要向患者本人如实告知病情。同时，在与患者沟通时，要提示患者严格遵守我国《民法典》的规定，在结婚前如实将病情告知另一方，不能隐瞒病情，既有利于保护配偶和下一代的健康，也有利于保护夫妻之间的信任关系，建立和谐、稳定的家庭。

医疗机构还应注意，患者享有隐私权，告知病情仅限于向患者本人告知，不得向患者以外的人明示或暗示地透露。医疗机构及医务人员应当对患者的隐私和个人信息保密。泄露患者的隐私和个人信息，或者未经患者同意公开其病历资料的，应当承担侵权责任。因此，在婚前医学检查中，如果查出患者患有严重遗传性疾病、指定传染病、有关精神病等重大疾病，医务人员应对患者本人告知病情并做好病历记录，同时提示患者告知另一方病情，以及提醒婚检另一方应当向其对象一方询问。

（二）医疗机构应提醒艾滋病病毒感染者和艾滋病病人履行告知义务

医疗机构在诊疗中查出就诊患者患有艾滋病，根据《艾滋病防治条例》第 38 条第 1 款第 2 项的规定，艾滋病病毒感染者和艾滋病病人应当将感染或者发病的事实及时告知与其有性关系者。同样，法律虽然没有规定医疗机构有义务告知艾滋病病毒感染者和艾滋病病人向另一方告知病情，但医疗机构应作出提醒，让艾滋病病毒感染者和艾滋病病人自己将感染、发病事实告知与其有性关系者，并在病历中做好记录。这样可以避免或减少患者不履行告知义务，患者家属起诉医院未尽告知义务的纠纷，也是宣传和帮助患者了解法律规定，督促其履行法律义务，避免传染病的传播，维护公民健康。医疗机构做到提示患者履行对另一方的告知义务即可，注意遵守法律规定，不得擅自将艾滋病病毒感染者和艾滋病病人的情况信息公开或泄露给他人，严禁未经患者同意泄露患者的隐私和个人信息。

（三）公民应严格遵守法律规定，自觉履行婚前疾病告知义务

婚姻不仅仅只是生育，还有爱情与陪伴。如果两个艾滋病患者相爱，他们之间结合并非为了生育，那么他们应该享有结婚的权利。法律取消了禁婚疾病的规定，在价值取向上更注重保障公民婚姻自由的权利。但也可能会带来疾病的扩散，影响到配偶和子女的健康，引发相应的社会问题。对此，法律同时作出规定，如果婚前患有重大疾病，就不能隐瞒，应当在结婚登记前如实告知另一方，让另一方自我判断作出选择。如果违反法律规定，不如实告知的，另一方可以向人民法院请求撤销婚姻。婚姻是家庭的基石，而家庭

又是社会的细胞。配偶婚前病史的告知义务，不仅关乎婚姻的质量和家庭幸福，更关乎以家庭为基础的整个社会的和谐稳定。因夫妻在共同空间内长久生活，两性关系具有高度的亲密性，经济上互相扶持，精神上互相抚慰。法律规定婚姻自由是公民的权利，公民也应当提升法律意识，遵守法律规定。因此，如果一方确实患有重大疾病，应该向另一方坦诚相告，履行婚前告知义务，让另一方在充分知情的情况下作出是否愿意结婚的真实意思表示。患有重大疾病的一方在结婚前要如实告知另一方，不如实告知的，除可能对婚姻双方感情造成伤害，还可能面临婚姻被撤销和多重赔偿的风险，做法不可取且得不偿失，婚后也难以收获真正的幸福。公民还应提升文化素养，在知晓另一方的全部病情后，要对疾病可能产生的后果作出正确判断，仍要坚持结婚的，要对自己作出的决定承担相应责任。

（作者：郑雪倩、岳靓）

第十六章
医疗损害归责原则制度及其影响

医疗损害责任之归责原则是医疗损害责任的关键性理论，在医疗损害责任的认定中发挥着重要作用，也在实践中影响着医患双方的行为模式及医患关系的发展。《民法典》第 1218 条、第 1221 条、第 1222 条及第 1223 条从医疗损害的一般归责原则、过错责任的判断标准、过错推定原则及无过错责任原则四个方面，详细规定了医疗损害归责原则的系列内容，既吸收了之前相关立法的成功制度设计，又根据司法实践的效果进行了适当调整，使之能更好地适应我国医疗损害责任的认定及处理实践。

一、法律规定与理论解析

（一）法条解读

1. 医疗损害的过错责任

《民法典》第 1218 条规定："患者在诊疗活动中受到损害，医疗机构或者其医务人员有过错的，由医疗机构承担赔偿责任。"

该条规定了医疗损害责任一般适用过错责任原则，明确了在诊疗活动中，只有当医疗机构或者医务人员有过错时，才由医疗机构承担相应的赔偿责任。这是一种替代责任，由造成损害的医务人员所属的医疗机构承担赔偿责任。

过错责任原则，是指以加害人有过错作为归责根据的归责原则。[1]即过错是归责的根本事由，是加害人承担责任的基础；数人因共同过错而造成他人损害时，该数人应就损害承担连带赔偿责任；过错责任不仅意味着加害人要因其具有过错的致人损害的行为承担责任，也意味着受害人要因其自身的过错而导致损害的发生或扩大自负损害责任。过错责任原则对应的举证责任规则是"谁主张谁举证"。

2. 医疗损害的过错责任的判断标准

《民法典》第 1221 条规定："医务人员在诊疗活动中未尽到与当时的医疗水平相应的诊疗义务，造成患者损害的，医疗机构应当承担赔偿责任。"

该条明确了医疗损害责任中"过错"的判断标准即医疗水平。医方在医疗活动中承担高度注意义务，确定医方是否有过错应当以其是否尽到与当时的医疗水平相应的诊疗义务等为标准。当时的医疗水平一般是指当时的临床实践水平，是一般情况下医务人员通过谨慎作为或不作为可以达到的标准，而非医学理论水平或医学研究水平，在司法实践中一般需要通过鉴定予以确定。

3. 医疗损害的过错推定责任

《民法典》第 1222 条规定："患者在诊疗活动中受到损害，有下列情形之一的，推定医疗机构有过错：（一）违反法律、行政法规、规章以及其他有关诊疗规范的规定；（二）隐匿或者拒绝提供与纠纷有关的病历资料；（三）遗失、伪造、篡改或者违法销毁病历资料。"

该条规定，在特殊情况下，医疗损害责任适用过错推定原则。根据《民法典》第 1165 条第 2 款规定，依照法律规定推定行为人有过错，其不能证明自己没有过错的，应当承担侵权责任。据此规定可知，《民法典》第 1222 条应属于法律规定的推定。这一法律规定的推定可以被反驳，即可以由医方通过反面证明予以推翻。也就是说，医疗机构及医务人员存在上述列举行为的，即推定医疗机构存在过错，医疗机构不能证明自己没有过错的，应当承担侵权责任。

---

　〔1〕　申卫星：《民法学》，北京大学出版社 2017 年版，第 535 页。

过错推定，是指在某些侵权责任的构成中，法律推定行为人实施该行为时有过错。[1] 过错推定原则一般只能适用于法定的特定侵权责任，其更多是基于法规定层面的考虑。过错推定原则对应的举证责任规则是"举证责任倒置"。此条规定的"医疗过错推定"即是过错推定原则的适用，适用举证责任倒置规则，但在一定程度上实现了有条件的过错推定，即患方首先要证明损害后果存在，其次要证明医方存在《民法典》第1222条规定的三种情形之一，才推定医方存在医疗过错，当然医方可以提出证据证明医疗行为无过错。这一规定既弥补了患者医疗举证能力不足的缺陷，也在一定程度上平衡了医患双方的利益。

4. 医疗损害的无过错责任

《民法典》第1223条规定："因药品、消毒产品、医疗器械的缺陷，或者输入不合格的血液造成患者损害的，患者可以向药品上市许可持有人、生产者、血液提供机构请求赔偿，也可以向医疗机构请求赔偿。患者向医疗机构请求赔偿的，医疗机构赔偿后，有权向负有责任的药品上市许可持有人、生产者、血液提供机构追偿。"

该条规定，在特殊情况下，医疗损害责任适用无过错责任原则，即因医疗产品造成患者损害的，不论加害人是否有过错，法律规定应当承担民事责任的，行为人应当对其行为所造成的损害承担民事责任。受害患者无须就加害人的过错进行举证，加害人也不得以其没有过错为由主张免责或减责抗辩。换言之，无论医疗机构或者医疗产品的上市许可持有人、生产者、销售者是否具有过错，都应当承担侵权责任。医疗机构、医疗产品的上市许可持有人、生产者、销售者或者血液提供机构主张不承担责任的，应当对医疗产品不存在缺陷或者血液合格等抗辩事由承担举证证明责任。

无过错责任原则，是指法律规定，不论行为人是否有过错，只要其行为、损害后果以及两者之间存在因果关系即应承担民事责任的归责原则。无过错责任原则不考虑行为人的过错，责任承担不以有无过错为构成要件；其免责事由受到严格限制，只有在法律有明文规定的情况下，才能适用。其构

---

[1] 申卫星：《民法学》，北京大学出版社2017年版，第536页。

成要件、免责事由和减轻事由均须法定。受害患者无须就行为人的过错进行举证，行为人也不得以其没有过错为由主张免责或减责抗辩。

(二) 医疗损害责任归责原则制度的立法历史沿革

医疗损害责任是指医疗机构及医务人员在诊疗活动中因过错，或者在法律规定的情况下无论有无过错，造成患者人身损害或者其他损害，应当承担的以损害赔偿为主要方式的侵权责任。我国学界通说认为，医疗损害责任的构成要件应该包括四要件，即违法行为、医疗损害事实、因果关系及医疗过错。其中，医疗过错就是医疗损害责任归责原则的具体表现形式之一。

医疗损害责任的归责原则，是指确定医疗机构或其他责任人承担医疗损害赔偿责任的一般准则，是在受害患者的人身损害事实已经发生的情况下，为确定医疗损害责任人对其行为所造成的损害是否需要承担赔偿责任的准则。不同的归责原则强调不同的责任承担根据和基础，如过错责任原则体现的是"责任自负"的传统理念，而无过错原则体现的主要是损害的合理分担以及对受害者更强的保护。

我国医疗损害责任归责原则的司法实践发展经历了从独尊过错责任原则、过错和因果关系双重推定原则再到《侵权责任法》《民法典》确定的过错责任、过错推定责任及无过错责任相结合的多元化归责原则的变化过程。这种变化主要表现在几个关键性法律及司法解释的适用上。

1987年施行的《民法通则》并没有对医疗损害责任进行特别规定，其不属于特殊侵权的范围，因此，医疗损害责任的归责原则按照一般侵权行为适用过错责任原则。而2002年施行的《医疗事故处理条例》第2条规定，"本条例所称医疗事故，是指……过失造成患者人身损害的事故"，第49条第2款规定，"不属于医疗事故的，医疗机构不承担赔偿责任"，这些条文的规定也确定了医疗损害责任采用过错责任原则的思路。

但是，由于医患之间存在信息不对称，以及社会上认为患者是弱势群体的呼声日趋强烈，2002年《最高人民法院关于民事诉讼证据的若干规定》第4条第8款规定，因医疗行为引起的侵权诉讼，由医疗机构就医疗行为与损害结果之间不存在因果关系及不存在医疗过错承担举证责任，即所谓的医疗损害责任举证倒置原则。医疗损害责任的归责原则由之前的过错责任原则走向过错及因果关系的双重推定原则，举证责任也由之前的谁主张谁举证演变为举证责任倒置。由此开启了我国司法审判中运用过错推定原则处理医疗损害纠纷的实践，也导致了行政法规和司法解释存在较大的矛盾，前者要考量医疗行为的特点，后者要给受害患者以更优越的民事诉讼地位；前者旨在减轻医疗机构的责任，后者旨在加强对受害患者的权利保护。[1]

医疗损害责任实行过错推定及举证责任倒置的实践，引发了医疗机构防御性医疗行为的盛行，同时由于医学科学有限性的特点，也使得许多基于医学发展有限性不能解释的归因及损害直接由医方承担损害赔偿责任，一定程度上不利于医学科学的发展及个体患者利益与整体患者利益的平衡。基于此，自 2010 年 7 月 1 日起施行的《侵权责任法》依据不同情况，确定了医疗损害责任归责原则以过错责任原则为主、过错推定及无过错责任原则相结合的多元化归责原则体系，使我国医疗损害责任的归责原则与其他国家趋于一致。

《民法典》对医疗损害责任归责原则规定了四个条款，基本吸收了《侵权责任法》关于医疗损害责任归责原则的相关规定，但对具体条款的内容表达进行了修改，具体体现为对第 1218 条、第 1222 条及第 1223 条的表述措辞进行了调整，但医疗损害责任归责原则仍然坚持了以过错责任原则为主、过错推定责任及无过错责任原则相结合的多元化归责原则体系。

（三）医疗损害责任归责原则制度的比较法分析

就世界上主要国家对医疗损害责任归责原则的规定来看，基本上都以过错责任原则作为主要归责原则。

英国法只要求服务提供者承担过失责任下的合理注意义务，就医疗责任而言，英国法院认为，"在医师执业时，若其符合一群负责的且在某特殊领域具有专业知识的医疗人员认为适当的职业标准，医师的行为即无过失。即若医师已依照此等职业标准执行业务，即使对此职业标准存在不同观点，医师仍然无过失"。[2]

---

〔1〕 杨立新："中国医疗损害责任制度改革"，载《法学研究》2009 年第 4 期。

〔2〕 Bolam v. Friern Hospital Management Committee ［1957］2 ALL ER 118，121.

美国法中医疗损害责任采过失责任主义，即过错责任原则，必须是医务人员未尽到注意义务，致被害人发生损害，始负损害赔偿责任。[1]

德国对于医疗损害责任没有专门立法，主要是依据《德国民法典》的劳务合同和雇主责任作为模板，确定法律适用问题，对于医疗侵权的特殊性则通过司法使其具体化，医疗纠纷的处理一是依据侵权法确定医务人员责任，二是基于医疗合同进行处理，医疗损害责任适用过错责任原则，在特定情况下，实行举证责任减轻或者转换，以缓和受害人的举证责任。[2]德国的学界和实务界认为，医疗行为不适用危险责任，只适用过失责任，即医务人员必须保障他的行为符合当时的医疗水准，其余不是他的责任范围。[3]但是1976 年修订的《德国药物管理法》明确规定，对医药品的副作用适用无过错责任原则。[4]

法国的医疗损害责任分为国家赔偿责任和民事赔偿责任，公立医院实行国家赔偿，私立医院承担司法责任，实行"双轨制"，但都实行过错责任原则，具体而言医疗科学过错实行过错责任原则，举证责任由受害人承担，而医疗伦理过错则实行过错推定原则，将医疗过失的举证责任彻底归于医疗机构。[5]2002 年 3 月 4 日颁布的《法国患者权利与健康体系质量法》，作为一部特别法构建了医疗损害责任的一种自治性制度，即法定责任说。[6]

意大利关于医疗损害责任适用过错责任原则，即医务人员只对因自身故意或者重大过失所造成的医疗损害后果承担损害赔偿责任。[7]

日本法中认为医疗侵权行为的成立适用一般侵权行为的成立要件，也就是在过失责任原则下进行处理，所以，日本法律界一般将由于过失而引起的医疗事故称为"医疗过误"。[8]

---

〔1〕 杨立新：《医疗损害责任研究》，法律出版社 2009 年版，第 62 页。
〔2〕 杨立新：《医疗损害责任研究》，法律出版社 2009 年版，第 54~56 页。
〔3〕 赵西巨：《医事法研究》，法律出版社 2008 年版，第 156 页。
〔4〕 夏芸：《医疗事故赔偿法——来自日本法的启示》，法律出版社 2007 年版，第 9 页。
〔5〕 陈忠五："法国法上医疗过错的举证责任"，载《东吴法律学报》2006 年第 1 期。
〔6〕 叶名怡："医疗合同责任理论的衰落——以法国法的演变为分析对象"，载《甘肃政法学院学报》2012 年第 6 期。
〔7〕 杨立新：《医疗损害责任研究》，法律出版社 2009 年版，第 57~58 页。
〔8〕 夏芸：《医疗事故赔偿法——来自日本法的启示》，法律出版社 2007 年版，第 6 页。

二、典型案例及分析

"龙凤胎"脑瘫争议案[1]

—— 医疗损害赔偿纠纷案件中的归责原则

【基本案情】

1998年2月23日孕妇杨某某（36岁），因高危妊娠、妊娠合并心律失常、急性胃肠炎、乙肝、贫血等症，在距预产期还有45天时就住进某人民医院妇产科待产。同年3月18日行剖宫产术，分娩出一男一女未足月的双胞胎（俗称"龙凤胎"），男孩取名为大双、女孩为小双。阿氏评分为10分，产后发现胎盘提前老化，钙化面积达1/3。同年3月19日，气温陡降，大双、小双被放入婴儿特护室温箱中。3月19日晚至3月20日清晨温箱多次断电，大双高烧达41摄氏度，小双体温正常。大双送儿科后半小时体温即降到38度。第二天体温正常，双肺啰音也随之消失。4月18日，医院对此案进行分析，认为院方在护理患儿过程中有疏忽之处，没有及时发现温箱断电。4月28日，经专家会诊，核磁共振报告显示大双"髓鞘化过程较迟缓"，小双为"脑白质髓鞘化进程形成较迟，胼胝体发育不良"。5月5日，某儿童医院确诊为，脑发育不良、急性上感、急性支气管炎、脑瘫。

【法院审判】

1999年6月14日，一审法院判决认为，某人民医院在护理大双、小双两婴儿过程中，两次发现温箱断电，均未采取有效措施，致使两婴儿受凉后发生高热，脑内缺氧窒息，以致留下严重的脑瘫后遗症。因此，法院判决，由被告某人民医院赔偿大双、小双医疗费及精神损失费等共计3 833 849.55元。原告、被告双方均不服提起上诉。二审法院判决认为，关于上诉人某人民医院的温箱断电与上诉人双胞胎婴儿脑瘫有无因果关系的认定，法院先后咨询了国内有关小儿脑瘫方面的专家、教授，均认为从双胞胎婴儿的病案资

---

[1] （1999）鄂民终字第169号。

料来看，不能排除温箱断电是与双胞胎婴儿患脑瘫有关联的后天因素。而要准确地鉴定单个病案的致病原因，目前的科学技术水平还不能达到。因此，某人民医院在没有证据证实该双胞胎婴儿的脑瘫属先天性因素造成的情况下，根据我国民法的过错责任原则，某人民医院应对自己的医疗过错所造成的损害后果承担民事责任，因此二审法院判决某人民医院赔偿 2 906 309.56 元。

【案例评析】

本案中，从医疗损害责任的构成要件来看，通过事实分析及法律判定，很容易看到某人民医院在诊疗活动中的确存在护理不到位、温箱断电导致两婴儿受冻发热的不当行为，存在两婴儿脑瘫的损害事实，存在疏忽大意的过失等要件，关于医方的行为与两婴儿脑瘫的人身损害后果之间是否具有因果关系，是本案的焦点，也是比较难以判断的医学及法学问题。

法院委托法医鉴定，并咨询了国内相关专家，均认为不能排除温箱断电是与双胞胎婴儿患脑瘫有关联的后天因素。但要准确地鉴定单个病案的致病原因，目前的科学技术水平还不能达到。本案的判决，从归责原则的角度而言就是采取了过错及因果关系推定原则，推定医疗机构有过错且过错与患儿脑瘫之间存在因果关系。本来应当由患方提供充分证据证明"患儿脑瘫与温箱断电之间一定存在全部因果关系"，转变成了由医院提供充分证据证明"患儿脑瘫与温箱断电之间一定不存在全部因果关系，患儿脑瘫与其有先天因素之间一定存在全部因果关系"，这直接影响了该案的审判结果，由于医疗水平的限制，某人民医院不能举证，所以承担败诉的法律后果。

医疗损害责任是适用过错责任原则还是过错推定原则，直接影响到举证责任的分配。由于医疗水平的限制，我们对很多人体疾病的原因认识得并不清楚，这就意味着承担举证责任的一方会同时承担医学发展有限性的风险。如果一味让医疗机构承担此类风险，就会导致医方防御型医疗的盛行。《民法典》澄清了医疗损害责任的归责原则，确定了医疗损害责任一般适用过错责任原则、特殊情况下适用过错推定原则及无过错原则的多元化归责原则体系，避免了举证责任倒置引发的负面效应，也与国际上的相关立法接轨。

三、医疗损害归责原则制度对医疗行业的影响

《民法典》规定了医疗损害责任归责原则系列制度，并对以往法律规定的表述措辞进行了调整，进一步体现了立法的严谨，无疑具有积极意义。

（一）《民法典》对医疗损害归责原则制度条文措辞进行修改更适应实践的需要

《民法典》第1218条，将《侵权责任法》第54条中的"及其"修改为"或者"，在语义上更强调将医疗机构与医务人员并列，只要医疗机构有过错，或者医务人员有过错，就由医疗机构承担赔偿责任。而不是强调"医疗机构和它的医务人员"有过错，才由医疗机构承担赔偿责任。

《民法典》第1222条，对《侵权责任法》第58条进行了三处修改，具体如下。

第一，将"患者有损害，因下列情形之一的"修改为"患者在诊疗活动中受到损害，有下列情形之一的"，首先强调了患者损害是在诊疗活动中受到的，明确了范围。

第二，删除"因"字，改为"有"字，避免了理解的歧义，只要出现《民法典》第1222条规定的三种情形，就推定医疗机构存在过错，不再讨论是否是因为法条规定的三种情形而导致的损害。在既往的司法实践中，多数法院认为，《侵权责任法》第58条的表述为"患者有损害，因下列情形之一的"，故该三种法定情形之存在，应当与患者的损害后果之间存在因果关系；如果不存在因果关系，即使存在该三种情形，也不能推定医院有过错而构成侵权。此时应当允许医疗机构举证，证明该三种情形与患者损害后果之间不存在因果关系，谓之曰"举证责任缓和"。很少有当患方证明存在第58条规定之情形时，法院不再委托医疗过错鉴定，径行推定医疗机构有过错进而直接作出判决的情况。《民法典》在此处作出修改，将"因"字改为"有"字，变成一种事实性陈述。从逻辑上理解，医院一旦被证明存在法定的三种情形，只要患者是在诊疗活动中受到伤害，即推定医院存在过错，除非医院可以提出反证。这使得具有三种法定情形的医疗机构的过错更容易推定，也

警醒医疗机构：在日常医疗工作中，要重视法律、行政法规、规章以及其他有关诊疗规范的遵守，要重视病历资料的管理，避免出现《民法典》规定的三种情形，否则就极有可能被法院直接推定存在过错。

第三，在该条第 3 款中增加了"遗失"病历的情形及对"违法销毁"的界定。这两处修改使法条更为周延和严谨，但是对于医疗法律关系并不产生实质影响，因为在司法实践中也长期如此处理，从理论界到实务界，对此均无任何争议。但也进一步提示广大医疗机构及医务人员在执业过程中，应更加注重对病历资料的妥善保管。

《民法典》第 1223 条相较于《侵权责任法》第 59 条，增加"药品上市许可持有人"作为责任人，这是适应我国药品上市许可制度的改革，与《关于推进药品上市许可持有人制度试点工作有关事项的通知》《药品管理法》《疫苗管理法》以及《药品注册管理办法》和《药品生产监督管理办法》建立和明确的"药品上市许可持有人为药品全生命周期的责任主体"一脉相承，保持了法律体系的统一性。同时将"消毒药剂"修订为"消毒产品"，将消毒药剂以外的其他消毒产品也一并予以规范，更大程度地保护患者的身体健康，维护受害人的合法权益。

（二）《民法典》明确了医疗损害责任多元化归责原则制度

《民法典》对医疗损害责任多元化归责原则的再次确认，并通过对以往法条措辞的修改及相关最新制度的吸收，使得我国医疗损害责任多元化归责原则体系更加成熟与完善，进一步与国际接轨。"过错责任为主、过错推定及无过错责任为补充"的归责原则，也促使医疗机构及医务人员在从事诊疗活动中更加谨慎地履行注意义务，避免过错的发生；也再次明确医疗产品的缺陷导致损害的侵权责任不需要具备过错要件，进而提示医疗产品的上市许可持有人、制造者、销售者重视医疗产品质量；同时，医疗损害责任过错责任原则的牢固确立，也是我们正视医疗水平有限性风险客观存在的科学态度的法律表达，从制度上构建了减少防御性医疗的有利机制，从而也提示社会公众科学认识及看待医疗活动。

（三）医疗机构应当善尽谨慎注意义务避免过错发生

过错要件是医疗损害责任的重要构成要件之一，避免过错是有效防范医疗损害责任风险的重要环节。"当时的医疗水平"是判断医疗过错的标准，具体而言，过错认定可以依据法律、行政法规、规章以及其他有关诊疗规范的规定，凡是违反上述规范的，就构成过错。当然，还要综合考虑患者病情的紧急程度、患者个体差异、当地的医疗水平、医疗机构与医务人员资质等因素。因此，为了避免过错，医疗机构要落实医疗技术临床应用管理职责；医务人员应当履行合理医疗的义务，应当具备一定诊疗水平并不断提升医疗水平；特定条件下履行主动急救义务；医疗机构和医务人员切实履行说明义务；切实履行病历书写、保管与提供义务、保护患者隐私与信息的义务等。

（四）医疗机构应当强化建立医院内部规章制度防止过错发生

医疗机构应当在现有法律法规的范围内，建立符合自身实际情况的各种规章制度。合理的规章制度是从医学临床实践中总结出来的一整套科学的管理方法，它随着医学科学的不断发展，也在不断地被修改和完善，又反过来指导医疗实践。合理的规章制度促使医务人员各尽其责，帮助医务人员防范过错，化解医疗法律风险。实践中，医院核心管理制度不完善、各项诊疗规范落实不到位是导致医院频发过错从而引发医疗法律风险的重要原因。医疗机构应当不断完善医院内部医疗质量、医疗安全管理的规章制度和岗位职责，如对各种治疗、抢救、护理的原则和方法的规定，对各种医疗设备、仪器的使用程序和方法的规定，各种特殊检查及技术操作的规定等。这些规章制度的实施，既有利于患者获得规范的诊疗服务，也降低了潜在的法律风险。医院应当加强政策引导，完善激励和惩戒机制（包括经济层面和道德层面等），对遵章守制的医务人员通过各种形式予以褒奖和肯定，而对违章违规的医务人员给予及时而必要的惩处，从而让每一位医务人员及医院其他相关人员都知晓、理解并自觉遵守规章制度，主动履行岗位职责。

（作者：赵敏）

第十七章
医疗知情同意制度及其影响

医疗知情同意制度确立了医疗活动中的医方说明义务及患者知情同意权利，体现了医方和患者之间的关系调整，反映了医疗行为的发起与终止的价值判断，从而为保障知情同意权这一患者最重要、最核心、最基础的权利，提供了法律制度保障，凸显了尊重患者意思的理念，将在医疗活动中影响医患双方的行为模式。《民法典》承继了《侵权责任法》关于患者知情同意权利的主要内容，主要条款有第 1008 条、第 1219 条和第 1220 条，第 1008 条主要规定人体临床试验中的知情同意权，已在第十一章进行论述，第 1220条是关于紧急情况下知情同意的特殊规定，已在第十章进行论述。本章主要讨论《民法典》第 1219 条规定的诊疗活动中的知情同意制度。

一、法律规定与理论解析

（一）法条解读

1. 诊疗活动中知情同意的一般规定

《民法典》第 1219 条规定："医务人员在诊疗活动中应当向患者说明病情和医疗措施。需要实施手术、特殊检查、特殊治疗的，医务人员应当及时向患者具体说明医疗风险、替代医疗方案等情况，并取得其明确同意；不能或者不宜向患者说明的，应当向患者的近亲属说明，并取得其明确同意。医务人员未尽到前款义务，造成患者损害的，医疗机构应当承担赔偿责任。"

本条规定了医务人员的说明义务和患者知情同意权。本条需要从以下几个方面理解：（1）在诊疗活动中，医务人员应当向患者说明病情和医疗措施。（2）涉及手术、特殊检查、特殊治疗等有一定风险的创伤性检查和治疗时，医务人员应当向患者说明医疗风险、替代医疗方案等一系列有助于患者进行决策的信息，并获得患者的明确同意。（3）当患者身体或精神不适，医务人员不能或不宜向患者说明的，应当向患者的父母、配偶、子女等近亲属说明，并取得他们的明确同意。（4）医务人员未尽到告知说明义务，造成患者损害的，应承担相应的赔偿责任。（5）即使医务人员尽到了本条第1款规定的义务，取得了患者或者其近亲属的同意，但如果在后续的诊疗活动中未尽到与当时的医疗水平相应的诊疗义务，造成患者损害的，医疗机构仍然应当承担赔偿责任。

2. 医疗知情同意制度的例外规定

《民法典》第1220条规定："因抢救生命垂危的患者等紧急情况，不能取得患者或者其近亲属意见的，经医疗机构负责人或者授权的负责人批准，可以立即实施相应的医疗措施。"

本条规定了紧急情况下，知情同意制度的例外情况。本条内容在第十章有集中论述，此处不再展开。

（二）医疗知情同意制度的立法历史沿革

我国关于医疗知情同意的规定最早见于1982年《医院工作制度》，目前关于患者知情同意权的相关规定散见于法律、行政法规、规章等之中，已有近40条，从内容来看，基本都是通过规定医方的告知义务，从而保障患者的知情同意权利。以下是一些主要的法律中关于医疗知情同意制度的规定。

《医疗机构管理条例》第32条规定："医务人员在诊疗活动中应当向患者说明病情和医疗措施。需要实施手术、特殊检查、特殊治疗的，医务人员应当及时向患者具体说明医疗风险、替代医疗方案等情况，并取得其明确同意；不能或者不宜向患者说明的，应当向患者的近亲属说明，并取得其明确同意。因抢救生命垂危的患者等紧急情况，不能取得患者或者其近亲属意见的，经医疗机构负责人或者授权的负责人批准，可以立即实施相应的医疗措施。"

《医师法》第 25 条规定："医师在诊疗活动中应当向患者说明病情、医疗措施和其他需要告知的事项。需要实施手术、特殊检查、特殊治疗的，医师应当及时向患者具体说明医疗风险、替代医疗方案等情况，并取得其明确同意；不能或者不宜向患者说明的，应当向患者的近亲属说明，并取得其明确同意。"

《医师法》第 26 条规定："医师开展药物、医疗器械临床试验和其他医学临床研究应当符合国家有关规定，遵守医学伦理规范，依法通过伦理审查，取得书面知情同意。"

《医疗纠纷预防和处理条例》第 13 条规定："医务人员在诊疗活动中应当向患者说明病情和医疗措施。需要实施手术，或者开展临床试验等存在一定危险性、可能产生不良后果的特殊检查、特殊治疗的，医务人员应当及时向患者说明医疗风险、替代医疗方案等情况，并取得其书面同意；在患者处于昏迷等无法自主作出决定的状态或者病情不宜向患者说明等情形下，应当向患者的近亲属说明，并取得其书面同意。紧急情况下不能取得患者或者其近亲属意见的，经医疗机构负责人或者授权的负责人批准，可以立即实施相应的医疗措施。"

《基本医疗卫生与健康促进法》第 32 条规定："公民接受医疗卫生服务，对病情、诊疗方案、医疗风险、医疗费用等事项依法享有知情同意的权利。需要实施手术、特殊检查、特殊治疗的，医疗卫生人员应当及时向患者说明医疗风险、替代医疗方案等情况，并取得其同意；不能或者不宜向患者说明的，应当向患者的近亲属说明，并取得其同意。法律另有规定的，依照其规定。开展药物、医疗器械临床试验和其他医学研究应当遵守医学伦理规范，依法通过伦理审查，取得知情同意。"

我国关于医疗知情同意制度的规定，在近 30 年的制度沿革中呈现出如下变化。

一是同意并签字的第一顺位主体经历了"家属或者关系人—患者和家属—患者或者其家属—患者或者其近亲属"的变化。早期我国关于医疗知情同意的制度，都明显重视家属意见，给予家属意见较大的权重；随后才开始将患者与家属意见并重，使用了"患者或者其家属"的语言表述；在《侵权责任法》中，患者的知情同意主体第一顺位地位才得到凸显，《民法典》，再次明确了这一理念。明确患者是知情同意权的主体，只有当不能或不宜向患者说明时，才应当向其近亲属进行说明并取得其明确同意，体现了对患者自主决定权的充分尊重，明确了患者同意优先于其近亲属同意的原则；同时也将有权代理患者同意的代理人范围，由原来的"患者家属"缩小到了"患者的近亲属"。这体现出我国法律对患者知情同意权的认识不断深入，逐渐回归知情同意权的初衷，尊重患者自主意思的立法价值理念得以凸显。

二是告知的法定内容不断扩张，从"施行手术、特殊检查或者特殊治疗时，必须征得患者同意……""介绍病情"，到"说明病情和医疗措施，医疗风险、替代医疗方案""对病情、诊疗方案、医疗风险、医疗费用等事项依法享有知情同意的权利……说明医疗风险、替代医疗方案等情况"，体现了从便利患者自主决定的角度，解决医患之间信息困境的立法价值倾向。

三是在关于患者知情同意制度的规定中，存在不一致的混乱表述，如"患者及家属、关系人，患者或者其家属，患者或者其近亲属"等，导致理解与适用上存在矛盾。《民法典》统一了这一表达与称谓，统一为"患者""患者的近亲属"。

（三）医疗知情同意制度的比较法分析

医疗知情同意原则是伴随着人权运动、医患关系发展及医学模式转变而孕育兴盛起来，从起初的医疗行为习惯，演变为一项医疗伦理原则，再到国际宣言中的认同，随后深入各国的司法判例实践，最终成为一项国际公认的关于医疗活动的法律规定，也意味着知情同意原则成为医事法中一项公认的指导原则。

一般认为，医疗知情同意制度缘起于1946年"二战"以后的纽伦堡审判，在审判后通过的《纽伦堡法典》规定，"人类受试者的自愿同意是绝对必要的"，"应该使他对所涉及的问题有充分的认识和理解，以便能够作出明智的决定"。[1]这项规定意味着在医学试验领域，知情同意被确定为一项

---

[1] 邱仁宗、卓小勤、冯建妹：《谁都可能患病，但您知道病人的权利吗?》，北京医科大学、中国协和医科大学联合出版社1996年版，第56页。

医疗法律规则。"知情同意"成为医学界共识的标志是 1964 年《世界医学大会赫尔辛基宣言》，该宣言再次明确参加人体试验的受试者享有知情同意权。1957 年，美国加利福尼亚州上诉法院在对 Salgo 案[1]的判决中将"知情同意"引入医疗诉讼领域，首次导入"informed consent"这一词汇，首次以判例法的形式确立了患者的"知情同意"规则。立法上，1973 年《美国患者权利法案》以条文方式确定了患者的知情同意权，《美国患者自我决定法》（PSDA）[2]还赋予患者对未来的医疗事务事先表达意愿的权利，即预先指示权。1979 年 7 月 29 日德国联邦宪法法院的一项判决指出，必须取得患者对医师作出的全部诊断的、预防的以及治愈的措施的有效同意，这是法的要求。[3]目前，此权利已被许多国家承认并写进本国法律。

关于说明义务之标准，美国、英国、德国观点不一。往昔"理性医师标准"较为盛行，如英国法对医师的告知义务持较保守态度，多采用医师标准，即认为在履行告知义务时须遵循一个合理谨慎医师之标准。20 世纪 70 年代后，说明义务之标准逐渐走向"理性患者标准"乃至"具体患者标准"。美国在 Natanson 案建立"理性医师标准"12 年后，通过 Canterbury v. Grant 案[4]开始认可"理性患者标准"，该案判决指出，"医生向患者披露信息的范围就由患者的需要来决定"，"告知范围的标准不是主观的，而应是客观的"。澳大利亚普通法则倾向于"具体患者标准"，更多地关照具体情境中的患者或者具有特定性的患者，此注意标准要求医师告知患者意欲赋予重要性的特定信息和实质性风险。[5]

国外立法，多确定患者为知情同意权主体，并对患者以外可为同意之人划定了范围和顺序，一般而言，除患者以外可为同意的第二顺位人是配偶，第三顺位人是其他亲属或关系人。

---

　　[1]　Salgo v. Leland Stanford Jr. University Board of Trustees, 154 Cal/App. 2d 560, 317P. 2d 170 (1957)。

　　[2]　42 U. S. C. A. § 1395cc（f）（1992）。

　　[3]　赵西巨：《医事法研究》，法律出版社 2008 年版，第 59 页。

　　[4]　Canterbury v. Grant, 8 Cal. 3d 229, 243 - 44, 502 P. 2d 1, 10, 104 Cal. Rptr. 505, 514 (1972).

　　[5]　赵西巨：《医事法研究》，法律出版社 2008 年版，第 77 页。

二、典型案例及分析

榆林产妇坠楼案[1]

——谁是知情同意权的主体

【基本案情】

2017 年 8 月 31 日 20 时左右，榆林市某医院妇产科一名孕妇马某从 5 楼分娩中心坠下，医护人员及时予以抢救，但因伤势过重，抢救无效死亡。经查临产期间，马某被临产痛苦折磨，多次要求剖宫产，但产妇入院时签署了《授权委托书》，授权其丈夫全权负责签署一切相关文书，《产妇知情同意书》上签的是确认顺产要求。而生产期间，产妇因疼痛烦躁不安，多次向家属要求剖宫产，主管医生、助产士、科主任也向家属提出剖宫产建议，均被家属拒绝。

【案件结果】

事件发生后，警方通过调查认定死者为自杀。同时，该市市委、市政府和省卫计委成立了调查组。经过调查，调查组认为该医院急诊科在孕妇坠楼后的抢救措施符合诊疗规范。但该医院在管理上确实存在一定的疏漏，因此决定对该医院主要负责人和妇产科主任作停职处理。

【案例评析】

本案最受人关注的是，产妇是否可选择剖宫产等相关事宜，该由谁来决定和签字，是产妇本人还是其近亲属？法律焦点就是患者知情同意权的权利主体是谁。

在现实生活中，剖宫产由家属和医院共同决定的情形不在少数。《民法典》第 1219 条第 1 款规定："……需要实施手术、特殊检查、特殊治疗的，医务人员应当及时向患者具体说明医疗风险、替代医疗方案等情况，并取得其明确同意……"所以，医疗知情同意权的权利主体是患者。在符合剖宫产

---

〔1〕 "央视独家采访：陕西榆林产妇坠楼事件在场人员还原事情经过"，载澎湃新闻网，https://www.thepaper.cn/newsDetail_ forward_ 1878779，最后访问日期：2017 年 11 月 24 日。

指征的情况下，产妇作为完全民事行为能力人，在意识清醒有能力表达自己意愿的情况下，产妇本人才是是否进行剖宫产手术的决定者，医院只需取得产妇本人签字即可手术。当然由于剖宫产手术中产妇可能会因为麻醉而昏迷，产妇可以在清醒时授权其近亲属代为行使知情同意权，但其近亲属代做决定的权利仍然来源于患者，如果其近亲属的决定与患者的意思不一致时，则需尊重产妇本人的意愿，产妇本人自决权是受法律保障的。如果不存在需要剖宫产的医学指征，但产妇和其近亲属坚决要求剖宫产，医院在反复沟通和告知产妇及其近亲属剖宫产的风险之后，若产妇及其近亲属仍坚持的情况下，医院会适当放宽剖宫产的指征。该案也凸显了促进患者和医生进行实质化沟通的重要性。

三、医疗知情同意制度对医疗行业的影响

《民法典》关于医疗知情同意制度的法条基本延续了《侵权责任法》的内容，但也对原表述措辞进行了调整，其关于医疗知情同意制度的概括与表达，在继承已有制度的基础上进行了更加精细化的提炼，反映出我国立法尊重医疗实践的实际情况，进一步体现了立法的严谨，有助于推动医疗知情同意制度在实践中的落实，具有积极意义。但《民法典》关于医疗知情同意制度的表述也应当被认为是对以往法律法规中所有关于医疗知情同意制度内容的统一，实践中对患者知情同意权的理解与适用应当按照《民法典》的规定执行。

（一）《民法典》对医疗知情同意制度原表述措辞进行修改，体现了其对医疗知情同意制度的价值导向

《民法典》第1218条将《侵权责任法》第54条中的"及其"修改为"或者"，在语义上更强调将医疗机构与医务人员并列，只要医疗机构有过错，或者医务人员有过错，就由医疗机构承担赔偿责任。而不是强调"医疗机构和它的医务人员"有过错，才由医疗机构承担赔偿责任。

《民法典》第1219条对《侵权责任法》第55条进行了三处修改，具体如下。

第一，将条文中两个"书面同意"修改为"明确同意"。《侵权责任法》的条文表述是"书面同意"，《基本医疗卫生与健康促进法》的条文表述是"同意"，《民法典》的条文表述是"明确同意"。书面同意、同意、明确同意均为肯定的表示，同意可书面，可口头，可明示，可默示。书面同意为明示同意的一种，以书面形式呈现。明确同意首先为明示同意，其次必须以某种方式证明其明确同意的意思表示。书面是其中一种方式，即使不是书面，如能以其他方式证明其明确同意，如录音录像、第三方数据传输（电子数据）等亦可，加"明确"的目的应该是体现患方明确的意思表示。

第二，将"说明医疗风险……"修改为"具体说明医疗风险……"。与《侵权责任法》相比，《民法典》增加了要求医务人员向患者"具体"说明的要求。相较于1994年《医疗机构管理条例》第33条的"同意并签字"，2009年《执业医师法》第26条的"介绍"，2010年《侵权责任法》第55条的"说明"，2018年《医疗纠纷预防和处理条例》第13条的"说明"，2019年《基本医疗卫生与健康促进法》第32条的"说明"，《民法典》"具体说明"的规定提高了医务人员履行医疗说明义务的要求和标准。

第三，将"不宜"修改为"不能或者不宜"。此处修改与《民法典》第1220条相呼应，更加严谨。

总之，《民法典》对医疗知情同意制度的编纂中，将医务人员的告知义务由"书面同意"改为"明确同意"，从形式上来看，的确拓宽了医务人员履行告知义务的方式，不限于书面形式，任何能够被证据固定和确认的方式均可。且增加了知情同意需取得患者或者其近亲属"明确"同意，故不能以默示的形式来推定同意。但对医务人员的告知义务由"说明"改为"具体说明"，实质上是提高了"说明"的标准和要求，对医疗说明义务的履行提出了更高的要求，有助于将医务人员的告知义务落到实处而不流于形式。同时，明确了向近亲属说明的两种情形为"不能"和"不宜"向患者说明，更有利于尊重和保护患者的自我决定权。

（二）《民法典》明确了医疗知情同意的内容范围

《民法典》第1219条规定了医务人员说明的范围包括医疗风险、替代医疗方案等情况，这里的"等"应该是表示列举的项目未尽之意，结合《基本医疗卫生与健康促进法》《医疗机构管理条例》《执业医师法》《医疗纠纷预防和处理条例》等法律法规规定，说明的范围还应包括，病情、医疗措施、医疗风险、替代性的医疗解决方案等，概括来说可以分为以下两部分。

一是《民法典》第1219条等法律规定的告知内容，一般法律上有明确的规定。一般情况下医务人员应告知病情，即疾病的名称、性质、诊断依据和严重程度、发展变化趋势等；医疗措施，即可供患者选择的医疗措施，及这些措施的利弊，根据患者的情况准备采取的措施情况和采取的医疗措施的预期效果，可能发生的并发症和风险，以及所采取的医疗措施的费用；手术风险及替代性的医疗方案等。

二是其他告知义务，也分为两种情况。第一种情况是对医疗机构客观情况的告知义务，即转医或转诊的告知义务，对于超出医务人员本人或本院治疗能力的患者，有告知其安全快速抵达有条件治疗的医院的义务；第二种情况是对后医疗行为的关注义务，医疗行为即将结束时，医院应将患者此后复查、用药、功能锻炼、饮食起居等方面需要注意的情况向患者进行告知。比如骨科治疗，治疗结束后的功能锻炼非常重要，如果医务人员没有向患者告知或告知不足，可以认为医院存在过错，造成损害的，医院应承担一定的责任。在特殊情况下可以实施保护性医疗措施，防止疾病因患者心理因素而恶化，但同时，保护性医疗原则应服从于患者的知情同意权。

（三）《民法典》明确了医疗知情同意权的权利主体是患者

医疗知情同意权的主体是患者，即具有民事行为能力的患者。我国现有法律没有就患者的决定能力作出明确规定，现有立法及司法中多认同民事行为能力说，将限制民事行为能力人和无民事行为能力人视为在医学判断上欠缺同意能力之人，医疗决定由其监护人代而为之，即此种情况下，应该告知患者的监护人。《民法典》再次明确医疗知情同意权的权利主体是患者；患者的真实意思表示才是医方应当关注的重点，只有当不能取得患者的意思表示时，才需要征得其近亲属的同意；当患者的选择与其近亲属的选择不一致时，当然应当听从患者的选择。近亲属包括配偶、子女、父母、祖父母、外祖父母、兄姐等。实践中，在有多位近亲属的情况下，可以由患者委托某位近亲属代为行使知情同意权利；因抢救生命垂危的患者等紧急情况，在近亲属意见不统一的情况下，医务人员经医疗机构负责人或者授权的负责人批准可立即实施相应的医疗措施。

（四）《民法典》强调患者"明确同意"意味着书面知情同意书只是同意的一种方式

书面知情同意书只是履行知情同意的一种方式，而不是全部的方式。按照《民法典》的相关规定，只要取得患者的明确同意即可，而明确同意可以通过签署知情同意书的方式，也可以通过口头同意、录音录像同意、视频通话同意等多种方式。在医疗实践中，医方要根据实际情况决定知情同意的方式，在紧急情况下，可以采取签署知情同意书以外的途径来进行知情同意，方便医方及时采取适当措施救治患者。另外，也不能把知情同意书的功能无限放大，它仅仅是一份医方履行如实告知义务的证据，患方行使选择权的书面依据，但患者是否通过医生的告知获得了其应当获得的信息，理解了这些信息并在此基础上作出符合自己真实意愿的意思表示，仍然需要关注知情同意的过程，所以，医方应当重视知情同意的履行过程，全面、真实、恰当地告知并使患者理解才是目的。

（五）《民法典》对医疗知情同意权的重视并要求医方不断提升履行知情同意的能力

医方应当正确履行告知义务，使患者的知情同意权得到真正地落实。一是明确告知方式、内容等。医方可根据患者的病情轻重、精神状况、预后好坏来决定告知方式，避免在外人较多的情况下进行，同时避免造成严肃紧张的气氛。二是不断提升医患沟通的艺术，结合患者的情况，用尽量通俗、患者易懂的语言、图画等多种方式告知病情、手术方案、风险及预后等情况。三是医方应当耐心回答患者的疑问，注意语气与语态，和缓亲切的态度，有助于增进患者的信任，促进和谐医患关系的建立。

同时，应当加强公众教育，提高患者素质。一方面，全社会应当加强医疗卫生健康知识的教育，宣传医疗工作有限性、高风险性的特点，让公众客观地看待医疗行为，理解医疗工作的特殊性、局限性、风险性及不确定性；另一方面，宣传法律知识，增强公众的法律意识，引导患者在医疗活动中，遵从医嘱、配合治疗，承认医生在专业上的主导性，遵守医院诊疗秩序和规章制度。一旦出现纠纷，患者应选择合法的途径维护自身权益。

（作者：赵敏）

第十八章
医疗产品损害责任制度及其影响

　　《民法典》第 1223 条对医疗产品损害责任作出了规定，本章正是在《民法典》第 1223 条的基础上对医疗产品损害责任进行深入分析。本章将在介绍药品、消毒产品和医疗器械管理相关法律制度的基础上，详细讨论缺陷医疗产品责任的认定问题，尤其是关于"缺陷"的认定和举证责任分配。另外，本章还介绍了因疫苗预防接种引发纠纷的处理程序问题。

一、法律规定与理论解析

（一）法条解读

　　《民法典》第 1223 条规定："因药品、消毒产品、医疗器械的缺陷，或者输入不合格的血液造成患者损害的，患者可以向药品上市许可持有人、生产者、血液提供机构请求赔偿，也可以向医疗机构请求赔偿。患者向医疗机构请求赔偿的，医疗机构赔偿后，有权向负有责任的药品上市许可持有人、生产者、血液提供机构追偿。"

　　该条规定了因使用有缺陷的医疗产品（药品、消毒产品、医疗器械）和输入不合格血液而致患者医疗损害的侵权责任归责原则、责任构成要件、责任承担者以及索赔程序等内容。

　　1. 缺陷医疗产品损害责任的归责原则

　　根据本条规定，缺陷医疗产品损害责任的认定采用无过错责任原则，即只要患者因药品、消毒产品及医疗器械等医疗产品的缺陷受到损害，无论医疗产品的生产者、销售者是否存在过错，均应承担民事责任。此条款为《民法典》第 1166 条原则规定的具体适用，即"行为人造成他人民事权益损害，不论行为人有无过错，法律规定应当承担侵权责任的，依照其规定"。同时也是《民法典》侵权责任编第四章产品责任在医疗损害责任领域的具体体现。

产品责任虽为无过错责任，但不是绝对责任。生产者仍有减轻或者免除责任的情形。[1]尽管《民法典》没有对包括医疗产品在内的所有产品的缺陷抗辩事由进行明确规定，但是《民法典》第 1178 条规定，"本法和其他法律对不承担责任或者减轻责任的情形另有规定的，依照其规定"，据此，《民法典》第 180 条至第 184 条对于不可抗力、正当防卫、紧急避险、见义勇为、紧急救助作出的规定，同样是适用于医疗产品责任的。与此有关的《产品质量法》第 41 条生产者免责事由、第 55 条销售者减责事由同样可以适用于医疗产品责任。

除了上述法定免责、减责事由，还存在一些理论上的抗辩事由。医疗产品是一种特殊的产品，其特殊性之一是，医疗产品在为患者治疗疾病、带来益处的同时，也会给患者造成一定的伤害，如药物不良反应、副作用等。此类伤害的风险可为人们所容忍和接受，故又被称为"容许的危险"。该理论认为，对于伴随一定危险的行为，法律应该根据其对社会生活的有益性及必要性而容许该类行为在一定限度内产生一定的危害结果，对此结果不应以过失论之。[2]

2. 缺陷医疗产品损害责任的构成要件

缺陷医疗产品损害责任的构成要件是：第一，医疗产品存在缺陷；第二，患者在使用有缺陷的医疗产品后出现相应的损害后果；第三，医疗产品的缺陷与患者损害后果之间存在因果关系。关于患者的损害后果、因果关系

---

〔1〕　王胜明主编：《中华人民共和国侵权责任法解读》，中国法制出版社 2010 年版，第 216 页。

〔2〕　赵新河："试论容许的危险理论对判定医疗过失的借鉴价值"，载《中州学刊》2006 年第 6 期。

认定等内容，请参见本书其他章节的讨论，本章将着重讨论在司法实践中，如何认定医疗产品存在缺陷、责任的承担者等问题。

患者在使用医疗产品后出现的所有损害后果，并非都是由医疗产品的缺陷所致，法律也并未要求包括医疗产品在内的所有产品均是完美无缺的，不存在任何瑕疵。只有在医疗产品存在法定的缺陷并造成患者损害后果时，药品上市许可持有人、生产者、医疗机构才承担侵权责任。同时，医疗产品作为一种特殊的产品，往往在治疗疾病的同时，也会给患者造成一定的损害，患者在使用医疗产品后可能会有正常的不良反应、药物副作用。对于后者，药品上市许可持有人、生产者、医疗机构不需要承担责任。因此，认定医疗产品是否存在法定的缺陷，是此类案件处理最为关键的环节。

3. 医疗产品缺陷的判定

缺陷产品，是指产品存在危及人身、他人财产安全的不合理的危险；产品有保障人体健康和人身、财产安全的国家标准、行业标准的，是指不符合该标准。缺陷产品必须符合两个条件，一是不合理的危险标准，二是不符合国家标准和行业标准。这一点在《民法典》中也可寻找到一些踪迹，如第511条规定，"当事人就有关合同内容约定不明确，依据前条规定仍不能确定的，适用下列规定：（一）质量要求不明确的，按照强制性国家标准履行；没有强制性国家标准的，按照推荐性国家标准履行；没有推荐性国家标准的，按照行业标准履行；没有国家标准、行业标准的，按照通常标准或者符合合同目的的特定标准履行……"。虽然，医疗产品的质量一般并不能事先通过合同的方式与就诊人作出约定，但是作为一种判断方式应用到认定产品是否存在缺陷则是可行的。

4. 输入不合格血液的损害责任

《民法典》基于公平正义、社会和谐的理念，将血液[1]视为产品，对于因输入不合格血液导致的医疗损害侵权责任实行无过错责任原则。即只要患者因输入不合格的血液受到损害，医疗机构、血液提供机构无论对此有无

---

[1] 此处的"血液"仅指全血或成分血，不包括属于药品范畴的"血液制品"。

过错，均应依法承担民事赔偿责任。这是我国关于输血侵权责任认定和承担在立法方面的重大变化，完全改变了以往的过错责任原则归责模式，[1]有利于最大限度地保护患者的权益。

（二）医疗产品损害责任制度立法历史沿革

我国关于医疗产品损害责任的立法一开始并不明确，"齐二药案件"直接推动了医疗产品损害责任的立法。[2]此案件引发人们对于医疗产品损害责任立法的关注，并作为关于医疗产品损害责任首例适用《产品质量法》作为法律依据的案件。此后，本来在《侵权责任法（草案）》中没有出现过的医疗产品损害责任出现在 2010 年 7 月 1 日施行的《侵权责任法》第七章"医疗损害责任"中，并将"医疗机构"纳入医疗产品损害赔偿责任当中。

此后，关于医疗产品损害责任争议问题、程序性规定逐渐完善。2014年 3 月 15 日起施行的《最高人民法院关于审理食品药品纠纷案件适用法律若干问题的规定》第 9 条规定了网络平台在药品损害中的主体责任，这一规定在 2021 年 12 月 1 日实施的修正文本中保留；2017 年 12 月 14 日实施的《最高人民法院关于审理医疗损害责任纠纷案件适用法律若干问题的解释》第 3 条规定了诉讼主体以及受理，第 21 条第 1 款明确规定了销售者应该承担责任，前述规定也在 2021 年 1 月 1 日实施的修正文本中保留了下来。

《民法典》继续对此制度予以肯定，并进一步完善，顺应现有法律规定，将"消毒药剂"修改为"消毒产品"，并在责任承担主体中增加"药品上市许可持有人"。

药品上市许可持有人是本条相对于之前的法律新增加的赔偿主体，这一制度通常是指拥有药品技术的药品研发机构、科研人员、药品生产企业等主体，通过提出药品上市许可申请并获得药品上市许可批件，并对药品质量在

---

〔1〕《医疗事故处理条例》第 33 条第 4 项规定，无过错输血感染造成不良后果的，不属于医疗事故。

〔2〕参见广州市天河区人民法院（2008）天法民一初字第 3240 号民事判决书、广州市中级人民法院（2010）穗中法民一终字第 1363 号民事判决书。

其整个生命周期内承担主要责任的制度。[1]这一制度最先是在《国务院深化医药卫生体制改革 2014 年工作总结和 2015 年重点工作任务》中提到的。为了推进这一制度试点，《国务院关于改革药品医疗器械审评审批制度的意见》将这一制度试点的目标扩大到医疗器械领域。此后，2015 年 11 月 5 日起施行的《全国人民代表大会常务委员会关于授权国务院在部分地方开展药品上市许可持有人制度试点和有关问题的决定》规定正式在北京等地开展为期三年的药品上市许可持有人制度试点。到期后，全国人大常委会又将制度试点延长一年。

2019 年修订的《药品管理法》正式专章规定了药品上市许可持有人，正式以法律的形式将其确定下来，并明确药品上市许可持有人是指取得药品注册证书的企业或者药品研制机构等。此外，修订后的《药品管理法》还规定药品上市许可持有人应当对药品的非临床研究、临床试验、生产经营、上市后研究、不良反应监测及报告与处理等承担责任。这些规定与之前的试点有所出入，在责任承担上更有利于保护被侵权人的权益。《民法典》第1223 条更是直接明确其作为医疗产品损害的不真正连带责任承担主体。

（三）医疗产品损害责任制度的比较法分析

产品责任在域外的立法中，区分不同的立法体例而有所不同。立法体例分为判例法和成文法。判例法中，主要是通过典型案例的方式统一侵权责任的适用规则，也有的是判例法和制定法相结合，如马来西亚。成文法地区的立法也各有不同，例如，日本是制定专门的产品侵权法律《日本制造物责任法》，而我国则是由《产品质量法》《消费者权益保护法》《民法典》等综合构成。俄罗斯也是在《俄罗斯民法典》之外利用消费者保护法充分规范产品责任。[2]

尤其需要注意的是，血液和血液制品能否作为产品，不同地区也有不同的立法选择，多数亚洲法域是将血液和血液制品等同视之。但是，也有一些

---

[1] 最高人民法院民法典贯彻实施工作领导小组主编：《中华人民共和国民法典侵权责任编理解与适用》，人民法院出版社 2020 年版，第 466 页。

[2] 杨立新："有关产品责任案例的亚洲和俄罗斯比较法研究"，载《求是学刊》2014 年第 2 期。

国家及地区则区分血液与血液制品的界限，如韩国就在其产品责任法与血液管理法中对血液与血液制品进行了区分。[1]

二、典型案例及分析

孙某某与费县某医院医疗产品损害责任纠纷案
——缺陷医疗产品的认定规则[2]

【基本案情】

2011 年 8 月 20 日，原告孙某某因受伤到被告费县某医院治疗。经医生诊断，原告孙某某之伤为左胫腓骨远端粉碎性骨折、左拇指指间关节脱位、肋骨骨折并胸腔积液、多处软组织挫裂伤。2011 年 8 月 27 日，被告为原告实施了左胫腓骨切开复位植骨内固定术，给原告植入了某医疗器械公司的金属接骨板。后原告病情好转出院。2012 年 2 月原告到被告处复查时发现，植入其体内的内固定金属接骨板断裂，其原骨折处再次骨折。2012 年 3 月 1 日，原告在被告处进行了内固定物取出植骨内固定术，将断裂的内固定金属接骨板取出，并植入新的内固定金属接骨板。2012 年 3 月 18 日原告恢复良好，出院。

诉讼中，被告向法院提出鉴定申请，要求对植入原告体内的断裂的金属接骨板的质量及断裂原因进行鉴定。法院委托某检测技术有限公司司法鉴定所进行鉴定。2013 年 8 月 15 日，某检测技术有限公司司法鉴定所作出苏华碧（2013）物鉴字第 120 号微量物证司法鉴定意见书，鉴定意见为：送检的金属接骨板存在表面裂纹，不符合 YY 0017—2008《骨接合植入物　金属接骨板》的要求。送检的金属接骨板断裂与人体运动过程中持续受到接骨板植入前调整其外形而产生的残余弹—塑性/弯—扭复合应力的反复作用存在因果关系。

---

[1]　杨立新："有关产品责任案例的亚洲和俄罗斯比较法研究"，载《求是学刊》2014 年第 2 期。
[2]　参见费县人民法院（2013）费民初字第 776 号民事判决书。

【法院审判】

法院认为，被告为原告所植入的金属接骨板，在原告回家休养期间在原告的体内断裂。金属接骨板作为植入人体用于支持、连接受损肢体并辅助肢体恢复的医疗器械，因其对人体具有潜在危险，对其安全性、有效性必须严格控制，使其不存在危及人身安全的不合理的危险。本案中，金属接骨板在原告体内断裂，就应当推定金属接骨板存在危及人身安全的不合理的危险。被告对此有异议，其应负举证责任。被告申请对植入原告体内的金属接骨板的质量及断裂的原因进行鉴定，鉴定机构出具的鉴定意见认为，"送检的金属接骨板存在表面裂纹，不符合 YY 0017—2008《骨接合植入物　金属接骨板》的要求。送检的金属接骨板断裂与人体运动过程中持续受到接骨板植入前调整其外形而产生的残余弹—塑性/弯—扭复合应力的反复作用存在因果关系"，未排除该金属接骨板存在危及人身安全的不合理的危险。故应当认定该金属接骨板具有缺陷，存在危及人身安全的不合理的危险。根据 2009 年《侵权责任法》第 59 条的规定，原告向作为医疗机构的被告请求赔偿因金属接骨板断裂所造成的经济损失，应予支持。

【案例评析】

本案主要的裁判观点是手术中植入人体内的医疗器械在正常使用期间断裂，具有不合理危险，属于缺陷产品。这是对于缺陷医疗产品的认定路径。实践中，医疗器械，特别是植入人体内的医疗器械，由于在使用过程中会造成一定的损耗，甚至是消失，一般很难确定是否存在缺陷。但是，如果患者可以证明其使用医疗器械是合理的，即使缺乏鉴定所需要的医疗器械，也可以推定医疗器械质量不合格，属于本条规定的缺陷医疗产品。

《产品质量法》第 43 条规定："因产品存在缺陷造成人身、他人财产损害的，受害人可以向产品的生产者要求赔偿，也可以向产品的销售者要求赔偿。属于产品的生产者的责任，产品的销售者赔偿的，产品的销售者有权向产品的生产者追偿。属于产品的销售者的责任，产品的生产者赔偿的，产品的生产者有权向产品的销售者追偿。"根据上述法律规定，产品的生产者和销售者应对使用缺陷产品的受害人承担连带赔偿责任。医疗机构作为产品的

"销售者"，应当承担赔偿责任。这一点虽说在以往的实践中存在争议，但是在这一案例中法院支持了原告的诉讼请求，应当值得肯定。

三、医疗产品损害责任制度对医疗行业的影响

《民法典》第 1223 条确立的不真正连带责任的医疗产品无过错损害责任制度，总体而言，能够最大化地保障受损患者的权益，在更好地维护患者权益的同时，能够进一步规范药品上市许可持有人、生产者、血液提供机构在医疗产品和血液提供中的行为，进而提高医疗产品和血液的质量，但是，将医疗机构纳入责任承担的一方，也无形中加重了医疗机构的责任。

（一）药品上市许可持有人成为医疗产品损害责任的主体之一

药品上市许可持有人制度通常是指拥有药品技术的药品研发机构、科研人员、药品生产企业等主体，通过提出药品上市许可申请并获得药品上市许可批件，并对药品质量在其整个生命周期内承担主要责任的制度。[1]这一制度最先在《国务院深化医药卫生体制改革 2014 年工作总结和 2015 年重点工作任务》中提出，此后《国务院关于改革药品医疗器械审评审批制度的意见》将这一制度试点目标扩大到医疗器械领域。2015 年 11 月 5 日起施行的《全国人民代表大会常务委员会关于授权国务院在部分地方开展药品上市许可持有人制度试点和有关问题的决定》规定正式在北京等地开展为期三年的药品上市许可持有人制度试点。到期后，全国人大常委会又将制度试点延长一年。

在试点结束之前，吸纳试点经验，2019 年修订的《药品管理法》正式以法律的形式将药品上市许可持有人制度确定下来，修订后的《药品管理法》还规定药品上市许可持有人应当对药品的非临床研究、临床试验、生产经营、上市后研究、不良反应监测及报告与处理等承担责任。这些规定与之前的试点有所出入，在责任承担上更有利于保护被侵权人的权益。

药品上市许可持有人制度在我国从无到有，从有到全面确立，再到如今

---

〔1〕　最高人民法院民法典贯彻实施工作领导小组主编：《中华人民共和国民法典侵权责任编理解与适用》，人民法院出版社 2020 年版，第 466 页。

被写入《民法典》，其发展速度之快，在我国医药行业发展中的作用之大可见一斑。药品上市许可持有人制度能够更好地激发科研力量在医药行业的影响，但是由于之前对其缺乏一定的规范，而《药品管理法》更多是从一种行政监管的角度规范药品上市许可持有人的行为，这一制度在责任承担上处于立法真空地带。

《民法典》第 1223 条的规定奠定了药品上市许可持有人民事责任的立法基础，在医疗行业中能够更好地规范药品上市许可持有人的行为，进而促使医疗行业生产更多安全可靠的药品。这一制度明确了药品造成人身损害的，受害人可以向药品上市许可持有人请求赔偿，也可以向受托生产企业、销售者等请求赔偿。属于受托生产企业、销售者的责任，上市许可持有人赔偿的，上市许可持有人有权向受托生产企业、销售者追偿；属于上市许可持有人的责任，受托生产企业、销售者赔偿的，受托生产企业、销售者有权向上市许可持有人追偿。这也说明除在医疗机构与三者之间责任外，当药品上市许可持有人与受托生产企业、销售者相分离的时候也区分内部责任。

（二）医疗产品损害责任惩罚性赔偿成为可能

《民法典》确立了药品、消毒产品、医疗器械以及血液属于医疗产品，从而明确了医疗产品无过错损害责任制度，这就带来医疗产品损害责任适用惩罚性赔偿的可能。《最高人民法院关于审理医疗损害责任纠纷案件适用法律若干问题的解释》第 23 条明确规定，医疗产品的生产者、销售者、药品上市许可持有人明知医疗产品存在缺陷仍然生产、销售，造成患者死亡或者健康严重损害，被侵权人请求生产者、销售者、药品上市许可持有人赔偿损失及二倍以下惩罚性赔偿的，人民法院应予支持。按照《民法典》确定的不真正连带责任的规定，患者是可以选择向任何一方或者多方主张责任，而医疗实践中，被侵权人——患者一般直接面对医疗机构及医务人员，在使用有缺陷的医疗产品或不合格的血液而遭受损害之后，其当然可以直接向医疗机构提起惩罚性赔偿的请求。

（作者：陈志华）

第十九章
病历书写保管复制制度及其影响

病历是医疗诊疗过程以及医疗损害责任认定的重要证据，而病历的书写、保管涉及诊疗行为以及医疗质量管理的全流程，病历的复制制度在医疗损害责任纠纷中占据主要的证据地位。

一、法律规定与理论解析

（一）法条解读

《民法典》第 1225 条规定："医疗机构及其医务人员应当按照规定填写并妥善保管住院志、医嘱单、检验报告、手术及麻醉记录、病理资料、护理记录等病历资料。患者要求查阅、复制前款规定的病历资料的，医疗机构应当及时提供。"

该条规定了医疗机构及其医务人员书写和保管病历资料的法定义务，同时，还规定了患者查阅和复制病历资料的法定权利。

该条规定相较于《侵权责任法》的规定而言出现以下方面的变化。首先，本条将病历资料中的"医疗费用"排除在外，实现了与《病历书写规范》以及《医疗机构病历管理规定》等相关法律法规的规定相一致。其次，病历资料提供中增加了"及时"的要求，对医疗机构拖延提供病历的情况进行了明确的限定，在某种程度上可以避免一定的医疗纠纷。

病历，又称"病案"，是指医务人员在医疗活动过程中形成的文字、符号、图表、影像、切片等资料的总和，是对患者的疾病发生、发展情况和医务人员对患者的疾病诊断、治疗及护理等医疗活动情况的客观记录。完整的病历是临床医务人员诊疗工作的一份全面的记录和总结，是诊疗过程中形成的宝贵资料。在作用上，病历既是确定诊断、制定防治措施的依据，也是总结医疗经验、充实教学内容、进行科研的重要资料，有时还为司法、行政部门提供有价值的证据。在医疗损害赔偿案件的审理过程中，病历所起的作用是其他任何证据所不能替代的。

本条使用的是"病历资料"的表述，而不是传统的"医学文书资料"〔1〕的表述。据此，可以认为《民法典》中采用的"病历资料"与传统的"病历"系同一概念，但"病历资料"的外延应宽于"病历"。

病历尚有一种特殊的表现形式，即电子病历，是指医务人员在医疗活动过程中，使用信息系统生成的文字、符号、图表、图形、数字、影像等数字化信息，并能实现存储、管理、传输和重现的医疗记录，是病历的一种记录形式。尽管《医疗机构病历管理规定》第4条规定电子病历与纸质病历具有同等效力，但是，在2019年12月25日最高人民法院发布修改后的《关于民事诉讼证据的若干规定》之前，这种先进的病历书写及存储方式在法庭上的证据效力仍然不断地受到质疑。

我国法律规定，除患者本人及法定继承人或者其委托代理人，公安、司法、人力资源和社会保障、保险以及负责医疗事故技术鉴定的部门外，其他人无权复制患者病历。在医疗纠纷中病历的复制制度是举证的重要一环，尤其要关注司法实践中病历的复制。

病历的复制需要在申请人在场的情况下进行，且申请人应提供有效的身份证明，申请人非患者本人的，应提供授权委托双方的身份证明以及关系证明、授权委托书、死亡证明等。复制的病历资料经申请人核对无误后，医疗机构应当加盖证明印记。在复制病历的首页及重要的病历内容上直接加盖确认章，其他病历可加盖骑缝章。

---

〔1〕 "全国人民代表大会法律委员会关于《中华人民共和国侵权责任法（草案四次审议稿）修改意见的报告》"，参见王胜明主编：《中华人民共和国侵权责任法解读》，中国法制出版社2010年版，第464页。

需要注意的是，病历资料是记载医疗活动的书面记录，是证明医疗机构是否存在医疗过错最重要的证据。在医疗纠纷的诉讼过程中，医疗机构在向法庭提供了原始病历资料并就其内容加以合理说明后，即完成了有关病历的举证责任。如果患方对医疗机构提交的病历资料的真实性提出异议，应提供相关的证据加以证明，否则法庭应认定病历资料的真实性。

（二）病历书写保管复制制度的立法历史沿革

长期以来，医患双方为患方是否可以复制病历、可复制的病历范围，不断博弈并持续至今。病历资料的复制在我国经历了从封闭到开放的过程。原卫生部曾在 1988 年 5 月 10 日发布的《关于〈医疗事故处理办法〉若干问题的说明》中规定，病人所在单位、病人、家属、事故当事人及其亲属不予调阅。这时的规定基本上是患方不能查阅复制病历资料。

2002 年 9 月 1 日起施行的《医疗事故处理条例》规定，患者可以复制查阅客观性病历资料，并规定可以封存病历资料。2020 年 1 月 1 日实施的《最高人民法院关于审理医疗损害责任纠纷案件适用法律若干问题的解释》第 6 条进一步细化了病历资料的范围。2018 年 10 月 1 日起施行的《医疗纠纷预防和处理条例》进一步完善了病历资料封存的时间、范围、程序，并规定可以复制查阅主观性病历资料。《侵权责任法》《民法典》的规定则是以将这一制度上升法律位阶的形式进行规范、保留。

（三）病历书写保管复制制度的比较法分析

不同国家及地区对于病历的书写有不同的要求、呈现出不同的形式。

美国的病历形式主要是书写病历与录音病历，在书写要求上遵循的是 SOAP 形式，其中（1）S：subjective，指的是主观项目，包括病人的主诉、现病史、系统回顾、既往史、个人史、过敏史、家族史等。在现病史的书写上，基本采用"Old Charts"的格式，即起始、部位、时间、特征、相关因素、牵连部位、时空特征、严重程度。（2）O：objective，指的是客观项目，即一些体格检查结果和其他的医院检查结果，如生命体征、实验室检查、诊断检查等。（3）A：assessment，指的是评定，是医生对病人病情的思考过程，包括病情分析、诊断及鉴别诊断等。（4）P：paln，指的是计划，是医生根据评定（A）提出的诊断的治疗方案，包括详细的进一步检查和治疗方案。如果是门诊病人，还要附上下次门诊时间。[1]

日本目前正普及电子化病历的应用，在书写上没有格式化的要求，不依赖于病历，例如住院病历书写上主要包括住院志、病情记录，住院志上基本都是客观选项的勾选，但对病情的记录却相当清楚和形象，甚至多以图文的形式，一目了然。病情记录有些类似于我们的病程记录，是由护士负责的，医生每日查房提到的病情和医嘱都会由护士专门记录，大大减轻了医生的工作量。[2]

二、典型案例及分析

利美康医院、王某医疗损害责任纠纷再审案
——病历篡改的表现形式[3]

【基本案情】

2016年10月3日，王某因"反复头晕，头痛10年，加重3天"至利美康医院治疗，入院诊断为原发性高血压、脑动脉供血不足、混合型颈椎病，予以降压、补液、中药等对症治疗。

2016年12月11日，王某血压突然升至200/110mmHg，利美康医院医生立即给予相应治疗，当日9时30分，王某病情无缓解，并出现恶心、呕吐等症状，根据临床反应，考虑：脑梗死？脑出血？因医院条件限制（不能做CT等检查），故联系贵州医科大学附属医院急救住院。出院诊断为：脑梗死？脑出血？原发性高血压Ⅱ期、脑动脉供血不足、混合型颈椎病、上呼吸道感染。10时48分，王某转入贵州医科大学附属医院急诊神经科治疗，入院诊断为：（1）脑出血；（2）高血压病。贵州医科大学附属医院的出院

---

〔1〕　王筝扬："什么是SOAP病历"，载《中国毕业后医学教育》2019年第2期。
〔2〕　杨孝光等："发达国家及地区电子病历发展现状与启示"，载《西南军医》2013年第3期。
〔3〕　参见贵州省高级人民法院（2019）黔民申第2898号民事裁定书。

诊断为：（1）脑出血（左侧基底节区）；（2）原发性高血压病Ⅲ级很高危组。

之后，王某向贵阳市云岩区人民法院提起诉讼。法院审理过程中，王某及利美康医院均申请对"利美康医院的诊疗行为是否存在医疗过错等事项"进行鉴定，某司法鉴定所出具《司法鉴定意见书》，鉴定结论为："利美康医院存在病历书写不规范、观察记录不完善的不足，建议其医疗过错为轻微责任范围；但因双方对病历存在争议，本所无法在该范围内将过错参与度量化。"

【法院审判】

法院认为，严禁涂划、伪造、篡改病历等行为，确保病历资料的原始性和真实性，是确保医务人员采取严谨的治疗态度实施每一个诊疗行为从而防止违规诊疗行为的重要举措，是对病患生命健康安全的重要保障。

王某复制了住院号为 15120051 的住院病历 1 套、住院号为 15120057 的护理记录 1 份和相关报告单等病历资料，而利美康医院提供了住院号为 15120057 的全部病历资料与上述资料并不完全相同，且没有增删痕迹。法院再审审查认为，利美康医院提供的住院号为 15120057 的全部病历资料，其中替换了王某的部分原始病历资料。因此，法院认定利美康医院篡改王某病历资料的事实成立。故利美康医院提供的全部病历资料均不能作为本案的证据使用。还需要说明的是，基于利美康医院存在篡改王某病历资料的行为，有合理理由怀疑本案王某的全部病历资料的真实性。综上，根据《侵权责任法》第 58 条推定利美康医院对王某的诊疗行为存在过错。

【案例评析】

原始的和真实的病历资料不仅是医疗机构及医务人员对患者治疗过程的直接反应，还是医疗机构及医务人员医德医风的体现，其监督医疗机构及医务人员的诊疗行为，对患者的生命健康安全起到间接的保障作用。

同时，保证病历资料的原始性和真实性也是医疗机构及其医务人员应当承担的一项义务，而且是一项强制性义务，一旦违反这一义务，医疗机构及其医务人员就要承担相应的不利后果。

病历资料是记载医务人员问诊、查体、辅助检查、诊断、治疗、护理等医疗活动的书面记录，是证明医疗机构是否存在医疗过错的最重要的证据。病历书写应当客观、真实、准确、及时、完整、规范。真实原则要求病历记载的内容应当是真实的，不得涂改和伪造病历。如果在病历书写过程中出现错字，应当用双线划在错字上，保留原记录清楚、可辨，并注明修改时间、修改人签名。不得采用刮、粘、涂等方法掩盖或去除原来的字迹。准确原则要求病历记载的内容应当准确无误，字迹工整清晰，表述准确，语句通顺，标点正确。医务人员在病历书写过程中难免会出现各种错误，但是只要医务人员加强责任心，严格遵守病历书写规范，则一般的低级错误是完全可以避免的。及时原则要求医务人员应当在规定的时间内完成病历内容的书写。完整原则要求病历内容完整和病历资料完整。规范原则有广义和狭义之理解。广义的规范原则是指医务人员应当按照《病例书写规范》规定的要求书写病历，即医务人员应当遵守该规范的要求。狭义的规范原则是指应当按《病历书写规范》规定的要求、各种病历记录的具体内容书写病历。

三、病历书写保管复制制度对医疗行业的影响

《民法典》明确在患者要求查阅、复制病历时，医疗机构的"及时"提供义务，这为患者及时获取病历提供了法律依据，医疗机构不能再以不合理的理由拖延病历提供。这对于医疗机构的病历管理提出了新的要求，即病历书写要及时，病历归档要及时，在法定时间内及时将病历提供给患者以供患者查阅复制。

就立法完善而言，随着医疗科学的进步，病历的形式与内容都会产生一定的变化，对病历的范围与病历保存方式都会产生一定的影响。

（一）《民法典》明确患者要求查阅、复制病历的，医疗机构要"及时"提供

《民法典》第1225条规定中增加了"及时"的要求，使患者的权利行使更为顺畅。

何为及时？本书认为，满足病历书写时限要求之后，患者就应该在此之

后能够随时获得自己的病历。例如，如果因抢救急危患者而未能及时书写病历的，可以在抢救结束后 6 小时内据实补记并加以说明。在这些时点之后形成的病历，患者如要求复制的应该予以提供。但是，关于何为"及时"目前并无规范性文件进行说明。相关部门应适时出台规范性文件对此予以关注，或者以典型案例的形式进行提示。

《民法典》第 1225 条同样是对医疗机构及其医务人员及时书写病历的督促。病历书写时限、病历书写规范有着极其严格的要求。然而在现实工作中，医务人员因各种原因未能及时书写病历的现象仍屡见不鲜。若没有按照规范及时书写病历，医疗机构会因举证不能承担不利的法律后果。对此，规范病历书写及管理，不仅能够促进诊疗行为的严谨与规范，还可以最大化地降低发生医疗纠纷时举证不能的法律风险。

（二）《民法典》对病历资料的范围作出调整

在病历范围上，《民法典》第 1225 条删除了"医疗费用"，对病历资料的范围规定更加科学。不过，最后的"等"字也为病历资料的范围留下足够的解释空间。

该条第 1 款对病历资料采取列举的方式，即这些病历资料是"住院志、医嘱单、检验报告、手术及麻醉记录、病理资料、护理记录等"，据此，可复制病历的范围就取决于这个关键的"等"字。

经统计，《民法典》侵权责任编中共有 26 个"等"字。经过分析，笔者发现这些"等"字均取其"列举未尽"之义。其中，在第六章医疗损害责任部分，包括本条在内，共使用了 4 个"等"字，其他 3 个"等"字均取其"列举未尽"之义。例如，第 1220 条规定："因抢救生命垂危的患者等紧急情况……"在该条款中，紧急情况不限于"抢救生命垂危的患者"的情况，还应当包括虽然患者的生命没有严重危险，但不能行使自我决定权，如果不采取紧急救治行为，患者的健康利益将严重受损的情况。[1]

据此，本书认为，根据《民法典》第 1225 条第 1 款的规定，患者可以

---

〔1〕　最高人民法院民法典贯彻实施工作领导小组主编：《中华人民共和国民法典侵权责任编理解与适用》，人民法院出版社 2020 年版，第 440 页。

要求复制的病历资料范围不限于该条款列举的项目。同时，基于患者承担医疗损害责任纠纷的一般举证责任，病历信息更应公开以利于患者举证，患者可复制的病历范围应包括患者在就诊过程中形成的所有病历资料。

另外，病理资料如何处理？在《民法典》本条规定中仍未找到答案，但是"等"字在一定程度上对这一病历资料留出了空间。在医患双方因手术治疗发生的纠纷中，患方经常提出医生未能将在手术中切除的组织或器官，如患者的阑尾、胆囊等交给患者或家属过目，因而对医生的治疗过程产生疑虑。对此问题，我国现有的诊疗护理常规和规范均未作出明确的规定。《医疗纠纷预防和处理条例》第16条规定患者有权复制"病理资料"，同时将病理资料与检验报告并列。从字面意义理解，病理资料应当包括病理材料（如切除的组织器官）、病理切片、病理学检查报告书等。对于病理检查报告书可以进行复制，但是病理材料和病理切片如何进行复制呢？根据笔者的理解，《医疗纠纷预防和处理条例》中规定的病理资料主要是指病理学检查报告书和病理切片，不应包括切除物，且后者也不可能进行复制。但是，即使如此，仍然存在着如何复制病理切片的问题。实际上，医学影像检查资料（如 X 光、CT 或 MRI 照片等）可以进行复制，而病理切片是无法进行复制的。

为了便于实践中的操作，医疗卫生健康行政部门应该对《民法典》该条的"等"字以规范性文件的方式做穷尽式列举，并采取动态调整的方式进行修正。

（三）实践中需要解决新形式病历的保存与复制问题

在病历形式上，书写正在向全面电子化方向发展。随着科技发展以及电子病历应用的普及，需要适时在立法中回应电子病历保存与纸质病历保存的关系，电子化保存能否替代纸质化保存等问题，电子化保存的安全以及期限也是值得关注的发展方向。

依据现行关于电子病历的法律规定，电子病历的保存并不能完全替代纸质病历。尽管我国目前允许将病历资料进行电子化保存，实践中的普遍做法是将电子病历打印后与非电子化的资料合并形成病案保存，但是这一做法会导致病历越存越多，管理难度越来越大。并且知情同意书、植入材料条形码等非电子化的资料依旧需要对原件进行保存，如果不与其他病历一并保存，单独保存这些病历会造成分割，其管理难度更大。

并且，目前电子病历的签名问题也备受争议，争议的焦点就是"可靠的电子签名"作何理解？尽管有规定指向可靠的电子签名是指符合《电子签名法》第 13 条有关条件的电子签名。但是实践中，并未形成有效的机制，特别是相关部门并未对电子签名出台规定何种认证才是可靠的，由此导致存在签名争议。医疗机构为了避免此类纠纷的产生，往往是选择将电子病历打印出来后再逐一手签。

由此可见，电子病历为医疗机构带来便利的同时，关于其保存与复制问题也出现了新的适用难题。为了妥善解决这一难题，我国应加快出台具体管理办法，明确电子签名认证的可靠机构，以此获取司法、行政等部门的认可；确立病历资料完全电子化保存的效力；完善病历资料电子方式复制的具体操作方式，使患者可以复制全部病历（包括修改在内），这样既符合《民法典》绿色原则的规定，同时又可以促进医疗机构规范书写病历，提升医疗管理质量。

（作者：陈志华）

第二十章
过度医疗制度及其影响

　　《民法典》第 1227 条是对医疗机构及其医务人员在诊疗过程中的义务的规定，从侵权责任的角度将"过度检查"导致侵权的法律问题纳入《民法典》第七编侵权责任之中，体现了民事立法层面对于医疗机构或医务人员对患者实行"过度检查"导致侵权问题的高度关注。在司法实践中，可以结合其他医疗卫生领域的法律法规进行判断是否构成过度医疗。

一、法律规定与理论解析

（一）法条解读

　　《民法典》第 1227 条规定："医疗机构及其医务人员不得违反诊疗规范实施不必要的检查。"这是对过度医疗的法律规制。《民法典》作为一部系统的民事法典，其无法将所有可能出现的过度医疗行为逐一列出，故其仅对最典型的"不必要的检查"作出禁止性规定。结合《基本医疗卫生与健康促进法》第 54 条第 1 款对过度医疗行为的认定，应当对"过度医疗"做全面的理解。根据该规定，凡是违反医学科学规律、违反临床诊疗技术规范及医学伦理规范的超出合理诊疗的行为都属于过度医疗行为。对于过度医疗行为的理解，应将《民法典》第 1227 条与《基本医疗卫生与健康促进法》第 54 条第 1 款相结合进行参照，从而形成较为全面、完整的认识。

　　1. 过度医疗的构成要件

　　过度医疗属于侵权行为，根据《民法典》及最高人民法院的相关司法解释可对其构成要件作以下概括。（1）主体要件。过度医疗的主体为医疗机构，虽然医务人员是具体行为实施者，但是因为医疗机构承担最终的替代责任，因此，在对外责任承担上医疗机构为主体，且医务人员的行为本就属于医疗机构的行为，但医疗机构承担责任后也可依据单位内部规章制度追究具体医务人员的责任。另外，过度医疗的主体也只能是医疗机构，如果是无资质的医务人员或机构实施了医疗行为，可能就构成了非法行医罪，根据刑法追究其责任，而非认定为过度医疗。（2）存在过度医疗行为。医疗机构必须有过度医疗的行为，即诊疗行为超出了患者病情的实际需要等，违反了诊疗规范。（3）存在损害后果。侵权行为必须具有损害后果，否则将无法主张损害赔偿。（4）过度医疗行为与损害后果之间存在因果关系，即损害后果必须是由过度医疗行为造成的，如病情加重、延误治疗、损害身体等，否则就不存在因果关系，医疗机构就不需要承担侵权责任。

2. 过度医疗的界定

不同专业领域的专家和学者，基于不同的角度和方法论，从社会学、伦理学、管理学、经济学、法学等诸多层面，针对过度医疗进行界定和分析，对过度医疗这一现象进行了有益的探索。[1] 至目前为止，杜治政教授关于过度医疗概念的界定接受度较高。他认为，过度医疗是指"由于多种原因引起的超过疾病实际需要的诊断和治疗的医疗行为或医疗过程"。[2] 过度医疗可分为狭义的过度医疗和广义的过度医疗。狭义的过度医疗是指由于医疗机构或医务人员故意或过失实施超出疾病诊疗需要的措施，导致患者人身、财产损失或造成国家财产的损失；广义的过度医疗是只要医疗行为超出患者病情的实际需要，而不论是否造成患者人身、财产损失。

全国人大常委会法制工作委员会在关于《基本医疗卫生与健康促进法》的解读中认为，医疗服务行为是典型的信息不对称行为，在此背景下，若诱导患者进行不必要的医疗检查、过度使用药品和医疗器械等，可以理解为过度医疗。

应予以注意的是，过度医疗不是一个绝对概念，而是相对概念。即，判

---

〔1〕　李亚宁等："医保情况和过度医疗现象调研报告"，载《广西质量监督导报》2020年第5期。
〔2〕　杜治政："过度医疗、适度医疗与诊疗最优化"，载《医学与哲学》2005年第7期。

断对患者所实施的诊疗行为和诊疗过程是否超出了通常的诊疗标准或治疗方式，应当具体到个案分析，不宜或不可能形成某种评价体系或标准。即便是完全相同的疾病，因自然人不是工业流水线上的标准件，相关风险和并发症也不会百分之百相同，由此导致相关诊疗行为、措施等也不会等同。因此，针对过度医疗的案例研究，大多数情况下仅具有借鉴意义，而不宜作为普适的标准或范例。[1]

《民法典》所具有的维护自然人合法权益、保障人权的功效，仅仅是其价值和意义之一。《民法典》的颁布和实施，更大的价值和意义在于推进国家治理体系和治理能力现代化。具体到过度医疗这一现象而言，《民法典》所规定的"不得违反诊疗规范实施不必要的检查"这一表述，内嵌于国家所进行的医药卫生体制改革、医疗保障体制改革等诸多涉医体制改革之中，并从维护患者的权益出发，与公法领域中的相关规制内容，共同对过度医疗这一现象进行规制和调整。

（二）过度医疗制度的立法历史沿革

2006年12月7日，卫生部和国家中医药管理局联合制定并发布了《关于建立健全防控医药购销领域商业贿赂长效机制的工作方案》，其中指出"严重的过度检查、过度医疗行为等严重违纪违法问题，将首先追究医院院长责任"。在2009年3月17日发布的《中共中央、国务院关于深化医药卫生体制改革的意见》中，国家从宏观层面，正式指出"建立规范的公立医院运行机制……规范用药、检查和医疗行为"。2009年12月26日通过的《侵权责任法》第63条规定"医疗机构及其医务人员不得违反诊疗规范实施不必要的检查"。由此，我国在私法领域，首次对过度检查进行规定。2019年12月28日发布的《基本医疗卫生与健康促进法》第54条第1款明确规定，"不得对患者实施过度医疗"。此系我国在法律条文中，首次出现"过度医疗"一词，且是从公法领域对过度医疗进行规制。《最高人民法院关于审理医疗损害责任纠纷案件适用法律若干问题的解释》第16条规定："对

[1] 刘鑫：《医疗利益纠纷——现状、案例与对策》，中国人民公安大学出版社2012年版，第141页。

医疗机构或者其医务人员的过错，应当依据法律、行政法规、规章以及其他有关诊疗规范进行认定，可以综合考虑患者病情的紧急程度、患者个体差异、当地的医疗水平、医疗机构与义务人员资质等因素。"2021 年 1 月 1 日施行的《民法典》从侵权责任的角度对"不必要的检查"作出禁止性规定，即第 1227 条规定："医疗机构及其医务人员不得违反诊疗规范实施不必要的检查。"

根据上述规定可知，在法律上认定是否存在过度医疗应当根据医疗机构及医务人员是否在诊疗活动中违反诊疗规范、医学伦理规范，是否超出患者病情的实际需要实施医疗行为，如违反了上述规范，就可能会被认定为过度医疗行为。《民法典》综合吸收了上述相关法律法规中的规定，但也因过度医疗行为无法穷尽列出，故《民法典》仅对最典型的"不必要的检查"作出禁止性规定。

（三）过度医疗制度的比较法分析

过度医疗在世界范围内都是普遍存在的问题。但国外学者对于过度医疗侵权法律责任方面的研究和探讨较少，主要是由于各国的医疗保险制度差异所决定的。医疗保障制度的完善，在很大程度上能够减少由于过度医疗而引起的纠纷。

在美国，98% 的医生承认自己曾经进行过防御性医疗行为，曾向患者提供过根本不必要的医疗服务。过度医疗被认为是一种有意识的浪费行为，美国学者更多是从经济学、医学角度分析过度医疗。美国经济学家斯蒂文·兰兹伯格针对过度医疗提出过以成本—收益原则对医疗资源进行合理配置。美国前总统奥巴马推行的《合理医疗费用法案》就是希望从制度上解决过度医疗问题，遏制医疗资源浪费严重、分配不合理的现象。

英国是世界上率先实行全民免费医疗的国家，全科医生制度也由此建立。全科医生的薪酬是由诊治患者的数量决定的，这就解决了医生恶意拖延患者治疗的问题。小病找全科医生，全科医生认为需要转诊的患者才会在医院治疗，这从根本上解决了小病过度医疗的问题。虽然依旧有学者说英国在医疗保险基金支付模式中存在过度医疗现象，但英国是过度医疗最少的国家。

韩国的医疗保险制度覆盖了 99% 的居民。近年来，韩国成为"过度医疗消费国"，医疗支出逐渐增多，医疗机构的部门医师划分过细。这促使医师为了创收诱导患者进行多余的检查。学者们也多是从经济学角度、社会学角度对规制过度医疗提出措施。为了应对这一社会问题，韩国保健福利部曾宣布，为了禁止医院对患者提供过度的医疗服务，削减不必要的检查、处置、材料等医疗费用，减少患者的医疗费负担，决定在全国医院实行"综合诊疗定额收费制"，[1]要求按统一价格对患者进行诊疗。

德国的法律体系中，检索不到具体的法律条款用以规制"过度医疗"侵权行为。德国在审判实践中多适用侵权法或医疗契约处理"过度医疗"侵权行为。如适用侵权法，则过度医疗的民事法律责任采用过错归责原则，并对患者的损害进行赔偿；如从医疗契约的角度考虑，则一般参照服务合同以及雇主责任的规定进行处理。

综上所述，从上述主要国家的法律中并没有找到针对"过度医疗"问题的专门法律。在处理医疗纠纷中，对过度医疗实行的归责原则是过错责任原则，但是在过错责任原则中会实行缓和的举证责任来平衡医患双方信息不对称造成的地位差异。[2]

二、典型案例及分析

医疗机构过度医疗案
——过度医疗行为的认定[3]

【基本案情】

患者于某入医院后被诊断为肝癌晚期，医生说不治疗只能活 6 个月，治疗了可以活 3 年。医院还特意给患者开了从北京寄来的价值 25 000 元的药，结果，患者出院后不到一个月就去世了。原告认为，被告医院没有对患者于某发病器官取样检查化验，只是凭拍的 CT 片就认定患者是肝癌晚期，开了

---

〔1〕 王潇霄："过度医疗侵权责任研究"，兰州大学 2020 年硕士学位论文。
〔2〕 孔娇阳："过度医疗侵权责任研究"，山东大学 2014 年硕士学位论文。
〔3〕 （2017）湘 31 民终 702 号判决。

与患者病情不符的高价药，加速了患者死亡，被告医院明显存在过错，要求被告医院进行赔偿。庭审中，法院先后多次委托鉴定机构进行鉴定，均被鉴定机构退回。

【法院审判】

一审法院判决患方败诉，患方不服，提起上诉。

二审法院审理后作出判决，医院赔偿患方家属医疗费损失 2 万元。判决理由为：患者被诊断为肝癌晚期后，对其实施介入手术没有达到延缓肿瘤进程、提高生存质量的医疗目的，患者于术后不久死亡。对于这种手术不能达到治疗目的的风险，被上诉人不能提供充分证据证明其尽到了提示和说明的义务，由此造成上诉人医疗费用损失，被上诉人应承担一定的过错责任。

【案例评析】

法院认为本案患者所患肝癌，被确诊时已经是晚期。众所周知，对于肝癌等大多数晚期癌症，目前尚无可以治愈或能够维持长期生存的有效治疗手段。医疗机构在明知患者已经处于癌症晚期而仍予以手术以及服用疗效不明的贵重药品等进行治疗，并不能达到有效延长生存时间或提高生存质量的治疗目的，如医疗机构不能举证证明尽到了充分的说明和告知义务，很多情形下就可以认定为过度医疗或者无效医疗了。

根据《民法典》第 1219 条的规定，医疗机构具有告知的义务，其在实施治疗方案时应当向患者或近亲属及时说明医疗风险并取得其同意，医疗机构未尽到该义务的，应当赔偿患者所遭受的损害。本案中患者已至肝癌晚期，医院仍然对其实施介入手术并开具了高价药物，因在事前未将相关风险、治疗效果详尽告知患者及家属，导致患者遭受了不必要的医疗费损失，故需承担责任。

三、过度医疗制度对医疗行业的影响

过度医疗不仅会对我国公民的人身、财产造成损害，而且也会损害医疗卫生行业的健康发展，影响我国医疗行业的形象，另外也会给国家的医疗资源及财政造成巨大的浪费，最终损害的是每个公民的权益。过度医疗产生的

原因是多方面的，我国目前的医事法律体系虽对过度医疗没有形成明确的法律概念，但《民法典》作为我国第一部系统、全面的民事法典，其明确规定医疗机构及其医务人员不得违反诊疗规范实施不必要的检查，这一规定与《医疗机构管理条例》《医师法》《基本医疗卫生与健康促进法》《医疗纠纷预防与处理条例》等相关法律法规共同构成我国的医事法律体系，确立了"过度检查"为医疗机构及其医务人员的禁止性行为，违反即须承担法律责任。《民法典》承继《侵权责任法》中"过度检查"的规定，重申了"不必要的检查"的禁止性义务，说明当前过度医疗的现象仍然存在，医疗机构及其医务人员应严格按照医学原则及诊疗规范开展执业活动，否则将依法受到惩处。

引起过度医疗的成因有很多，主要可归因于三方，分别是医方、患方以及社会，过度医疗行为的规制需相关各方共同努力。

（一）医疗机构及医务人员的改进策略

1. 遵守诊疗规范，根据患者实际病情进行诊治

《民法典》第 1221 条规定，医务人员在诊疗活动中未尽到与当时的医疗水平相应的诊疗义务，造成患者损害的，医疗机构应当承担赔偿责任。医学之所以需要严谨、专业，最主要的原因是它涉及患者的身心健康、安全，因此，医务人员在对患者实施诊疗行为时应当严格按照诊疗规范进行，根据患者实际病情制订诊疗方案，防止过度的不必要的检查与治疗。

2. 医务人员在制订、实施诊疗方案时应将相关利害关系及风险充分告知患者及其近亲属

《民法典》第 1219 条规定，医务人员在诊疗活动中应当向患者说明病情和医疗措施。需要实施手术、特殊检查、特殊治疗的，医务人员应当及时向患者具体说明医疗风险、替代医疗方案等情况，并取得其明确同意；不能或者不宜向患者说明的，应当向患者的近亲属说明，并取得其明确同意。在临床实践中，医务人员在实施相关诊疗行为前，未告知患者或者告知不充分的情况时有发生，这既损害了患者的知情同意权，容易导致患者不理解甚至误

解相关治疗措施或检查的必要性，引发纠纷，也会使医疗机构和国家承担不必要的损失。因此有必要加强对患者知情同意权的尊重。

3. 医疗机构应注重对医务人员的医德培养与教育工作

《医疗纠纷预防和处理条例》第9条规定，医疗机构及其医务人员在诊疗活动中应当以患者为中心，加强人文关怀，严格遵守医疗卫生法律、法规、规章和诊疗相关规范、常规，恪守职业道德。医疗机构应当对其医务人员进行医疗卫生法律、法规、规章和诊疗相关规范、常规的培训，并加强职业道德教育。医学的专业性导致过度医疗极具隐蔽性，除非专业人员，一般人几乎难以察觉，就算有所察觉也难以举证。故要根除或改善过度医疗的现象，医务人员职业道德的提高是重要措施。

（二）患方的改进策略

1. 发生医疗纠纷后及时封存患者病历资料

《民法典》第1225条规定，医疗机构及其医务人员应当按照规定填写并妥善保管住院志、医嘱单、检验报告、手术及麻醉记录、病理资料、护理记录等病历资料。患者要求查阅、复制前款规定的病历资料的，医疗机构应当及时提供。《医疗纠纷预防和处理条例》第24条规定，发生医疗纠纷需要封存、启封病历资料的，应当在医患双方在场的情况下进行。封存的病历资料可以是原件，也可以是复制件，由医疗机构保管。病历尚未完成需要封存的，对已完成病历先行封存；病历按照规定完成后，再对后续完成部分进行封存。医疗机构应当对封存的病历开列封存清单，由医患双方签字或者盖章，各执一份。

随着社会大众健康意识及权利意识的提高，人民群众的健康需求与我国医疗资源紧缺的矛盾已成为社会亟待解决的问题之一，由此也导致医疗纠纷不断发生。鉴于医疗机构与患者在资源、信息方面的不对称，在发生医疗纠纷后，往往存在医疗机构为了减轻自身责任而修改、补正病历资料的情况。因此，如患方认为医疗机构有过错，欲通过诉讼或调解方式解决的，应及时前往医院将病历封存。患方权利意识增强，也能促使医务人员遵守诊疗规范及相关法律法规的规定。

2. 患方自身无法提供证据证明医疗机构存在过错的，可请求法院委托专业鉴定机构进行鉴定

鉴于医疗行为的专业性，即使患方认为医疗机构存在过错，但在实践中其也难以提供证据支持其主张，根据《民事诉讼法》的规定，如当事人不能提供证据支持其主张的，将承担由此产生的不利后果，即败诉的风险。对于患方自身无法提供证据证明医疗机构存在过错的，可以充分运用法律的规定，请求法院委托专业鉴定机构进行鉴定以获得证据。

（三）社会层面的改进策略

医疗资源分配不均衡、患者"看病难"的情况时有发生，公立医疗机构的财政补助不足，使得医疗机构的公益性削弱等，都是引起过度医疗的原因之一。为了遏制过度医疗，可以从社会层面采取下述措施。

1. 不断完善遏制过度医疗的法律法规体系

国家在法典层面确定了遏制过度医疗行为的法律价值导向，医疗体制改革也应当建立并完善与我国国情以及医疗资源相适应的体系和法律法规，完善建立合理有序的市场准入规则，鼓励社会资本进入医疗领域；增加公立医院的政府财政补助，推动公立医院的重心转移，真正做到"以病人为中心"；改革医院的薪酬体制，使医生的收入与其付出的劳动相匹配。

2. 完善医疗保障制度

通过医疗保障制度的完善，一是可以减轻患方的个人负担；二是可以发挥医疗保障专业机构对医疗机构的监督作用，减少过度医疗。

3. 加强行业自律

发挥医疗机构及医师行业组织的自我监督作用，让专业机构和专业人员自我监督，自律发展，完善引导行业自律的法律法规及制度体系，营造积极健康的社会氛围，这才是医疗行业避免过度医疗、规范发展的持久驱动力。

（作者：刘凯、刘欢欢）

第二十一章
医疗损害免责事由制度及其影响

《民法典》第 1224 条承继了《侵权责任法》第 60 条，进一步完善了医疗损害责任中医方的免责事由制度。该条文的规定，明确了患者在诊疗过程中应当配合诊疗的义务，保障了医疗机构及医务人员所实施的适当诊疗行为的正当性，避免了过分加重其责任。这一规定对于以患者安全为核心提高诊疗活动水平，保护医务人员执业权利，均具有重要意义。

一、法律规定与理论解析

（一）法条解读

《民法典》第 1224 条规定："患者在诊疗活动中受到损害，有下列情形之一的，医疗机构不承担赔偿责任：（一）患者或者其近亲属不配合医疗机构进行符合诊疗规范的诊疗；（二）医务人员在抢救生命垂危的患者等紧急情况下已经尽到合理诊疗义务；（三）限于当时的医疗水平难以诊疗。前款第一项情形中，医疗机构或者其医务人员也有过错的，应当承担相应的赔偿责任。"

该条的规范目的是，当发生本条规定的三种情形时，不构成违反适当诊疗义务的损害赔偿责任，或者应当减轻医疗机构的责任。该条文在性质上为限制性法条，用以限制患者根据《民法典》第 1221 条所产生的违反适当诊疗义务的损害赔偿请求权。但是，该条并不能用于限制基于第 1219 条第 2

款（违反告知说明义务的损害赔偿）的请求权和基于第 1223 条（缺陷医疗产品和输入不合格血液的损害赔偿）的请求权。该条文相对于《侵权责任法》第 60 条作了两处修改，一是将适用场景从《侵权责任法》第 60 条规定的"患者有损害"，限缩为"患者在诊疗活动中受到损害"，避免其文义过于宽泛。二是通过将"因下列情形"修改为"有下列情形"，表明本条规定的三种情形与患者损害之间不需要有因果关系要件。

1. 患者违反协力义务和遵嘱义务的效果

《民法典》第 1224 条第 1 款第 1 项的规范内容是患者违反协力义务和遵嘱义务的效果。安全有效的诊疗不仅有赖于医疗机构及其医务人员善尽诊疗义务，也需要患者积极履行其协力义务和遵嘱义务。这包括两个方面：一是协力义务，即患者在诊疗活动中尽到其诚信义务，以最大诚信向医方提供与诊疗相关的信息，如病情、病史、已知的过敏反应与特异体质等，为诊疗活动提供合作与配合。二是遵嘱义务，即患者应当积极接受治疗，严格遵循医嘱，与医疗机构及医务人员共同完成诊疗事项。当患者无法独立履行上述义务时，其近亲属应有协助义务。

患者或者其近亲属违反协力义务和遵嘱义务的行为，应具有主观过错，包括故意或者过失。在主观过错的判断上，一般应采用"合理患者"的客观标准，即以一个具有合理判断力的一般患者所应具有的实施协力和遵守医嘱的注意义务水平为标准进行判断。但是，对于医疗机构有合理理由知悉缺乏完全意识能力的患者，应当考虑其具体情形，降低其注意义务标准。

另外，患者在诊疗中履行协力义务和遵嘱义务，应以其对诊疗活动的性质和内容有充分了解为前提。《民法典》第 1219 条第一句规定了医务人员的一般告知说明义务，即"医务人员在诊疗活动中应当向患者说明病情和医疗措施"。对于病情和医疗措施的说明，是实现患者遵守医嘱、配合治疗的前提。如患者因医务人员未履行一般告知说明义务而未能积极配合治疗的，其行为不构成对协力义务和遵嘱义务的违反。

根据《民法典》第 1224 条第 1 款第 1 项和第 2 款规定，患者或者其近亲属违反协力义务或遵嘱义务的效果有两种。

第一，患者或者其近亲属违反协力义务或者遵嘱义务，不配合医疗机构进行符合诊疗规范的诊疗的行为与损害之间有因果关系，且是损害发生的唯一原因时，医疗机构不存在诊疗过失，或者虽然存在诊疗过失，但是该诊疗过失与患者损害之间不存在因果关系的，不承担《民法典》第1221条违反适当诊疗义务的损害赔偿责任。此时患者所遭受的损害应由其自行承担。

第二，医疗机构或者其医务人员在诊疗活动中有过失，且其过失诊疗行为和患者或者其近亲属违反协力义务或者遵嘱义务的行为，与患者损害之间均具有因果关系的，医疗机构应当承担违反适当诊疗义务的损害赔偿责任。其责任范围，应当根据其诊疗过失造成损害后果的程度，通过责任范围的因果关系进行判断，其规范效力实际包含在《民法典》第1173条"过失相抵"规范之中。《民法典》第1224条第1款第1项虽然使用了"符合诊疗规范的诊疗"的表达，但根据其第2款的规定，"符合诊疗规范"并不能排除诊疗过失的存在。对于诊疗过失的判断，应依据《民法典》第1221条"当时的医疗水平"标准，或者依据第1222条的过错推定原则加以判断。

2. 紧急情况下的合理诊疗义务

《民法典》第1224条第1款第2项、第3项的规范内容均为诊疗行为根据具体诊疗情况判断达到了应有的医疗水平时不存在诊疗过失。第2项的规范内容为，在抢救等紧急情况下，在医疗过失的判断上应考虑到紧急程度等因素，合理确定诊疗义务水平标准，而不应以非紧急情况下的通常标准进行判断。例如，在一般医疗情形下实施气管切开必须遵循消毒、防感染等措施，否则即为有过失。但在紧急情况下，医务人员为抢救有生命危险的窒息者，未经消毒即进行气管切开，对于患者的感染不能认为诊疗有过失。此为《民法典》第1221条"当时的医疗水平"标准的应有内涵之一。《最高人民法院关于医疗损害责任纠纷案件适用法律若干问题的解释》第16条规定："对医疗机构或者其医务人员的过错，应当依据法律、行政法规、规章以及其他有关诊疗规范进行认定，可以综合考虑患者病情的紧急程度、患者个体差异、当地的医疗水平、医疗机构与医务人员资质等因素。"其中也明确了患者病情的紧急程度应为需要考虑的因素，与本条意旨相同。

《民法典》第 1224 条规定的"抢救生命垂危的患者等紧急情况"，应作如下理解。

第一，紧急性表现为患者生命健康遭受严重危险，不限于患者生命垂危，也包括如不及时抢救，可能给患者健康造成不可逆转的严重损害的情形。

第二，因紧急情势使诊疗活动无法达到正常的水平。只有在客观原因所限，无法达到正常的诊疗水平时，方可降低医疗诊疗水平的判断标准。医疗机构能够预见的紧急情形，如在急诊室对急症患者进行抢救，即不能以情况紧急为由降低在同样条件下应有的诊疗水平。

在紧急情况下医疗机构已经达到应有的诊疗水平的，根据《民法典》第 1221 条之规定无诊疗过错，自然不承担损害赔偿责任。

3. 当时诊疗水平限制

从文义来看，《民法典》第 1224 条第 1 款第 3 项是对第 1221 条"未尽到与当时的医疗水平相应的诊疗义务"的反向规定。"限于当时的医疗水平难以诊疗"的含义为，未能诊疗的原因是当时的医疗水平所限，质言之，即诊疗行为已经达到当时的医疗水平，根据第 1221 条的规定即为无诊疗过失，当然也不构成损害赔偿责任。

（二）医疗损害免责事由制度的立法历史沿革

关于医疗损害不承担责任事由的规定，缘于国务院 1987 年发布的《医疗事故处理办法》。该办法第 3 条规定："在诊疗护理工作中，有下列情形之一的，不属于医疗事故：（一）虽有诊疗护理错误，但未造成病员死亡、残废、功能障碍的；（二）由于病情或病员体质特殊而发生难以预料和防范的不良后果的；（三）发生难以避免的并发症的；（四）以病员及其家属不配合诊治为主要原因而造成不良后果的。"其中，第 1 项至第 3 项属于过失或者因果关系问题，而第 4 项则属于患者不配合诊疗的情形。2002 年国务院颁布的《医疗事故处理条例》第 33 条规定："有下列情形之一的，不属于医疗事故：（一）在紧急情况下为抢救垂危患者生命而采取紧急医学措施造成不良后果的；（二）在医疗活动中由于患者病情异常或者患者体质特殊而发生医疗意外的；（三）在现有医学科学技术条件下，发生无法预料或者不能防范的不良后果的；（四）无过错输血感染造成不良后果的；（五）因患方原因延误诊疗导致不良后果的；（六）因不可抗力造成不良后果的。"该条将医疗损害免责原因，进一步扩展到紧急救助和医疗发展水平等限制。

2009 年《侵权责任法》承继了《医疗事故处理办法》和《医疗事故处理条例》单独规定免责事由的立法模式，其第 60 条规定："患者有损害，因下列情形之一的，医疗机构不承担赔偿责任：（一）患者或者其近亲属不配合医疗机构进行符合诊疗规范的诊疗；（二）医务人员在抢救生命垂危的患者等紧急情况下已经尽到合理诊疗义务；（三）限于当时的医疗水平难以诊疗。前款第一项情形中，医疗机构及其医务人员也有过错的，应当承担相应的赔偿责任。"

在《民法典》编纂过程中，《民法典侵权编（草案）》（室内稿）第 60 条和《民法典侵权编（草案）》（征求意见稿）第 62 条、《民法典侵权编（草案）》（一审稿）第 999 条均保持了原条文内容。《民法典侵权编（草案）》（二审稿）第 999 条将原第 1 句的"患者有损害"修改为"患者在诊疗活动中受到损害"，《民法典侵权编（草案）》（三审稿）第 999 条将"因下列情形之一的"修改为"有下列情形之一的"。《民法典（草案）》和《民法典》第 1224 条保留了上述两点修改。

（三）医疗损害免责事由制度的比较法分析

安全有效的诊疗行为，不仅有赖于医疗服务提供者履行其义务，也需要患者的积极配合，积极履行其协力义务和遵嘱义务。患者积极协助诊疗并遵守医嘱的前提是医方充分告知相关信息。《荷兰民法典》第 448 条规定，医疗服务提供者必须清楚（经过要求则需书面）告知患者准备实施的检查和预期的治疗，诊断和治疗的进展，以及患者的健康状况。对于未满 12 岁的患者，医疗服务提供者应当根据其智力能力对其进行告知。对于告知的程度，则要求医疗服务提供者应当使患者可以合理地理解：（a）其认为必须并应当采取的检查和治疗的性质与目的；（b）可能给患者带来的收益及风险；

（c）可以考虑的替代性方案；（d）患者健康状况对于检查和治疗的影响。同时，该条规定了医事特权，即在相关信息的告知将明显给患者带来严重损害时，可免于向患者告知，并为患者利益告知患者之外的其他人。为了避免医事特权的滥用，医师行使医事特权时必须征询其他医疗服务提供者的同意。当相关信息不会再损害患者利益时，应当及时告知患者。同时，根据《荷兰民法典》第 449 条规定，虽然患者可以实现放弃其被告知的权利，但在由此造成的损害可能大于患者因此所获得的利益时，患者仍然应获得告知。[1]《德国民法典》第 630c 条规定，"医疗者有义务于医疗开始时，且必要时于整体医疗过程中，向病人以可理解的方式说明医疗之重要情形，即如诊断、可预期之健康发展、疗法及治疗时或治疗后采取之措施"。第 636e 条规定，"医疗者有向病人就全部同意为重大情形之说明义务。如措施之种类、范围、实施、可期待之后果及风险，与其诊断上或治疗上之必要性、急迫性、合适性及成功率。多数医疗上同等及通常之方法导致重大之不同负担、风险及治愈机会者，于说明时，如有其他选择措施，亦应告知"。[2]该条也规定了告知的方法、程序和程度要求等。在此基础上，德国与荷兰也规定了患者的协力义务。《德国民法典》第 630c 条明确规定，医疗者与患者应就医疗之实施共同协力。[3]《荷兰民法典》第 452 条规定："患者应当为医疗服务提供者履行其医疗合同的义务尽其所知向其告知信息并提供合作。"[4]因此，患者在医疗活动中不应仅仅是"配合治疗"，更应当尽到其诚信义务，以最大诚信向医方提供与诊疗相关的信息，并与医方合作与协作，共同决定医疗的过程，选择符合其意愿的治疗方案。

---

〔1〕 See Hans Warendorf, Richard Thomas and Ian Curry-Sumner（trans.），The Civil code of the Netherlands, Wolters Kluwer, 2013, p. 853.

〔2〕 台湾大学法律学院、台大法律基金会编译：《德国民法典》，北京大学出版社 2016 年版，第 588~590 页。

〔3〕 台湾大学法律学院、台大法律基金会编译：《德国民法典》，北京大学出版社 2016 年版，第 588 页。

〔4〕 Hans Warendorf, Richard Thomas and Ian Curry-Sumner（trans.），The Civil code of the Netherlands, Wolters Kluwer, p. 854.

二、典型案例及分析

温某等诉某医院医疗损害赔偿纠纷案
——患者违反协力义务时医疗机构不承担责任

【基本案情】

患者温某因意识模糊 2 天伴呕吐，入院诊断为右侧脑室脑出血，高血压Ⅲ级，极高危组；Ⅱ型糖尿病。入院后患者出现神志不清、呼吸较促，双肺听诊呼吸音促，痰鸣音不明显。经医务人员与家属反复交代病情，需立即行气管插管乃至气管切开以抢救患者生命。患者家属商量后最终决定放弃气管插管、气管切开等侵入性抢救措施，后患者被宣告临床死亡。

【法院审判】

法院在审理过程中，就被告对患者实施的医疗行为是否存在过错、过错程度及因果关系委托医学会进行了鉴定，该医学会作出的医疗事故技术鉴定结论为：患方与某医院医疗争议不构成医疗事故。原告对鉴定结论持异议，坚持认为被告对患者病情未予重视、对患者肺部感染未积极对症治疗，鉴定专家对医院的诊疗过错避重就轻等，并提出重新鉴定的申请。但原告未就该部分异议提供充分的证据予以佐证，法院不予采信。根据患者的就诊病史以及鉴定分析意见，患者入院时病情危重复杂，本身预后差，当其病情发生变化，并需要采取抢救措施时，患者家属放弃气管插管、气管切开等抢救措施对患者的转归产生了不利影响。法院据此确认被告对患者实施的医疗行为与患者死亡之间不存在因果关系。

【案例评析】

安全有效的诊疗不仅有赖于医疗机构及医务人员善尽诊疗义务，也需要患方积极履行其协力义务和遵嘱义务。根据协力义务，患方在诊疗活动中应以最大诚信向医方提供与诊疗相关的信息，积极合作与配合。根据遵嘱义务，患方应当严格遵循医嘱要求，积极接受治疗，与医疗机构及医务人员共同完成诊疗事项。本案中，由于患者病情危重，医疗机构根据诊疗需求提出了气管插管、气管切开等抢救措施。对于此种侵入性诊疗行为，根据《民法典》第 1219 条的规定，应当及时向患者具体说明医疗风险、替代医疗方案等情况，并取得其明确同意。当患者因丧失意识无法作出医疗决定时，应由患者的近亲属代为作出决定。本案中，患者的近亲属自愿选择放弃气管插管、气管切开等侵入性抢救措施，本身属于行使医疗决定权的行为，应当获得尊重。但是，对于放弃相关诊疗行为所造成的不良后果，应当由患者自行承担，不应认定医疗机构具有过失。

吴某等诉某医疗中心等医疗损害赔偿纠纷案
——紧急诊疗情况下适当诊疗义务的判断〔1〕

【基本案情】

吴某甲、陈某因其子吴某乙发热 3~4 天，咳嗽、腹泻，到被告某妇幼保健院儿科就诊，诊断为急性上感、链球菌感染综合症，医嘱进行注射治疗并要求随诊。后两原告携带患儿吴某乙多次到被告某妇幼保健院就诊。

2012 年 4 月 26 日患儿吴某乙被被告某妇幼保健院派车转送至上级医院被告某中心医院治疗，诊断为重症肺炎、心衰、上消化道出血、感染性休克、代谢性酸中毒、病毒症7、脑炎（?），采取抢救处理。同时，被告某中心医院建议原告转院，并派救护车转诊。当日被告某医疗中心接诊患儿吴某乙，诊断为心跳呼吸功能衰竭、重症肺炎、肺出血、脑干脑炎（?），经被告某医疗中心治疗处理 30 分钟后吴某乙被宣布临床死亡。

【法院审判】

原告吴某甲、被告某医疗中心共同委托法医鉴定中心对吴某乙的死亡原因进行鉴定，该鉴定中心司法鉴定意见书认为：尸体解剖及组织学检验证实，死者患有脑干脑炎；肺瘀血、水肿；其余脏器瘀血。尸检结果提示死者生前发生药物过敏反应的病理学依据不足。鉴定意见为：吴某乙符合因患脑干脑炎致急性中枢神经功能障碍死亡。

---

〔1〕 广州市越秀区人民法院（2012）穗越法少民初字第 94 号。

本案审理过程中，法院委托医学会对三被告的医疗行为是否存在医疗事故进行鉴定。鉴定结论为：某医疗中心对被鉴定人吴某乙的诊疗行为中不存在违反诊疗常规之处，其诊疗行为与被鉴定人吴某乙的死亡之间不存在因果关系，原因力为无因果关系，过错参与度为 0。某中心医院对被鉴定人吴某乙的诊疗行为中存在不足之处，其诊疗行为的不足之处与被鉴定人吴某乙的死亡之间不存在因果关系，原因力为无因果关系，过错参与度为 0。某妇幼保健院对被鉴定人吴某乙的诊疗行为中存在违反诊疗常规和不足之处，其违反诊疗常规和不足之处与被鉴定人吴某乙的死亡之间存在间接因果关系，原因力为轻微因素，综合考虑被鉴定人起病急、病程进展迅速、所患疾病至今尚无特效治疗方法及现有医学科学的局限性等因素，医方诊疗行为的过错之处与被鉴定人吴某乙死亡之间存在间接因果关系，原因力为轻微因素（1%～20%），建议过错参与度为 20% 左右。

法院认为，被告某医疗中心、某中心医院在对吴某乙诊疗过程中无医疗过错，对吴某乙的死亡不承担赔偿责任。因某妇幼保健院对吴某乙的诊疗行为中存在违反诊疗常规和不足之处，且与吴某乙的死亡之间存在间接因果关系，原因力为轻微因素，过错参与度为 20% 左右。综合考虑吴某乙所患疾病的凶险、病情的急骤、现有医疗水平对该疾病的治疗概率等，法院酌定被告某妇幼保健院承担 16% 的责任。

【案例评析】

根据《民法典》第 1224 条第 1 款第 2 项的规定，在抢救等紧急情况下，在医疗过失的判断上应考虑紧急程度等因素，合理确定诊疗义务水平标准。本案中，患者被转院至某中心医院、某医疗中心时，病情已经较为严重，进展较快。医疗机构在接诊后，适时采取了适当的诊疗措施，达到了在此种紧急条件下应有的医疗水平，不构成医疗过失，自然也不应当承担损害责任。患者在某妇幼保健院接受诊疗时，医方应当及时根据病情的发展，采取适当措施。根据医疗鉴定结论，医方在患者处于发热中危—高危阶段时未及时监测其生命体征及行相关实验室检查，致使未能及时作出休克早期的正确诊断及采取有效的治疗措施，在被鉴定人出现休克早期症状后医方选择补充葡萄糖注射液不符合诊疗常规，而在整个诊疗过程中的补液量均未达到液体复苏的标准。同时，由于医方无儿科病房和 PICU 等诊疗措施，在被鉴定人出现休克后应及时转到上级医院进行救治。由于上述诊疗行为不符合《民法典》第 1221 条规定的"当时的医疗水平"，即使患者处于危急状态，也不能免除医方的责任。从本案的情况来看，患者疾病的紧急程度，是确定医疗行为是否达到应有的医疗水平应当重点参考的因素。在抢救生命垂危的患者等紧急情况下医疗机构已经尽到合理诊疗义务的，应当认为医疗机构的诊疗活动已尽到与当时的医疗水平相应的诊疗义务，不存在医疗过失。

三、医疗损害免责事由制度对医疗行业的影响

《民法典》第 1224 条继受了《侵权责任法》第 60 条的内容，规定了三种医疗机构不承担赔偿责任的情形，对于保护医患双方的合法权利均具有重要意义。在法律适用上，应当注意把握以下几个方面的问题。

（一）患者协力义务、遵嘱义务与医患沟通机制的构建

风险社会中的风险是技术性与社会性的结合，对于不可知、不可控而又无处不在的医疗风险而言，需要由医患双方共同参与治理与分担。"在风险社会中专家的功能已经日益退却，技术的发展已经日益摆脱人力的控制。因此，风险社会呼唤着合作与团结，更呼唤着公民参与。"[1]现代医疗活动在使人们获得极大收益的同时也充斥着风险和不确定性，医患关系作为一种以专业技术和信赖为基础的特殊社会关系，需要代表技术性的医方和代表社会性的患者共同参与、共同决定。患者是医疗活动的亲历者，也是医疗活动结果的承受者，其对医疗活动的参与程度决定着风险如何界定。作为个体，患者有不同的价值观和风险观。只有充分尊重患者自身的价值观和风险观，才能够使医疗风险控制在可接受的范围之内。只有通过患者的参与，才能实现医患双方充分的沟通，维护和保持医患信任关系，形成以医患和谐为基础的完善的医疗风险治理体系。

---

〔1〕 杨春福："风险社会的法理解读"，载《法制与社会发展》2011 年第 6 期。

医患沟通风险是医疗风险的重要内容。据学者统计，在我国由于医务人员对患者的治疗措施和预后告知不当而引发医疗纠纷的占比达 60% 以上。[1] 治理沟通风险需要通过强化患者的知情同意权以实现医患对诊疗的共同决定。医疗活动本身是一个医患互动的过程，只有通过医患双方的合作，才能实现诊疗效果的最大化。患者如果隐瞒病情，不如实说明其身体和疾病状况，或者在诊疗活动中不遵循医嘱，不配合治疗，都会影响治疗效果，甚至给患者造成损害。《民法典》第 1224 条第 1 款第 1 项的规定，明确了患者的协力义务和遵嘱义务，彰显了医患双方在医疗活动中互相信赖、互相合作的必要性。当患者违反协力义务和遵嘱义务是损害发生的唯一原因或者原因之一的，根据《民法典》第 1224 条第 1 款第 1 项和第 2 款的规定，应当由医疗机构证明患者有违反协力义务和遵嘱义务的行为，患者对此有过错，以及该行为与损害后果之间有因果关系。

加强医患沟通的前提是强化医方对患者的告知义务。参照前述《荷兰民法典》第 448 条、《德国民法典》第 630c 条规定中关于告知范围、告知程度、告知方法以及告知程序的要求，以及免于告知的情形，医疗服务提供者应当主动规范告知说明义务的履行方式，扩展告知的范围，明确告知的程度，充分保护患者的知情同意权。

同时，应当强化医患之间的合作与协调。医患之间的合作与共同决定不仅需要医方向患者的告知，也需要患者的积极配合。患者在医疗活动中积极配合不应仅仅是"配合治疗"，更应当尽到其诚信义务，以最大诚信向医方提供与诊疗相关的信息，并与医方合作与协作，共同决定医疗的过程，选择符合其意愿的治疗方案，共同治理医疗风险。

需要注意的是，协力义务和遵嘱义务的要求不能超出患者的认识能力。患者一般不具有医疗专业知识，在向医方陈述病情时往往缺乏准确表达的能力。只要不能证明患者具有隐瞒相关信息的故意，即使患者提供的信息有所遗漏，仍然不能免除或者减轻医方的责任。同样，患者的遵嘱义务应当以医

---

[1] 参见张博源："我国医疗风险治理模式转型与制度构建——兼评《医疗纠纷预防与处理条例》（送审稿）"，载《河北法学》2016 年第 11 期。

方对于诊疗活动的充分说明和告知为前提。因医方在告知、说明、护理等方面的过失导致患者未能获得适当诊疗的，也不能减轻或者免除医方责任。对于医疗机构及医务人员而言，这也从另一个方面强化了医患沟通的要求。医疗机构及医务人员应当建立有效的医患沟通机制，以更好地保障患者的健康与安全。

（二）医疗机构适当的诊疗义务的强化

《民法典》第 1224 条第 1 款第 2 项、第 3 项的规定，实质是对《民法典》第 1221 条关于"当时的医疗水平相应的诊疗义务"的医疗过失判断标准的具体化。第 1221 条所言的医疗水平，并非一般化和抽象的标准，而必须充分考虑个案的具体因素。质言之，医疗服务提供者应有的医疗水平，并不是简单地与医疗常规或者"通常情况下"对某一种疾病的诊疗方案进行比较，而应当考虑个案中诊疗的具体情况，包括病患的体质、病情的特征、诊疗手段的特殊性、时间的急迫性等。在此基础上，运用临床医学的知识和经验，假定在完全相同的情况下，一个医疗服务提供者以最符合病患利益为原则，合理谨慎地作出诊断和治疗，以之作为参照标准，判断医疗过错的有无。[1]

司法实践中存在一种错误倾向，即将诊疗行为是否符合医疗常规作为判断过错的标准，这实际上是将具体诊疗活动中理性的医务人员应有的注意义务水平，和不考虑个案差别的医疗常规的注意义务水平混为一谈。医疗常规仅是对病症通常情况以及一般治疗方法的总结，没有也不可能将千差万别的个案情况完全列明，而实际上医务人员必须根据个案的特殊性确定合适的诊疗方法。完全以医疗常规来判断过失，无疑降低了医务人员应有的注意义务，故其不能作为判断过失的全然性标准，只能作为参考依据之一。[2]对此，《最高人民法院关于审理医疗损害责任纠纷案件适用法律若干问题的解

---

〔1〕参见窦海阳："法院对医务人员过失判断依据之辨析——以《侵权责任法》施行以来相关判决为主要考察对象"，载《现代法学》2015 年第 2 期。

〔2〕参见窦海阳："法院对医务人员过失判断依据之辨析——以《侵权责任法》施行以来相关判决为主要考察对象"，载《现代法学》2015 年第 2 期。

释》第 16 条也规定，对医疗机构及医务人员的过错，可以综合考虑患者病情的紧急程度、患者个体差异、当地的医疗水平、医疗机构与医务人员资质等因素。

《民法典》第 1224 条第 1 款第 2 项、第 3 项从反向角度，进一步明确了诊疗过失的判断标准。当存在该两项所规定的情形，应当认定医疗机构的诊疗行为已经达到适当的医疗水平，可以否定医疗过错的存在。对于该两项关于诊疗行为已经达到当时医疗水平的抗辩，应在原告负担对诊疗过失进行举证的基础上，由医疗机构举证以否定原告之证明内容。此种规定，保障了医疗机构正常医疗行为的合法性，避免了医疗过失认定上的任意性，能够较好地保障医疗机构和医务人员的正常执业秩序和合法权益。

（作者：满洪杰）

第二十二章

医务人员合法权益保护制度及其影响

医务人员也是公民，其合法权益受我国宪法、民法典等一系列法律的保护，但由于医务人员执业活动的特点，经常会与各种各样的患者打交道，医务人员合法权益保护的话题不可避免地与医患关系联系在一起。如何认识医患的角色、如何认识患者权益保护等问题都会对医务人员合法权益保护产生影响。实际生活中，频频发生暴力伤医等损害医务人员合法权益的事件。暴力伤医事件不仅损害具体医务人员及医疗机构的合法权益，还会对广大医务人员群体产生深远的消极影响，从而破坏医患信任关系的建立，影响医疗行业的健康发展。所以，一系列卫生法律法规都从各个角度制定了保护医务人员合法权益的条款，《民法典》第1228条更加明确了医疗机构及其医务人员的合法权益保护制度，该规定既吸收了之前相关立法的有益内容，又根据社会现实需求作出修改，使之能够更好地回应我国打击"医闹"及"暴力伤医"等危害医务人员权益行为的现实需求，体现了立法层面对医务人员从强调义务到积极保护的变化，有利于更好地保护医务人员的合法权益。

一、法律规定与理论解析

（一）法条解读

《民法典》第1228条规定："医疗机构及其医务人员的合法权益受法律保护。干扰医疗秩序，妨碍医务人员工作、生活，侵害医务人员合法权益的，应当依法承担法律责任。"

此条第 1 款以正面表述的方式明确了对医疗机构及其医务人员合法权益的保护；第 2 款则以反面列举及总括的方式明确干扰医疗秩序，妨碍医务人员工作、生活等侵犯医疗机构及其医务人员合法权益的，应当承担法律责任。这里的法律责任不仅仅包括民事责任，还应当包括行政责任及刑事责任。

（二）医务人员合法权益保护制度的立法历史沿革

我国一向重视对医务人员合法权益的保护，一系列卫生法律法规都明确规定了相关法律制度，如果根据医务人员合法权益的内容与医务人员特定身份的结合紧密程度进行划分，我国法律规定的医务人员合法权益保护的内容可以分为以下几类。第一类：一般权利（基本人权），具体包括受法律平等保护、受社会尊重、人身自由、人格尊严等；第二类：职业特有权益（执业自主权），具体包括诊断权、治疗权、疾病调查权、证明权、医学处置权等；第三类：具体包括执业条件保障权、专业研习权、民主管理权、医学研究权、医疗行为豁免权等。《民法典》第 1228 条规定的内容主要是指医务人员的第一类权利，即一般权利的保护。

我国卫生法律法规中共有 20 多个条款涉及对医务人员合法权益的保护，这些条款明确规定了医务人员的人格尊严、人身安全不受侵犯的权利，社会及公众应当尊重医务人员。如《医师法》[1]第 3 条第 2 款规定："医师依法执业，受法律保护。医师的人格尊严、人身安全不受侵犯。"第 49 条第 2款、第 3 款规定："医疗卫生机构应当完善安全保卫措施，维护良好的医疗秩序，及时主动化解医疗纠纷，保障医师执业安全。禁止任何组织或者个人阻碍医师依法执业，干扰医师正常工作、生活；禁止通过侮辱、诽谤、威胁、殴打等方式，侵犯医师的人格尊严、人身安全。"第 60 条规定："违反本法规定，阻碍医师依法执业，干扰医师正常工作、生活，或者通过侮辱、诽谤、威胁、殴打等方式，侵犯医师人格尊严、人身安全，构成违反治安管

---

〔1〕《医师法》已由第十三届全国人民代表大会常务委员会第三十次会议于 2021 年 8 月 20 日通过，自 2022 年 3 月 1 日起施行。

理行为的，依法给予治安管理处罚。"第 63 条规定："违反本法规定，构成犯罪的，依法追究刑事责任；造成人身、财产损害的，依法承担民事责任。"

《精神卫生法》第 71 条第 1 款规定："精神卫生工作人员的人格尊严、人身安全不受侵犯，精神卫生工作人员依法履行职责受法律保护。全社会应当尊重精神卫生工作人员。"

《护士条例》第 3 条规定："护士人格尊严、人身安全不受侵犯。护士依法履行职责，受法律保护。全社会应当尊重护士。"第 33 条规定："扰乱医疗秩序，阻碍护士依法开展执业活动，侮辱、威胁、殴打护士，或者有其他侵犯护士合法权益行为的，由公安机关依照治安管理处罚法的规定给予处罚；构成犯罪的，依法追究刑事责任。"

《乡村医生从业管理条例》第 23 条规定："乡村医生在执业活动中享有下列权利：……（四）在执业活动中，人格尊严、人身安全不受侵犯；……"第 47 条规定："寻衅滋事、阻碍乡村医生依法执业，侮辱、诽谤、威胁、殴打乡村医生，构成违反治安管理行为的，由公安机关依法予以处罚；构成犯罪的，依法追究刑事责任。"

《民法典》第 1228 条规定："医疗机构及其医务人员的合法权益受法律保护。干扰医疗秩序，妨害医务人员工作、生活的，应当依法承担法律责任。"

《医疗纠纷预防和处理条例》第 6 条第 3 款规定："公安机关依法维护医疗机构治安秩序，查处、打击侵害患者和医务人员合法权益以及扰乱医疗秩序等违法犯罪行为。"第 29 条第 1 款规定："医患双方应当依法维护医疗秩序。任何单位和个人不得实施危害患者和医务人员人身安全、扰乱医疗秩序的行为。"第 53 条规定："医患双方在医疗纠纷处理中，造成人身、财产或者其他损害的，依法承担民事责任；构成违反治安管理行为的，由公安机关依法给予治安管理处罚；构成犯罪的，依法追究刑事责任。"

《基本医疗卫生与健康促进法》第 57 条规定："全社会应当关心、尊重医疗卫生人员，维护良好安全的医疗卫生服务秩序，共同构建和谐医患关系。医疗卫生人员的人身安全、人格尊严不受侵犯，其合法权益受法律保护。禁止任何组织或者个人威胁、危害医疗卫生人员人身安全，侵犯医疗卫生人员人格尊严。国家采取措施，保障医疗卫生人员执业环境。"第 105 条规定："违反本法规定，扰乱医疗卫生机构执业场所秩序，威胁、危害医疗卫生人员人身安全，侵犯医疗卫生人员人格尊严……，构成违反治安管理行为的，依法给予治安管理处罚。"

2015 年 8 月通过的《刑法修正案（九）》将严重扰乱医疗秩序的违法行为纳入"聚众扰乱社会秩序罪"，将《刑法》第 290 条第 1 款修改为："聚众扰乱社会秩序，情节严重，致使工作、生产、营业和教学、科研、医疗无法进行，造成严重损失的，对首要分子，处三年以上七年以下有期徒刑；对其他积极参加的，处三年以下有期徒刑、拘役、管制或者剥夺政治权利。"

随着损害医务人员合法权益的暴力伤医事件频发，卫生健康管理部门及相关部门还陆续发布了一系列维护医疗机构秩序的文件，如 2012 年，卫生部、公安部联合公布《关于维护医疗机构秩序的通告》，明确规定公安机关将依据《治安管理处罚法》对"医闹"人员予以处罚，乃至追究刑事责任。2016 年，国家卫生计生委、中央综治办、公安部、司法部四部委下发《关于进一步做好维护医疗秩序工作的通知》，明确对多次到医疗机构无理纠缠或扬言报复医务人员的患者及家属群体，要列出清单，重点关注，向公安机关报告。2018 年多部门联合印发《关于对严重危害正常医疗秩序的失信行为责任人实施联合惩戒合作备忘录》，规定对惩治涉医违法犯罪实施最严、最实的"精准打击"。

近些年来，随着一些损害医务人员合法权益的暴力伤医恶性事件不断发生，以及 2012 年起一系列维护医疗机构秩序的文件的出台，特别是《刑法》的修正，类似情况稍有好转。从公安机关积极作为，司法机关对重大、恶性案件从快处理，到《民法典》相关保护医务人员合法权益法条的制定，可以看到，从立法、执法、守法层面凝聚了对医疗暴力"零容忍"的社会共识，为国家采取具体保护医务人员合法权益的措施提供了立法基础及社会基础。

（三）医务人员合法权益保护制度的比较法分析

暴力伤医等损害医务人员合法权益的现象已经成为世界普遍问题，且其发生特征具有一定共性，世界各国广泛采取专门性立法，制定行为指南、规范要求培训与演习，建立配套制度与硬件支持，建立风险评估体系，加强文化宣传等措施防控暴力伤医事件的发生。[1]专门性立法及制定行为指南对于打击暴力伤医等损害医务人员合法权益的行为发挥了积极作用。

许多国家通过专门性立法加强对暴力伤医行为的处罚及医院管理。截至2016年，美国已有约38个州通过专门性立法以保障医护人员的正当权利。一方面通过处罚施暴者以达到缓解暴力伤医的目的。纽约州规定暴力袭击值班医务人员是重罪。英国、澳大利亚等国也采用加重刑事处罚的措施来预防暴力伤医事件的发生。《英国刑事司法与移民法案》规定，任何个人在医疗场所实施暴力伤医行为都将导致1000英镑以上的罚金和相比普通暴力行为更长时间的自由刑，医务人员有权驱赶闹事人员。澳大利亚昆士兰州也规定了类似法规，暴力袭击医护人员可能导致最高刑达14年的有期徒刑。根据《美国劳工关系法》和《美国职业安全与卫生法》，所有雇主有责任保障雇员的安全和健康，即医院有义务保障医护人员的工作安全和人身健康，要求医院制定应对措施以防范暴力伤医事件的发生，否则将受到行政处罚。2009年美国新泽西州制定医疗场所暴力防范法案，规定医院、疗养院等医疗机构要制定详细的暴力伤医防治和应对制度。

另一方面，美国、澳大利亚、英国、瑞典等国都已制定防控暴力伤医的行为指南，其中美国制定的行为指南最为详备。2004年，美国劳工部职业安全与健康管理局颁布《医疗和社会服务工作者预防工作场所暴力指南》。该指南主要分为：概述、预防计划、结论和OSHA援助四个部分。预防计划部分是指南的主体，包括管理承诺和员工参与、工作场所分析、灾害预防和控制、安全及健康培训、记录保存与流程评估，等等。

---

[1] 姜错明、赵敏："国外暴力伤医现象及防控对策研究"，载《医学与哲学（A）》2018年第11期。

二、典型案例及分析

<h1 style="text-align:center">孙某斌杀医案[1]</h1>

——损害医务人员合法权益的法律规制

【基本案情】

2019 年 11 月 12 日，被告人孙某斌之母（95 岁）因患哮喘、心脏病、脑梗死后遗症等疾病到北京某医院住院治疗，同月 22 日出院。其间，医院曾下达病危病重通知书。同年 12 月 4 日，因孙母在家中不能正常进食，孙某斌联系 999 急救车将孙母送至北京某医院。孙母经急诊诊治未见好转，被留院观察。孙某斌认为其母的病情未能好转与首诊医生杨某（被害人，女，殁年 51 岁）的诊治有关，遂对杨某怀恨在心。12 月 8 日，孙某斌返回其暂住地取了一把尖刀随身携带，扬言要报复杨某，并多次拒绝医院对孙母做进一步检查和治疗。12 月 24 日 6 时许，杨某在急诊科抢救室护士站向孙某斌介绍其母的病情时，孙某斌突然从腰间拔出尖刀，当众持刀反复切割杨某颈部致杨某倒地，后又不顾他人阻拦，再次持刀捅刺杨某颈部，致杨某颈髓横断合并创伤失血性休克死亡。孙某斌作案后用手机拨打 110 报警投案。

【法院审判】

本案由北京市第三中级人民法院一审，北京市高级人民法院二审，最高人民法院对本案进行了死刑复核。法院认为，被告人孙某斌故意非法剥夺他人生命，其行为已构成故意杀人罪。孙某斌因母亲就医期间病情未见好转，归咎并迁怒于首诊医生杨某，事先准备尖刀，预谋报复杀人，并在医院急诊科当众持刀行凶，致杨某死亡，犯罪动机卑劣，手段特别残忍，性质极其恶劣，社会危害性极大，罪行极其严重，应依法惩处。孙某斌虽具有自首情节，但不足以对其从轻处罚。据此，依法对被告人孙某斌判处死刑并核准死刑，剥夺政治权利终身。罪犯孙某斌已于 2020 年 4 月 3 日被依法执行死刑。

---

[1]　（2020）京 03 刑初 9 号。

【案例评析】

本案是一起严重损害医务人员合法权益的典型案例，患者家属因患者病情未见好转而预谋报复杀害医生，2019 年年底案发后产生巨大且恶劣的社会影响，对医患信任关系造成了严重的割裂。此案件也说明，在当下，采取更有效的措施对医务人员合法权益进行保护，已成为保障医疗卫生行业健康发展的亟须之一。

被告人孙某斌在将其年迈并患有多种严重疾病的母亲送到医院治疗期间，多次拒绝医院对其母进行检查和治疗，却认为其母病情未见好转与首诊医生的诊治有关，经预谋后在医院当众杀害首诊医生，犯罪性质极其恶劣，手段特别残忍，罪行极其严重。法院依法对孙某斌判处死刑，体现了坚决惩治暴力伤医犯罪，保护医务人员合法权益的严正立场。

救死扶伤是医生的职责使命，但医学不是万能的，医疗效果并不总能满足患者和家属的期待。患者和家属首先应当积极配合医院进行治疗，同时也要正确认识病情和治疗效果，不能简单地因病情未好转便归咎于医院和医生。有必要在全社会进行医疗健康知识教育，了解医学的有限性特点，让患者的心理预期与医疗水平的现实相接轨；有必要在全社会倡导尊医重卫的社会氛围，对"医闹"和暴力伤医"零容忍"，从而促进医患之间建立彼此信赖的良性互动，更好地保障患者权益，促进医疗卫生健康事业的发展。

三、医务人员合法权益保护制度对医疗行业的影响

《民法典》第 1228 条增加了"侵害医务人员合法权益的"文字表述，使法律对医务人员合法权益的保护更加明确，是对当前社会生活中频繁发生的暴力伤医事件的再次回应。《民法典》用更加明确的法条表述，对暴力伤医事件发出强烈的制止信号，进一步明确侵害医务人员合法权益的需承担法律责任，是为捍卫医疗机构及医务人员合法权益、维护正常医疗秩序的保护性规定，也是对暴力伤医"零容忍"的社会共识的再凝聚与体现。不过，就应对暴力伤医等严重损害医务人员合法权益的事件而言，在立法及司法层面还可以做进一步改进，并在法律适用时注意把握以下几个方面。

（一）落实《民法典》的规定，加大对损害医务人员合法权益的处理力度

落实《民法典》第1228条的规定，对损害医疗机构及医务人员合法权益的事件，如扰乱医疗卫生机构执业场所秩序行为，威胁、危害医务人员人身安全行为，侵犯医务人员人格尊严行为等，应当严肃对待，不能"和稀泥"地大事化小、小事化了，应当进行治安处罚；造成医务人员损害的，要求侵权人赔偿相关损失；情节严重构成犯罪的，应依法追究刑事责任。

医疗机构遭遇侵犯医务人员合法权益的事件，应当运用《民法典》等相关法律规定，旗帜鲜明地维护医务人员合法权益；完善医院安保措施，及时保护医务人员。医疗机构要梳理风险点，增强风险防控意识，强化管理。对多次到医疗机构无理纠缠或扬言报复医务人员的患者及家属群体，列清单重点关注；严格落实实名制预约挂号制度，维护公平就医秩序。

司法机关审理此类案件时，要适应《民法典》的规定调整思路，对侵害医务人员合法权益的事件尽快查处，依法处理。对严重危害正常医疗秩序的失信行为责任人建立联合惩戒合作制度，对惩治涉医违法犯罪实施最严、最实的"精准打击"。

在社会上要大力宣传并树立尊医重卫的舆论导向，倡导患者通过合法途径维护自身权益，对暴力伤医"零容忍"。完善医疗风险分担机制，鼓励公民参加医疗责任险和医疗意外险。

（二）贯彻《民法典》精神，进一步完善行政立法

《民法典》的精神体现了我国法律的价值导向，对医务人员合法权益的保护也不能仅限于民事领域，有必要遵循《民法典》确立的保护医务人员合法权益的特别加强立法的思路，对我国相关行政法律进行调整和完善。目前我国现行行政法律法规中，专门具体调整医患关系的法规仅有《医疗纠纷预防和处理条例》，该法规的立法目的是"预防和妥善处理医疗纠纷，保护医患双方的合法权益，维护医疗秩序，保障医疗安全"，主要规定了医疗纠纷的预防、处理及法律责任的相关内容，一定程度上维护了患者的合法权益并引导患者合法维权，但对于暴力伤医行为的处罚和医院预防控制暴力的场

所责任没有作出明文规定。因此，有必要遵循《民法典》的价值导向，进一步完善《医疗纠纷预防和处理条例》，规范医院的管理责任。例如，明确医院的管理责任，保障医疗场所安全和医务人员的人身权利不受侵犯、建立健全安全管理防控机制、完善医疗不良事件上报及善后机制、定期对医务人员进行培训演习、定期宣传文明就医依法维权等责任。令人振奋的是，2021年8月20日第十三届全国人民代表大会常务委员会第三十次会议通过的《医师法》回应了《民法典》的规定，对此作出了明确的制度安排，在第49条第2款中明确规定："医疗卫生机构应当完善安全保卫措施，维护良好的医疗秩序，及时主动化解医疗纠纷，保障医师执业安全。"该规定是我国法律首次明确医疗机构作为单位有义务采取安保措施保护医务人员的执业安全。该条第3款再次重申对医务人员权益的保护："禁止任何组织或者个人阻碍医师依法执业，干扰医师正常工作、生活；禁止通过侮辱、诽谤、威胁、殴打等方式，侵犯医师的人格尊严、人身安全。"

（三）贯彻《民法典》精神，进一步完善刑事立法

《民法典》第1228条第2款规定："……侵害医务人员合法权益的，应当依法承担法律责任。"这里的法律责任当然不限于民事法律责任，还应当包括行政法律责任及刑事法律责任。实践中，损害医务人员合法权益涉嫌犯罪的行为主要包括以下几类：（1）故意伤害医务人员致医务人员轻伤、重伤或死亡的，涉及寻衅滋事罪、故意伤害罪、故意杀人罪；（2）非法限制医务人员自由的，涉及非法拘禁罪；（3）以暴力或其他方式公然贬损医务人员人格，损害医务人员名誉的，涉及侮辱罪；（4）打砸医院造成公私财产损失的，涉及故意毁坏财物罪、寻衅滋事罪；（5）在医疗场所设灵堂、摆花圈、烧纸钱、堵大门等扰乱医疗秩序的行为，涉及聚众扰乱社会秩序罪、寻衅滋事罪；（6）其他行为，如敲诈勒索医务人员的，涉及敲诈勒索罪，携带爆炸物等危险物品危害公共安全的，涉及危害公共安全罪等。上述涉及罪名中，仅聚众扰乱社会秩序罪在《刑法修正案（九）》第31条明确将医疗秩序纳入其调整范围，而其他罪名均未明确提出伤害医务人员的入罪或从重等情节。

在实践中，打砸医院造成公私财产损失的，如故意毁坏财物罪涉嫌造成

公私财物损失 5000 元以上的、毁坏公私财物 3 次以上的、纠集 3 人以上公然毁坏公私财物的、其他情节严重的情形才予立案追诉，寻衅滋事罪也要求造成公私财物损失达到 2000 元的才构成情节严重，而实践中砸坏桌椅或普通医疗器械一般达不到该数额，不构成刑事犯罪，对此类严重侵害医疗机构及医务人员合法权益的行为震慑作用不足。有必要遵循《民法典》的价值导向，系统完善相关法律规范，对严重侵害医疗机构及医务人员合法权益涉嫌犯罪的行为进行严格规制。

第一，通过法律严格规定恶性医闹行为的概念，加强执行、惩处力度。建议在《刑法》妨害社会管理秩序类罪名中将扰乱医疗秩序列为单独罪名，在参考已有规范的基础上详细规定各犯罪情形和量刑标准等，从而有效规制暴力伤医行为。

第二，我国刑法应该针对暴力伤医行为在系列相关犯罪行为中作出特别规定，以故意毁坏财物罪为例，将毁坏医疗场所设施和其他如学校等一些特殊场所的设施设备使其丧失应有之功能，规定为立案侦查和刑事处罚之量刑依据；故意伤害罪中特别规定故意伤害医务人员从重处罚等，增加暴力伤医行为的犯罪成本，更好地震慑企图实施暴力伤医行为的人。

（作者：赵敏）